**中国司法改革实证研究丛书**

致力于中国司法制度、刑事诉讼制度和纠纷解决的
实证研究作品

U0870006

四川大学“双一流”建设项目“中国司法实证研究学派”支持
四川省社会科学重点研究基地纠纷解决与司法改革研究中心支持

中国司法改革实证研究丛书

左卫民/丛书主编

# 审判管理规制及转型研究

## REGULATION AND TRANSFORMATION OF TRIAL MANAGEMENT

郭松 / 著

北京大学出版社
PEKING UNIVERSITY PRESS

# “中国司法改革实证研究丛书”序

2014年10月20日至23日召开的中共十八届四中全会，无疑将在当代中国法治建设的进程史上留下划时代的一笔。继党的十八届三中全会提出进一步深化司法体制改革的新措施后，党的十八届四中全会通过的《中共中央关于全面推进依法治国若干重大问题的决定》，又提出了关于司法改革的重大举措，这对中国司法建设与改革而言显然具有积极意义。

长期以来，笔者及笔者带领的学术团队包括所指导的博士研究生，一直致力于司法制度、刑事诉讼制度和纠纷解决机制的实证研究，力图真切地把握中国司法与诉讼制度的运行现状，深度剖析其利弊得失，抓住切实存在的重要问题，探究其成因，并在此基础上提出有针对性和可操作性的改革建言。通过不断地展开实证研究，我们取得了关于司法与诉讼制度若干方面的一些研究成果。考虑到当前司法改革的重要性，也考虑到实证研究的重要性，笔者将我们团队近期有关司法制度的研究成果收辑成册，以中国司法改革实证研究为主题，与北京大学出版社联系并系列出版。笔者的看法是，中国司法研究固然早成显学，但司法改革的正确推进尤其是长期有效推行，仍然有待于科学、细致及深入的实证研究。有鉴于此，笔者将自己及所带领团队关于司法的实证研究成果奉献给大家，希望抛砖引玉，引起更多学界同仁关注并展开司法实证研究，同时也为当下和未来的司法改革提供些许参考。

需要指出的是，对于法学研究者而言，实证研究乃是一种新兴的研究方法，无论是笔者抑或笔者所带领的团队成员，都有一个学习与掌握的过程。本系列作品中，有些实证研究方法运用得比较多，有的则比较少；有些运用得比较好，有些则有所欠缺，但鉴于这些作品大都或多或少地运用实证方法，比如使用数据展开分析等，因此笔者仍然以实证研究为主题收辑在一起。其中不当之处，敬请读者诸君批评。

左卫民

2014 年 12 月 3 日于四川大学研究生院

# 前　　言

审判管理是指法院组织中的相关主体为实现管理目标,对审判活动进行计划、组织、领导、控制和创新活动的总称。[①] 相比法院内部的人事管理与政务管理,审判管理具有明显的溢出性,不仅能对审判权运行产生显著影响,还关涉当事人的程序权利与实体利益,因而备受社会各界关注,也是审判权运行机制改革乃至法院制度改革的重要方面。从运行的角度而言,审判管理包括两方面的内容:一是审判管理展开的方式与手段,以及应遵循的制度程序;二是参与审判管理的主体及其与审判权行使主体之间的权力关系。作为法院内部一种围绕审判所展开的管理活动,审判管理应该有着不同于审判活动与行政活动的组织方式、运行机制与功能目的。由于法院是被授权使用得到社会认可的暴力来解决争议的社会机构[②],审判管理需要基于法院作为纠纷解决机构的裁判属性与职能目标而展开,它具有不同于一般科层制组织内部管理活动的特性。同时,从专业属性上看,审判活动具有高度的专业性、复杂性与智能性,讲究自主性的慎思与判断,对此活动的管理当然需要强调专业化与平权化,不能以控制和支配审判权作为管理目的。概而言之,"审判管理是人民法院基于对审判活动规律的

---

① 参见高权:《审判管理学原理》,人民法院出版社 2014 年版,第 9—10 页。

② 参见〔美〕杰罗姆·弗兰克:《初审法院——美国司法中的神话与现实》,赵承寿译,中国政法大学出版社 2007 年版,第 8 页。

认识与把握,以提高审判质量、效率和效果为直接目标,以指导、规范、服务和保障审判权依法独立顺畅运行为准则,通过设计和运行一套科学合理的综合管理体制,运用体制内管理机制和措施,对审判活动及赖以展开的审判资源进行配置、评价、组织、指导、协调和控制的过程”①。然而,当我们将目光转向审判管理实践之时,就会发现很多并不完全符合审判管理应有运行逻辑与功能定位甚至与其直接背离的管理现象与行为,以至于很多时候审判权在审判管理的作用下难以合理、高效运行。这严重制约了审判管理预期功能的充分发挥,并引发了社会各界对其合理性与正当性的质疑。正是这些现象与问题的存在,直接触发了笔者对审判管理及其转型发展的关注,这也是本项研究的内在缘起。

回望近十余年来的法院改革不难发现,与审判制度持续革新相伴的,是法院内部针对审判活动的监督与控制趋于技术化与严密化,各种制度规则与管理手段形成了一个系统化的审判管理制度体系。从实践来看,这一制度体系的运行虽然取得了相当的管理效果,但非常明显的是,合理、有效的审判管理体系还远未形成,法院的审判管理在实践中面临新的挑战,一些新的问题亟须解决。更为重要的是,困扰法院系统多年的司法腐败与司法不公的问题并没有因为管理的强化而得到有效解决,反而在此期间还出现了严重损害司法形象的最高人民法院院级领导违法犯罪的情况②;身处司法信任危机漩涡中的法官

---

① 沈志先主编:《法院管理》,法律出版社 2013 年版,第 49 页。

② 中央纪律检查委员会官网在 2015 年 7 月 12 日发布消息,最高人民法院副院长、党组成员奚晓明涉嫌严重违纪违法,正接受组织调查。他也是自 1949 年以来落马的第二位最高人民法院副院长,另一名最高人民法院副院长黄松有曾因涉贪于 2008 年落马。参见孙乾、王晓飞:《最高人民法院副院长奚晓明涉嫌严重违纪违法被查》,载《京华时报》2015 年 7 月 13 日。2022 年 3 月 21 日,中央纪委国家监委网站发布消息,曾在 2008 年至 2018 年担任最高人民法院常务副院长的沈德咏涉嫌严重违纪违法,正在接受调查。参见《沈德咏被查,成虎年落马的首个正部级!》,载 https://baijiahao. baidu. com/s? id = 17278974911053908388&hfr = spider,2022 年 3 月 21 日访问。

仍然承受着巨大的案件负担压力,"案多人少"或者说"人案比严重失衡"依然是很多中基层法院所面临的现实问题[①];法院内部不同层级的主体甚至法院外部的权力主体还是能够以不同的方式干预审判权运行的过程与结果。这些突出问题与矛盾在很大程度上使得法院系统在审判改革上所作的努力成为表象,而审判权固有的深层结构与实际运行形态并未发生本质变化。虽然造成这一问题的原因甚为复杂,不能简单地将矛头指向审判管理,但不可否认的是审判管理的嵌入使得法院内部的行政科层有了更多介入审判活动的制度化的途径,从而增加了审判权运行的不确定性,也为法外各种因素影响裁判提供了便利。这不仅在一定程度上加剧了审判权运行的行政化,还可能降低审判效率,更为各种基于腐败或经济和社会利益的干预提供了渠道。[②]当然,这并不是说审判管理在促进审判权公正高效运行方面完全适得其反,毋宁说是审判管理的制度设计与具体运行出现了一些结构性问题,从而导致实践中的审判管理发生了不同程度的异化。概括而言,这些问题集中体现在以下几方面:一是法院内部各种主体在审判管理中的关系被建构成了单向的支配—服从,审判管理呈现出明显的组织行政化与权力干预的倾向;二是审判管理的具体机制简单地套用一般行政科层组织的管理模式,审判管理被矮化成对审判权与法官行为的行政性控制;三是审判管理与审判权的关系和界限被有意模糊,审判管理可以实质参与或介入审判权运行,甚至在某些时候可以取代审判权。

对于这些问题,法院系统与改革决策者其实有着较为清醒的认识,并希望通过不断改革创新构建符合审判规律、配置科学、运行合理的审判管理体系。所以,我们看到,各级法院在不同时期推出了不少

① 参见张卫平:《"案多人少"困境的程序应对之策》,载《法治研究》2022 年第 3 期。

② 参见刘思齐:《人民法院审判权运行制度及其改革问题研究》,吉林大学 2016 年博士学位论文,第 5 页。

涉及审判管理改革的具体举措。但总体而言,这些改革的效果不尽如人意,且很多改革始终处于局部探索阶段,并未深入推进,改革方向的选择也是徘徊不定,甚至出现走“回头路”的现象,一度陷入“收收、放放”的循环怪圈。在新一轮司法改革中,审判管理再次成为改革的重要内容,并被纳入审判权运行机制与司法责任制改革的整体规划。党的十八届四中全会提出,必须“完善司法管理体制和司法权力运行机制,规范司法行为,加强对司法活动的监督,努力让人民群众在每一个司法案件中感受到公平正义”。最高人民法院《关于全面深化人民法院改革的意见——人民法院第四个五年改革纲要(2014—2018)》也提到,要健全审判管理制度,健全院、庭长审判管理机制,健全院、庭长审判监督机制,完善案件质量评估体系。最高人民法院在《关于审判权运行机制改革试点方案》《关于新时期进一步加强人民法院审判管理工作的若干意见》《关于完善人民法院司法责任制的若干意见》等司法改革文件中更是提出了审判管理改革相对明确的方向与方案。2019 年出台的最高人民法院《关于深化人民法院司法体制综合配套改革的意见——人民法院第五个五年改革纲要(2019—2023)》更是明确提出:“通过信息化办案平台自动识别、审判组织主动提交、院长和庭长履行职责发现、专门审判管理机构质量评查、人民法院主动接受当事人监督和社会监督等途径,推动建立全面覆盖、科学规范、符合规律的审判监督管理制度体系。”这一系列有关审判管理改革的顶层设计,有些已被细化为具体的制度措施,且已在实践中落地运行;有些还只是概略性的意见与主张,实际落实还有很多工作需要完成。但不管怎样,有一点是不能忽视的,即这些由人所设计的改革方案在具体实施中可能会因为利益或其他因素的作用而出现不同程度的走样,或者在既有体制与制度环境的相互作用中发生预料之外的变化,最终影响改革实效。还值得注意的是,上述改革设计虽然吸纳了实务界与理论界对审判管理实践经验的总结与对问题的诊断,但它们很多并未直接针对审判管理微观层面的制度机制,也很难说其就能药到病除地彻底解决制约审判管理运行的深层体制问题与制度难题。从这两点来看,我们不能止步于此,静观改革实践的发展与实际呈现出来的效果,而是应该立足于现有改革思路与制度资源,对审判管理改革作更为精细的制度建构。另外,在新一轮司法改革中,随着相关改革举措尤其是司法责任制的推行,审判管理又出现了新问题,面临诸多挑战。这集中体现为:审判权下放法官与合议庭之后,适应新形势的、有效的管理机制并未适时构建,从而导致必要的管理监督在审判权的运行中有时候是缺位的;而在改革中形成的新型管理手段与技术又未能发挥出预期功效,审判质效出现了不同程度的波动。这也要求我们必须在新的历史条件下继续探索审判管理改革转型的推进路径与制度安排。

在我国目前的制度语境下,审判管理并不只是一个简单的法院"内部管理"问题,也不只是一个纯粹的法院组织治理技术问题,它牵涉审判权运行与法院制度的很多方面,各种影响审判管理运行的体制、机制与制度因素更是彼此勾连,错综复杂。这决定了审判管理改革具有很强的复杂性与不确定性,需要有整体论的方法与整体性思维。在改革的过程中应时刻谨记新制度主义的如下洞见:"人为的局部改革可能会产生未曾预期的或令人迷惑的结果;同步发生的、表面上看起来充满智慧的有意变迁,可能会综合导致并非任何人蓄意为之的共同结果,并直接损害激励个人行为的利益。"①同时,与所有司法改革类似,审判管理改革"开端于己、作用于己、落脚于己,形成一个自创生系统"②,因而需要打破法院内部固有利益结构,削减部分利益既得者的利益。这势必引发既得利益集团的反对,他们甚至会采取一些积极与消极的抵制行为,阻碍改革的展开。这意味着审判管理改革可

---

① 〔美〕詹姆斯·G.马奇、〔挪〕约翰·P.奥尔森:《重新发现制度:政治的组织基础》,张伟译,生活·读书·新知三联书店2011年版,第56页。

② 栗峥、张海霞:《司法改革的困境及其克服》,载《云南社会科学》2015年第2期。

能遭遇更大的阻力。事实上,法律行业从来就“既容纳了保守力量,又容纳了革命力量,既容纳了现状的维护者,也包括了现状的挑战者”①。所有的这一切都表明,最高人民法院《关于全面深化人民法院改革的意见——人民法院第四个五年改革纲要(2014—2018)》所开启的审判管理改革必将面临很多现实挑战与困难,其间必定充满激烈的利益博弈与摩擦。但这绝不是我们退缩而裹足不前的理由,因为审判管理改革“既是为势所驱,也是由问题所逼,这已成为没有太多退路的选择,是时代赋予的历史使命”②。因此,我们只能顺势而为,在保持制度均衡与稳定并协调好各种利益关系的基础上积极推动审判管理改革,实现审判管理的真正转型。

---

① 〔美〕玛丽·安·格伦顿:《法律人统治下的国度——法律职业危机如何改变美国社会》,沈国琴、胡鸿雁译,中国政法大学出版社 2010 年版,第 185 页。

② 郭松:《中国刑事诉讼制度进一步改革的路径选择》,载《现代法学》2017 年第 6 期。

# 目录

# 第一章　审判管理若干理论问题的解构与重构

## 导　论

自法院系统开始探索审判管理以来,全国各级法院根据不同时期司法改革的战略目标与审判工作的实际需要,并针对审判权运行的关键环节与重点部位所出现的问题,在管理机制与具体技术层面进行了诸多有益的改革尝试,形成了一些相当具有代表性与实效性的管理模式,如河北省泊头市人民法院的效能型管理模式、安徽省宁国市人民法院"3+1"管理模式、海南省海口市中级人民法院的院庭长审判监督管理的权力清单模式、四川省成都市中级人民法院的"两权"模式、江苏省法院系统的绩效考评模式等。① 相比活跃的改革实践,有关审判管理的理论研究却显得较为沉寂,甚至可以说十分滞后,不仅系统化的审判管理理论体系还未形成,就连很多基本理论问题都未达成共识,反而还存在诸多分歧与争论。虽然这些争论在某种程度上为

---

① 关于这几种审判管理模式的详细介绍可分别参见李飞、韩元恒、丁力辛:《构建效能型管理模式——泊头法院审判管理改革调查》,载《人民法院报》2006年1月24日;吕雪峰:《人民法院审判管理机制创新的有益探索——以安徽省宁国市人民法院"3+1"管理模式为视角》,载《中国审判》2010年第5期;蒋安杰:《"两权"改革:中国审判运行机制的微观样本》,载《法制资讯》2010年第12期;丁国锋:《江苏高院以"表格式成绩单"考核审判绩效"审判管理"不再云里雾里》,载《法制日报》2008年8月5日;邢东伟、翟小功:《探索司法改革后院庭长审判监督管理新模式——海口中院找到充分放权与有效监督平衡点》,载《法制时报》2018年10月11日。

审判管理理论探讨开辟出更加宽广的空间，也为多维度理解审判管理实践提供了更多可能，但也必须承认：一方面，很多争论其实源于论者们对审判管理的经验认知与价值判断存在差异，过分纠缠争论本身并无实质意义，反而会让那些真正需要深刻讨论的问题被遮蔽；另一方面，理论认知的不统一已在某种程度上制约了审判管理理论研究的深入展开，并严重影响了审判管理改革实践的充分发展。

正如杨凯所言："如果我们不能构建科学的审判管理理论体系来指导实践，就难以适应新时期司法审判工作发展的现实需要，也难以满足社会公众对司法审判的新需求、新期待，更难以实现司法公正。"[①]还有法官结合工作体会指出，"在对审判管理的认识有待深化的情况下，进一步加强审判管理理论研究，以理论的领先指导实践的创新，对于把握管理规律、增强管理效果、提升管理水平，不断开创审判管理工作的新局面无疑具有十分重要的现实意义"[②]。确实，没有成熟理论支撑的审判管理实践与改革，必然是盲目的。因此，笔者在本章深入讨论审判管理的若干基本理论问题，以期终结一些不必要的争议，并促进审判管理理论体系的建构与发展，最终为审判管理的实践与改革发展提供必要的理论指导。具体而言，本章主要关注以下几方面的问题：第一，审判管理的正当性与合理性。审判管理是否具有正当性与合理性，这从来就是一个充满争议的问题。在笔者看来，目前理论界与实务界论证其正当性与合理性的理由，不仅不充分，反而问题丛丛。因此，笔者准备援引新的理论资源重新论证审判管理的正当性与合理性。第二，审判管理权的含义、性质及理论基础。到底如何理解审判管理权？这也是一个尚未形成统一认识的问题。

① 杨凯：《审判管理理论体系的法理构架与体制机制创新》，载《中国法学》2014年第3期。

② 周继业：《审判管理理论研究的重点和方向》，载《人民法院报》2012年6月13日。

各种观点在各自的论证脉络下或许都能成立，但实际上却经不起逻辑与实证的检验，在很大程度上属于自说自话的思辨性“思维娱乐”与“文字游戏”，其理论认同度自然就不高。有鉴于此，笔者尝试从新的视角切入，重新界定审判管理权的含义与性质，并在此基础上重新论述其理论基础以及与相关概念的区别。第三，审判管理的功能局限与运用限度。当前，部分论者尤其是实务部门的人士对审判管理持较为乐观的态度，甚至认为它可以有效解决审判活动所面临的很多问题与挑战。但事实上，审判管理功能的实现会受到很多外部条件的制约，它存在先天不足。不仅如此，由于审判管理在一定程度上张扬了行政科层在审判场域中的作用，再加上它与审判权运行规律有着不甚协调之处，因而审判管理在运用过程中必须保持合理限度。既然如此，那就非常有必要在理论层面系统分析审判管理的功能局限与运用限度，以澄清一些不必要的误解，从而保持对审判管理的理性认识。

## 一、审判管理正当性与合理性的理论重述

应该说，凡有组织存在的领域，凡是大型的组织活动，必然存在管理。就法院组织而言，它同样需要管理，这也为法院组织理论所承认。① 作为现代法院组织的核心活动，审判当然也无法离开管理。从这一点来看，审判管理并非什么新鲜事物，“有审判活动可能就有审判管理，只是随着法院的发展不断演变而已”②，只是具体的运作方式不

---

① 按照一般的认识，传统组织理论中的分工、控权幅度、责权、指挥、授权、监督等要素都属于法院组织理论的范畴，这具体表现为审判机构设置、审判组织构成、任务分配、法官制度、人事管理等。参见姜世明：《法院组织法》，新学林出版股份有限公司2010年版，第1—3页。

② 孙海龙编著：《深化审判管理》，人民法院出版社2013年版，第1页。

同而已。然而,由于当下的审判管理呈现出体系化建制与系统性控制的面相,与传统意义上对审判活动的“管理”多有不同,再加之它往往指向具有独立属性的审判权与法官的审判行为,并可能影响案件的实体裁判,因此社会各界对其形成了不同的认识,“要不要审判管理以及要什么样的审判管理”成为争议不断的问题,至今尚未形成统一认识。这些争论既表明审判管理即便有来自体制的背书与话语支持也未获得牢固的合法地位,也意味着仍有必要从理论上继续探讨审判管理正当性与合理性这一基础问题。

### (一)理论界与实务界证成审判管理正当性与合理性的理由检讨

自审判管理被最高人民法院正式提出以来,它一直面临正当性与合理性的争议,尤其是理论界质疑与否定审判管理的声音此起彼伏。当然,审判管理也不乏来自理论界与实务界的支持者。在这部分论者看来,审判管理不是冲击审判权独立行使的“洪水猛兽”,与审判权合理运行也并非格格不入,它有存在的正当理由与现实合理性。为了支持这一判断,论者们条陈了具体理由。但这些理由是不是就无懈可击,足以证成审判管理的正当性与合理性?之所以提出这样的疑问,是因为笔者注意到,为了奔向预定目标,很多论证采取了一种近乎凭直觉与随意的分析思路,至于具体理由,有的失之偏颇,有的本身就难以成立。接下来,笔者将逐一辨析这些理由。需要指出的是,笔者检讨这些理由的本意不在否定审判管理本身,而是认为应该寻求新的理论资源证成审判管理的正当性与合理性。

第一,司法现实的需要。目前理论界与实务界论证审判管理正当性与合理性最为经常提及的理由便是司法现实的需要。在很多论者看来,我国法官数量庞大,且职业操守与业务素质参差不齐,难以完全令人放心,再加上法律规范对机会主义司法约束有限与司法公正的外围支持机制不足，因此，为了保障司法公正与提高审判质效、促进法官勤勉工作，需要对审判权运行过程施以必要的管理与适当的控制，尤其应该加强院、庭长的审判管理职权。[①] 也就是说，对这些论者而言，审判管理之所以必要，在很大程度上是因为它能有效保障审判的公正与效率，尤其是可以防范“人性弱点”所导致的审判权滥用。[②] 也正是基于这样的逻辑，还有论者强调，“随着我国法官素质不断提高、法律法规及其体系日趋完善、社会法治环境逐步优化，审判权依靠自身实现正当有序运行是完全可能的，与此同时，‘审判管理权’必将逐步失去其作为控制、规范审判权行使必须权力的地位，从而渐渐回归二者的应然状态”[③]。笔者以为，这一理由看似合理、充分，但其论证并不周延，因为它在很大程度上是以假定的事实——审判权容易被法官滥用——作为论证前提，而且还可能故意回避了一些事实。这里需要深究的问题是审判权滥用在实践中的具体表现。

从实践来看，审判权确实可能被法官个体滥用，从而导致审判质效不高甚至司法不公。但不能忽视的是，更多的审判权滥用其实是来自法院之外的权力主体与实际控制案件实体裁判的院、庭长借审判之名的滥用。无论是一些案件长期不能结案还是其他形式的司法不公，多数情况并非法官个体独立审判下滥用审判权的结果，而是其他权力主体介入审判之后产生的恶果。换言之，审判权运行更大的问题可能在于审判权不能独立行使，裁判的过程与结果被填塞进了权力意志与个人私欲，“即使是审判权滥用，也可能是其他权力绑架审判权以借船

---

① 代表性讨论可参见龙宗智：《审判管理：功效、局限及界限把握》，载《法学研究》2011 年第 4 期；程晓东、邢江孟：《浅议确保审判管理正当性的若干进路》，载《法律适用》2013 年第 4 期；江必新：《国家权力科学管理视阈下的审判管理》，载《法律适用》2017 年第 5 期。

② 参见陈文兴：《司法权配置的两个基本问题》，载《法学杂志》2007 年第 5 期。

③ 孙辙、朱千里：《积极主动或谦抑克制：“审判管理权”的正确定位与行使》，载《法律适用》2011 年第 4 期。

出海”[①]。一些实证研究所揭示出来的院、庭长在法官违纪、违法中占据较大比例的事实[②],在很大程度上也能证明审判权滥用以及由此产生的司法不公更容易发生在掌握一定权力与资源的法官身上,而非普通法官身上。刘练军的研究更是直接表明,与普通法官相比,法院院长、副院长违法犯罪更为普遍,性质更恶劣。[③] 就此来看,以“管住”个体法官的审判权作为审判管理正当性与合理性的理由可能并不具有充分的说服力,并且夸大了法官个体滥用审判权的事实。其实,我国法院系统一直存在各种针对法官个体审判权行使的监督制约机制,并形成了一种多主体、多形式与多层次的立体化的审判权监控结构。如果我们承认司法不公是因为审判权缺乏监督制约造成的,那么在法院内部已存在较为严密的监督制约机制下仍产生了诸多司法不公,则只能说明针对法官个体的监督、控制并不必然带来高质效的司法产品。从某种意义上讲,把高效、公正审判的希望寄托于审判管理的集中控制尤其是院、庭长的管理与监督,其实是一种权力逻辑与人治思路。一旦权力向上集中,在审判权不能反向制约审判管理以及司法决策过程并不完全公开的情况下,反而为权力寻租提供了更为便利的条件,容易引发司法不公,从而背离审判管理的初衷。这其实也表明,从司法现实需要的角度论证审判管理的正当性与合理性并不具有充分的

---

① 钱锋主编:《审判管理的理论与实践》,法律出版社 2012 年版,第 78 页。

② 蒋超的实证研究发现,自 20 世纪 90 年代后期到 2010 年,全国共有 6 名高院院长、5 名高院副院长、13 名中院院长被查处,职务在其之下的不在统计之列;而且这期间查处的一些司法腐败“窝案”中,涉及的基本都是副庭长以上级别的法官。参见蒋超:《三十年来中国法官违法犯罪问题:一个统计分析》,载《宁夏社会科学》2010 年第 4 期。一些地方性数据也印证了这种情况。有文章披露,某直辖市 2002—2011 年 10 年间共立案查处法官违纪违法案件 140 件,177 人,其中厅局级干部 6 人,处级干部 24 人,处级以上干部占全部违纪人员的 21.4%。根据直辖市法院法官的行政职级,处级以上法官对应基层法院副院长及高中院副庭长以上人员,基层法院院长、庭长尚不在该数据之列。参见重庆市高级人民法院课题组:《审判管理制度转型研究》,载《中国法学》2014 年第 4 期。

③ 参见刘练军:《如何控制法官》,载《东方法学》2012 年第 4 期。最高人民法院曾在 2015 年 8 月通报,近年来查处的法官、干警违法违纪案件中,法院领导干部占 40% ~50%。参见钟庆辉:《法官的“风险”》,载《华商报》2016 年 2 月 22 日。

说服力,难以经受事实与逻辑的检验。

第二,制度结构的支持。目前我国审判权力的制度结构也被很多论者用来证成审判管理的正当性与合理性。在很多论者看来,当前法院审判权的制度构造不仅没有否定审判管理,反而在相当程度上能够支持审判管理的存在。这一看法在法院系统甚为流行,也有部分学者认同此观点。具体来讲,理由有二:其一,审判权行使与责任承担的二元化。在这些论者看来,法院内部直接行使审判权的主体是法官与合议庭,但审判责任最终却由法院和院长承担,特别是法院的工作报告在人大会上不能通过或反对票数过多,院长必然要承担相应的责任,即"权力分散在法官、压力集中在法院、责任承担在院长"。既然要求不直接参与裁判的院长就案件的审判质效向社会负责,既然案件裁判是以法院的名义对外发布,那么就应该对审判活动施加必要的管理,否则很难实现公正与效率的要求,也违背权责相统一的原则。① 其二,审判权由法院整体而非法官个体享有。这部分论者还认为,与国外法官独立、自主行使审判权而非法院作为整体享有审判权不同,我国宪法与人民法院组织法规定的是法院整体独立,并非法官个体独立,即由法院而非法官依法独立行使审判权。质言之,按照我国目前的法律规定,法官个体并不享有完整的独立审判权,法院才是审判权的行使主体。因此,在很多论者看来,审判管理尤其是院、庭长的审判管理是有法律依据作为支持的。②

对于前一个理由,首先需要明确的是院长所承担的责任是政治意义上的责任,而非法律层面上的审判责任,因为它涉及法院向人大报告工作,牵涉到法院在宪法层面的政治机关的属性,报告工作带来的责任是政治责任。③ 政治责任是审判机关对人民所承担的责任,其本

---

① 相关分析可参见四川省高级人民法院研究室:《创新和加强审判管理是社会管理创新的重要内容——"审判管理理论与实务"论坛综述》,载《人民法院报》2010 年 10 月 20 日。

② 参见孙海龙编著:《深化审判管理》,人民法院出版社 2013 年版,第 3 页。

③ 参见钱宁峰:《宪法文本上的"报告工作"问题论析——兼评法院工作报告通不过事件》,载《甘肃政法学院学报》2009 年第 3 期。

质是机关责任，只不过最终归属于法院院长。院长的政治责任在很大程度上源于职位本身，是其作为法院代表必须承担的责任，无关乎院长是否直接行使审判权。也就是说，无论审判权行使的主体是谁，审判所产生的政治责任都由法院院长承担。[①] 从实践来看，虽然院长确实承担着较重的政治责任，但法律意义上的审判责任一般情况下还是由法官与合议庭承担，错案追究便是审判责任承担的一种形式。由于政治责任的承担并不以审判权的直接行使为前提，因而就不能笼统地以院长不直接行使审判权但要承担责任为由来主张审判管理的正当性与合理性。同时，在法律层面上的审判责任已由审判主体承担的情况下，似乎也能由此否定院长以承担责任为名监督与控制审判权的合法性。因此，在既不对院长所承担责任作区分也不分析审判责任性质与归属的情况下，仅以审判权行使与责任承担的二元结构来论证审判管理的正当性与合理性，在理论层面并不周延，逻辑上也难以自洽。

至于第二个理由，它同样也不牢靠。按照这部分论者的逻辑，既然《宪法》与《人民法院组织法》将审判权赋予了法院，法官个体并不享有完整的审判权，那么由代表法院的各种主体对审判活动进行管理便是理所当然的。在笔者看来，这种逻辑明显是将法院独立与法官独立完全割裂并对立起来，似乎坚持法院独立审判就必然否定法官的独立审判权，甚至可以限制、剥夺法官的审判权。虽然在逻辑层面确实不能由法院独立行使审判权推导出法官独立行使审判权，“但事实上，法院独立审判并不能脱离法官独立审判而存在，法官的独立审判某种程度上也是在实践或实现法院的独立审判，不能以非此即彼的眼光看待两者关系，更不能假法院独立审判之名限制、肢解法官的审判权”[②]。这意味着法院独立审判与法官独立审判无法完全分离，前者

① 当然，如果院长以法官的名义行使审判权，那么他也要承担法律意义上的审判责任，这种责任在本质上是个人责任，其责任归属于自然人。

② 钱锋主编：《审判管理的理论与实践》，法律出版社 2012 年版，第 26 页。

实际上要以法官某种程度的独立为基础。“没有审判组织和法官的独立审判,就没有法院的独立审判”[①],因而法院作为整体享有审判权并不必然否定法官个体的独立审判权。其实,法院行使审判权不是法院这个机构在审判,也不是法院的全体人员在审判,更不是行政科层式的机关首长负责,而是以一个个具体的合议庭、独任庭的方式完成的。[②] 从这一点来看,上述论者的逻辑起点或者说论证前提本身就存在较大问题,其结论是否成立令人生疑。另外,还值得注意的是,持这种观点的论者其实并未正面回答法院独立审判何以提供了审判管理的正当性与合理性,他们只是含糊地根据审判权由法院享有的制度规定而判定审判管理具有法律根据,进而便肯定审判管理的正当性。显而易见,这样的论证存在明显的逻辑跳跃,它直接从审判权的归属过渡到审判管理正当与否之上,其间缺乏必要的逻辑推导与论证分析。因此,其说法与结论可能并不具有充分的说服力。

第三,域外国家与地区的相关实践。在这方面,论者们首先提及的是域外很多国家与地区针对司法人员的业绩评估或职业评鉴制度。很多论者注意到,域外很多国家与地区都已接受了这样一种观念,“作为一种职业,法官界应该拥有一个有效且正式的表现评价体系”[③]。在这种观念的支配下,这些国家与地区的法院都在运用事先设定的指标对司法人员的审判业绩与司法能力以及行为表现进行评估,并将评估结果作为人事管理甚至是职务升迁的重要参考。在这些论者看来,这种评价在很大程度上与我国法院系统实行的绩效考评制度非常类似。[④] 同时,由于这些国家与地区引入审判业绩评估制度的背景是案

---

① 张愍、蒋惠岭:《法院独立审判问题研究》,人民法院出版社 1998 年版,第 254 页。

② 参见蒋惠岭:《“法院独立”与“法官独立”之辩——一个中式命题的终结》,载《法律科学(西北政法大学学报)》2015 年第 1 期。

③ 〔加拿大〕马丁·L. 弗里兰德:《加拿大法官表现评价体系研究》,向华译,载周泽民主编:《国外法官管理制度观察》,人民法院出版社 2012 年版,第 205 页。

④ 参见程晓东、邢江孟:《浅议确保审判管理正当性的若干进路》,载《法律适用》2013 年第 4 期。

件数量激增而审判效率下降,因而它被认为是域外国家与地区的法院加强审判管理的一个举措。① 以此为据,很多论者认为,无论是审判管理本身还是作为审判管理重要手段的绩效考评制度,都具有相当的正当性与合理性。其次是案件管理制度。还有一些论者注意到,为了应对诉讼迟缓、案件积压等问题,并降低司法成本,域外很多国家与地区在二十世纪八九十年代先后掀起了一场以削弱当事人及其律师对诉讼程序控制与加强法官对案件流程管控为主要内容的司法管理运动。② 在这些论者看来,域外国家与地区这种强化案件管理的趋势在某种程度上是对传统"独立型司法"模式的颠覆,并由此发展出了一种新型的司法模式与法官角色,即"管理型司法"与"管理型法官",其中,后者除了实施自己的审判行为,还要指挥、监督其他法官。③ 既然域外国家与地区也在运用相应的制度与技术管理审判过程与诉讼相关的事务,那么这些论者便自然认为我国法院系统的审判管理不仅正当、合理,而且还契合了现代司法的发展趋势。

以域外国家与地区的相关制度实践作为审判管理合理性与正当性的依据,看似有力,实则迷惑丛丛,问题颇多,因为这些论者在很大程度上忽视了我国与这些国家和地区之间存在的总体殊异性。就审判业绩评估制度而言,虽然域外很多司法业内人士都认为,为了衡量司法人员的司法表现,以提供高质量的司法服务,评估不可避免④,但从实践来看,这种评估更多侧重于对司法人员的行为表现与案件处理能力的综合考察,较少或基本不涉及对案件处理过程与结果的评测,具体的评估指标也不完全是量化的客观指标,还包括各种用于定性评

① 参见许建兵:《中国特色审判管理机制构建之构想》,载《法律适用》2009 年第 9 期。

② 参见江必新:《域外案件管理改革的借鉴与启示》,载《比较法研究》2013 年第 4 期。

③ 详细的介绍可参见奚玮、宋士月:《"管理型司法":审判管理办公室的发展趋势》,载《安徽师范大学学报(人文社会科学版)》2012 年第 3 期;王福华:《民事案件管理制度评析》,载《法学论坛》2008 年第 2 期。

④ 参见〔法〕让 - 马克·白休斯:《法官管理问题初探》,魏晓娜、张炜译,载周泽民主编:《国外法官管理制度观察》,人民法院出版社 2012 年版,第 153 页。

价的主观指标。① 显而易见,这种评估制度与我国实践中主要以案件质效指标完成情况的“数据化”评价法官业绩的绩效考评制度有着本质区别。如果说域外国家与地区的审判业绩评估制度与我国的绩效考评制度还有着形式上的相似性的话,那么它们所推行的案件管理与我国的审判管理则没有任何可比性——即使我们从中可以吸取一些能够用于审判管理的制度经验。正如前文所言,域外国家与地区的案件管理是指法官对案件处理程序、当事人及其律师的管理与控制,突出强调法官的管理主体地位,弱化当事人对诉讼程序的控制,并在此基础上赋予法官较多程序控制与当事人管理等方面的权力。相比之下,我国的审判管理是一种全面化的管理,既要管理审判人员及其审判行为,还要控制案件处理的过程与结果,法官在多数时候不仅不是管理主体反而沦为管理客体,对案件处理的程序进程与当事人并无多少实质的控制力,其审判权力也受到审判管理主体尤其是院、庭长不同程度的限制。在域外国家与地区的审判业绩评估和案件管理制度与我国的审判管理存在根本性差异的情况下,仅通过简单的类比就得出审判管理正当与合理的结论,显然不足为信,甚至其论证路线本身都可能是错误的。

### (二)审判管理正当性与合理性基础的重构

前文的分析表明,目前理论界与实务界所援引的理由其实很难证成审判管理的正当性与合理性,那些看起来较为充分的论证实际上经不住简单的一驳,具体论证过程也给人一种“似清非清”的感觉,很多

---

① 比如,为了激励法官更好地工作,提供最优质的服务,德国建立了严格的考核制度,考核内容为专业知识、理解能力、口头与文字表达能力、处理能力、待人接物、沟通技巧、贯彻能力与吃苦耐劳精神等。参见宋英辉、郭成伟主编:《当代司法体制研究》,中国政法大学出版社 2002 年版,第 163 页。再比如,加拿大一般从法律能力、公正、司法管理技能、案件处理实践及举止等方面考评法官。参见〔加拿大〕德尔·多伦:《关于司法、法官和法院管理的质量》,载怀效锋主编:《法院与法官》,法律出版社 2006 年版,第 295 页。

不必要的争论由此而生。在审判管理已成为我国法院管理乃至审判权运行机制重要组成部分的现实下,我们实有必要利用新的理论资源进一步论证审判管理的正当性与合理性,并彻底澄清其中的一些要害问题。否则,不仅笼罩在审判管理上的迷雾始终无法散去,还会影响审判管理理论与实践技术的发展,更难以构建科学、合理的审判管理制度体系。在笔者看来,审判管理正当性与合理性的基础在于以下三方面:

审判管理的正当性与合理性首先根植于法院作为一种组织对组织理性的追求。按照组织社会学的观点,任何组织只有在形成了某些组织理性的成分之后,组织的制度才能真正建立与正常运转,组织才可能获得持久的外部与内部合法性。① "所谓组织理性,就是以组织为载体的理性。它是这样一种状态,即一个社会组织中具有那些得到主要组织成员自觉遵循的一套独特的共识性或强制性的行动逻辑规则和经验惯例,这些规则和惯例或者与组织生存和组织各种目标的实现手段相关,或者与组织成员在组织中的地位合法性有关。"②任何组织如果缺乏这种理性,其组织的运行和权力系统很可能会出现紊乱,进而影响组织目标的实现,最终危及组织的生存与发展。作为专司纠纷解决之职的公共组织,法院同样需要致力于组织理性的获取与形成,原因有二:一方面,法院作为一个开放性的系统③,并不能自给自足地维持自身的存续,需要不断从外部获取财政、人力以及威望等各种有形与无形资源,并通过提供有效的纠纷解决服务以及生产合格的司法产品维系自己的生存与发展,建构自己的合法性,最终强化自身在更大权力场域中的地位;另一方面,由于法院与所有组织一样,也是

---

① 参见赵孟营:《组织合法性:在组织理性与事实的社会组织之间》,载《北京师范大学学报(社会科学版)》2005 年第 2 期。

② 赵孟营:《论组织理性》,载《社会学研究》2002 年第 4 期。

③ 参见〔美〕罗伯特·B. 登哈特:《公共组织理论》,扶松茂、丁力译,中国人民大学出版社 2003 年版,第 97 页。

"由拥有不同于组织或集团中其他人的纯粹的个人利益"的法官个体组成[①],这些个体可能会形成不同于法院整体目标的行动选择与利益偏好,并发展出各种机会主义行为,因而法院需要将自己的"行动逻辑规则和经验惯例"嵌入法官的行动,从而"使组织活动形成相对完善的系统性、自控性和程式化"[②],并在此基础上"促使共享观念内化为默会的认知图式,形成组织认同进而整合成员的行为"[③]。因此,对于法院而言,如何形成有助于法院组织目标实现的行动规则与经验惯例,并确保它们得到组织成员的认同与服从,就显得异常重要与关键。

总体而言,作为法院组织构成的大多数法官在价值理性、组织认同等因素的驱动下会自觉服从通行于法院内部的各种法律规则与制度规范,并主动将自己的行为控制在它们所设定的行动框架之内,从而实现组织理性与个人理性的统一。然而,组织社会学的研究也揭示出,某些组织成员会因为各种原因而不愿受组织理性的约束,他们的行动只是个人的理性选择,而不是组织理性的选择,从而削弱对组织理性的认同程度,造成个人理性与组织理性之间的紧张。[④] 类似情况在法院组织的审判活动中也经常发生。这突出表现为部分法官利用信息不对称与授权的分散化发展出各种机会主义的司法行为,以及某些位于一定领导层级的法官凭借各种显性与隐性权力干预或影响案件的实体裁判。而且由于我国法院系统"规模巨大,结构复杂和制衡机制的缺失,这些问题还被放大与加剧"[⑤]。在这种情况下,如果不对

---

① 参见〔美〕曼瑟尔·奥尔森:《集体行动的逻辑》,陈郁、郭宇峰、李崇新译,格致出版社、上海三联书店、上海人民出版社 2014 年版,第 7 页。

② 李莉:《民主政治发展进程中的中国非政府组织理性化建构》,载《武汉科技大学学报(社会科学版)》2009 年第 4 期。

③ 吴海琳:《意识形态研究的组织论视角初探》,载《吉林大学社会科学学报》2011 年第 5 期。

④ 参见赵孟营:《论组织理性》,载《社会学研究》2002 年第 4 期。

⑤ 周雪光:《中国国家治理的制度逻辑:一个组织学研究》,生活·读书·新知三联书店 2017 年版,第 27 页。

审判活动进行必要的引导与控制,审判权运行将变得无序甚至失范。这不仅会损害当事人的实体与程序权利,还会降低社会公众对司法审判的信任和期待。因此,为了保证法院内部审判权运行的技术理性化,法院需要根据审判权运行状况在程序规则之外推行一些制度规范对审判活动进行必要的管理,以整合组织成员的行为,维系并强化作为法院组织成员的法官对法院组织目标的认同,确保审判权高效、公正运行。审判管理正是这样的一套制度规范。就此而言,审判管理可以通过对法官行为的引导与约束而将组织理性嵌入法官的个人理性之中,从而促成法院组织理性的形成,获得更大的生存与发展空间。正是在这一意义上,时任最高人民法院审判管理办公室主任周建平指出,"审判管理同其他性质的管理一样,都是为了实现组织的目标。它是组织体内激发、内生的一种本能活动,就像生命体为了生命的延续、体内自然衍生各种抵抗疾病的抗体一样。它是一种应急反应,属于自然法则的范畴"①。

审判管理的正当性与合理性还在于它能提升审判程序运作的理性化程度。如果说对审判活动的管理以确保法院形成事实上的组织理性是为了维系法院作为一种公共组织的生存与发展,那么通过审判管理实现审判过程的正当化则是为了彰显现代法治所要求的程序理性。程序理性被认为是现代法治的基本原理,它打通了实质理性与形式理性的隔阂,奠定了现代国家的合法性基石。② 它关注程序规则的形式合理性及其适用的正当化,既是国家理性的体现,也是法律理性价值的表征。这一原理体现在审判程序中就是要求法官的裁决过程符合理性与正当的要求,而不是任意和随机的③,其中心问题是通过建

① 周建平:《审判权力运行机制改革与审判管理》,载最高人民法院审判管理办公室、中国审判理论研究会审判管理理论专业委员会编:《审判管理研究与参考》(第2辑),法律出版社2014年版,第177页。

② 参见朱海英:《论程序理性的政治意蕴》,载《探索》2004年第5期。

③ 参见王锡锌:《行政程序理性原则论要》,载《法商研究》2000年第4期。

构正当化、可操作的程序以规范审判程序的运作与法官行为,从而实现"程序正当、稳定与适用公正和不偏不倚"[①]。富勒曾将程序理性对法官的要求概括为以下几个方面:第一,仔细收集证据并对各项论点进行讨论;第二,仔细衡量这些证据和论点;第三,冷静而详细地对案件作出评议;第四,公正而无偏见地解决问题并以事实为根据;第五,对判决和决定提供充足理由。[②] 艾森伯格则指出,为确保审判程序富有理性,法官在裁判过程中应承担三项义务:其一,认真聆听双方当事人的陈述和主张;其二,任何司法决定或裁判都必须建立在当事人提出的证据和法庭辩论的基础上;其三,充分说明作出某项裁判或决定的根据和理由。[③] 由此可见,程序理性在审判程序中的实现除了程序本身要正当,更为重要的是法官要恪守既定的程序规则与相应的程序义务。换言之,程序理性在很大程度上不是从程序规范中演绎出来,而是在法官案件处理行为的不同侧面实现,具有较强的实践理性意味。

无疑,程序理性也是我国审判权运行所致力实现的目标,更是对法官的案件处理行为提出的基本要求。事实上,我国诉讼法中的很多程序构建与制度改革都将程序正义作为基本依据,并希冀由此达致审判程序本身与运作的双重正当,最终实现案件裁决过程的理性化。但正如我们所知,在多种因素的作用下,很多体现程序理性因素的制度规则在实践中并未得到严格遵守,它们对法官个体行为选择与审判程序运行所产生的约束力较为有限,甚至法官直接违反程序规则的情况也不少见。前些年为社会各界所关注的"程序失灵"问题,便是典型表现。[④] 也正是因为如此,部分程序制度在实践中被不同程度地扭曲,进

---

① 宋冰编:《程序、正义与现代化——外国法学家在华演讲录》,中国政法大学出版社1998年版,第375页。

② 参见陈瑞华:《刑事审判原理论》,北京大学出版社1997年版,第67页。

③ 参见刘晓兵:《刑事程序价值论》,中国检察出版社2009年版,第106页。

④ 关于"程序失灵"问题的详细讨论可参见陈瑞华:《刑事程序失灵问题的初步研究》,载《中国法学》2007年第6期。

而导致审判程序在运行中所显示出来的程序理性要素较为“稀薄”,程序规则的实效与程序正义的要求相去甚远。在这种情况下,如果赋予法院对审判过程及相应事务一定的管理与监督权,让其对审判活动的各个环节施以必要的“程序控制”,则能够在一定程度上防止程序规则被规避或违反,从而提高审判程序运作的理性化程度。审判管理之所以具有这样的功能潜质,是因为它利用各种管理技术把案件处理所要求的程序规则转换成了相应的质效指标体系,并以效率和公平这两项基本标准作为语言单元编排程序,案件处理中的交涉、议论、审理、执行等整个程序节点与过程得以变得透明①,法官个体恣意的空间与可能性被大幅压缩。虽然审判管理本质上采取的是科层制技艺,遵循组织化的调控原理,但它强调“对内负责”,重点针对的是超出法度与组织规则的非规范审判行为,并以内部控制与监督的方式弥补法定程序规则的约束力不足,程序理性的很多要求由此得以满足。审判管理的正当性与合理性即在于此。

最后,审判管理的正当性与合理性还在于它有助于审判风险的化解。“诸如此类的大量事例都充分证明:随着产业化、城市化、全球化、网络化程度的提高,中国已迅速进入‘风险社会’,安全隐患无所不在。我们无法再以绝对性、确定性、统一性、可计测性为前提来构想生活空间和秩序。无论是政府还是个人,都不得不以瞬息万变、相对化为前提来进行各种各样的判断和决策。”②从某种意义上,我们更像“生活在文明的火山上”③,各种“被制造出来的风险”不断涌现并扩张,“风险也变得危险重重”④。身处风险社会背景下的法院面临的是一个事

---

① 参见季卫东:《法律程序的形式性与实质性——以对程序理论的批判和批判理论的程序化为线索》,载《北京大学学报(哲学社会科学版)》2006 年第 1 期。

② 季卫东:《依法风险管理论》,载《山东社会科学》2011 年第 1 期。

③ 〔德〕乌尔里希·贝克:《风险社会》,何博闻译,译林出版社 2004 年版,第 13 页。

④ 薛晓源、周战超主编:《全球化与风险社会》,社会科学文献出版社 2005 年版,第 50—51 页。

务复杂、利益多元、充满不确定性的外部环境。受此影响，作为一种宏观意义上的社会决策，法院审判日益呈现出“非常规”的特点，这突出体现为“难办”案件的增加、案件裁决附随的社会后果更难预测、社会公众对司法的期待较高。这不可避免地导致审判环境变得异常复杂、敏感，审判活动面临着前所未有的风险与不确定性，并随时可能从或然性、可能性变成现实。近年来出现的很多如恶性袭击法官、拒不执行裁判、暴力抗法、大规模信访潮等现象正是这种风险暴发后所呈现出来的表征。[①] 尤其值得注意的是，在当前开放、透明、信息化的新形势下，网络的聚焦与放大效应使得案件处理中的任何程序瑕疵、法律适用上的任何问题甚至是裁判文书中的文字错误，都可能被无限放大，成为引发当事人与社会公众对法院工作不满的火药桶，爆发严重的舆情危机甚至公共事件。[②] 更为严重是这些事件还可能恶变成“外在于并超越国家——政府政治体制的代表性制度”的“亚政治”，如社会运动、街头抗议等。[③] 从某种意义上讲，风险已成为审判活动的组成部分，它无处不在，也无时不在，法院本身也因此成为社会情绪的发泄通道，需要直接面对由淤积的社会矛盾所构成的“火山”。如何有效应对审判风险，并将其控制在可接受的范围内，已成为当前法院必须面对的一个重大现实问题。

“危机并非突发灾难性事件的结果，也是长期未得到管理的风险产物。因此，应急性的危机回应是不够的，危机管理者应该通过危机

---

① 参见傅选华：《审判管理“必要性”的理论证成——基于风险社会理论的分析和展开》，载新余法院网，http://xyzy.chinacourt.gov.cn/article/detail/2014/09/id/1437210.shtml，2017 年 5 月 15 日访问。

② 参见上海市高级人民法院课题组：《审判权运行机制改革中审判管理职能定位研究》，载最高人民法院审判管理办公室、中国审判理论研究会审判管理理论专业委员会编：《审判管理研究与参考》(第 3 辑)，法律出版社 2015 年版，第 217 页。

③ 参见〔德〕乌尔里希·贝克：《世界风险社会》，吴英姿、孙淑敏译，南京大学出版社 2004 年版，第 50 页。

风险管理防患于未然,降低组织与公众的脆弱性。”[①]同样,为了避免审判风险演变成现实危害,不能仅靠突发式的应急管理,而应在事前就进行必要的控制。审判管理正是防范与治理各种审判风险的一种机制与策略,因为审判管理对审判工作不仅横向介入,还重视纵向管理,即不仅关注裁判本身,还关注裁判前后的问题[②],目的在于通过科学安排审判工作、严格规范审判过程、有效整合司法资源、科学考评审判质效等途径确保司法公正、廉洁、高效。[③] 具体而言,审判流程管理可以通过控制案件处理的过程来缩短诉讼周期、提高审判效率,进而有助于在降低各种诉讼耗费的基础上管控审判的效率风险;案件质量管理则可以把控个案的审理情况与总体审判态势,从不同方面促进审判水平的提升,最终提高审判质量,最大限度地降低审判质量风险;审判信息公开能够实现法院与社会公众之间充分、多向性的互动沟通,打消社会公众对司法审判的各种疑虑,在改善审判权运行外部环境的基础上重建司法公信力;审判管理所强调的服务功能则能帮助法院了解社会公众的司法需求与现实危机的触发点,从而可以预先作出有效应对,防患于未然。总之,尽管审判管理不可能有效管控审判风险的方方面面,也不可能消弭所有审判风险,更不可能化解法院所面临的所有难题,但由于审判管理有助于法院向社会输出优质、高效的司法产品与审判服务,由此可以赢得更多信任,控制审判风险向现实危害转化,因而它可以在相当程度上防范审判风险对审判权运行所造成的冲击与侵害,从而将其控制在法院与社会能够承受的范围之内。因此,从审判风险规避与治理的角度而言,审判管理无疑有其存在的价值与必要。

---

① 张成福、唐钧、谢一帆:《公共危机管理:理论与实务》,中国人民大学出版社 2009 年版,第 103 页。

② 参见孟李玲:《审判风险管理初探》,载《党政干部论坛》2014 年第 3 期。

③ 参见江必新:《审判管理与审判规律抉微》,载《法学杂志》2011 年第 5 期。

## 二、审判管理权的内涵与理据之重新界定

自审判管理权被作为一个正式概念提出以来，它一直充满争议，争议的激烈程度远远超过了审判管理本身所引发的争议。而理论界与实务界对它的认识也极不统一——不仅在一些通识性问题上存在不少分歧，就连如何确定其内涵与性质也是歧见纷呈。在笔者看来，正是因为理论认识的不统一造成审判管理权在实践中不断僭越自身界限，使其作用范围日益扩大，具体权能不断增容，最终导致审判管理权广泛渗入审判权运行领域，损害审判权的独立行使。因此，我们有必要深入研究审判管理权，厘清相关理论争论，明确其合法性依据，从而在科学认识审判管理权的基础上形成统一的理论认知，助力审判管理改革转型。

### （一）对审判管理权含义与性质若干观点的辨析

应该说，审判管理权并没有法律上的明确规定，更没有来自法律规范的确定授权①，它是我国法院在多年来的审判与管理实践中总结并提出来的一个概念，理论界与实务界对它的认识与理解在很大程度上也是基于审判管理的具体实践与使用习惯。或许正是因为如此，社会各界包括理论界才对审判管理权的含义、性质、定位等基本问题形成了歧见，各种说法莫衷一是。纵观既有研究，对于审判管理权的含义与性质的认识主要有以下几种：

第一，权力说，即认为审判管理权是一种对审判活动进行直接或间接管理的权力。但这种权力到底是行政权还是司法权，论者们有不

---

① 我国目前的《人民法院组织法》《法官法》与三大诉讼法都没有明确规定包括院、庭长在内的法院内部主体对审判组织行使审判权的活动进行实质性管理的权力。院、庭长对个案裁判过程与结果的监督管理，在很大程度上其实源于他们本身的行政职位。

同观点。[①] 在部分论者看来,管理是所有组织都具有的一种活动,其目的在于实现组织目标;法院作为一种审判组织,它同样需要对审判活动进行相应管理,以更好地实现审判目标,因而审判管理就是行政性管理,审判管理权即为行政性权力。[②] 还有一些论者虽然也认为审判管理权在本质上属于行政权,但由于审判管理的对象既不是一般性行政事务,也不是和审判活动具有一定关联的司法行政事务,而是与前两者都有着相当不同的审判事务,在管理过程中还必须尊重司法规律,因而他们主张审判管理权是带有司法特性的准行政权。[③] 另外一些论者则认为,审判管理权与审判权一样,都属于司法权的下位概念,即司法权可以分为审判权与审判管理权,审判管理权在本质上属于司法权的范畴,有别于行政管理权。[④] 值得注意的是,最高人民法院似乎也持这种观点。最高人民法院《关于完善人民法院审判权与审判管理权运行机制的意见(征求意见稿)》指出,审判权和审判管理权都是人民法院司法权的下位概念。具体而言,审判权是指人民法院调查认定事实、选择适用法律和对案件作出裁判的权力;审判管理权则是人民法院通过组织、领导、指导、评价、监督、制约等方法,对审判工作进行合理安排,对司法过程进行严格规范,对审判质效进行科学考评,对司法资源进行有效整合确保司法活动公正、廉洁、高效运行的权力。[⑤]

---

① 还有一种观点认为,审判管理权是在审判组织的审判权和院、庭长的行政权之间形成的以指导权、监督权、审判资源分配权和上下级审判组织之间衔接为主要内容的既区别于审判权,又区别于行政权的一种权力。也就是说,这种观点试图超越行政权与司法权之争,而主张审判管理权既不是行政权,也不是审判权,但其性质到底为何,论者又语焉不详。参见赵刚、王鑫:《成都"两权"改革 做应用文 解应用题》,载《人民法院报》2010 年 11 月 8 日。

② 参见王亚明、杜万松:《案件质量评查工作的现状及完善对策》,载《内蒙古社会科学》2006 年 4 期。

③ 代表性论述参见李生龙、贾科:《反思与重塑:法院系统内部审判管理机制研究》,载《西南政法大学学报》2010 年第 4 期。

④ 参见鲁千晓、吴新梅:《诉讼程序公正论》,人民法院出版社 2004 年版,第 161—162 页。

⑤ 参见高一飞、莫湘益:《论审务公开》,载《电子政务》2012 年第 12 期。不过,正式下发的最高人民法院《关于加强人民法院审判管理工作的若干意见》又没有对审判权与审判管理权作任何界定,似乎是在刻意回避此问题。

第二，职权说，即认为审判管理权是法院管理和监督审判活动的一种职权。具体而言，它是指“法院负有管理职责的人员和机构行使的，以科学合理配置审判资源、组织、规范、指导、协调、监督、指挥和控制审判行为为主要手段的，以服务和保障审判权正当有序运行为目的的一系列权能的总和”①。还有论者更简洁地指出，“审判管理权是指法院内部负有领导、管理职责的人和部门依法享有的对审判活动进行监督管理的职权”②。在这部分论者看来，审判管理权系法院基于自身管理与监督审判活动的需要，在实践中产生并不断完善的衍生性、辅助性权能，包括监督与管理两个层面，是独立于审判权的司法行政性职权，兼具司法性与行政性。③ 基于这样的认识，还有论者将审判管理区分为行政性审判管理与司法性审判管理，前者主要包括审判流程管理、审判业绩考核、审判委员会服务、案件质量评查等，但不包含直接作用于审判权、影响案件实体裁判的管理，目标是实现对审判流程的同期控制和审判质量的后期控制；后者主要指向审判权运行，其效果往往直接影响案件的实体处理，包括审委会作为一个法院里的最高审判组织对审判活动的监督指导权，院、庭长作为法院层级负责人对实体裁判的监督指导权，上级法院对下级法院审判工作的宏观指导以及案件审判的具体监督等权能。相应地，审判管理权有狭义和广义之分，狭义的审判管理权即为前述的行政性审判管理，广义的审判管理权还包括监督指导层面的权力，即司法性审判管理，这种监督指导类的权力并不限于对审判事务的管理，其相当一部分系实实在在的裁判性权力，直接

---

① 孙辙、朱千里：《积极主动或谦抑克制：“审判管理权”的正确定位与行使》，载《法律适用》2011 年第 4 期。

② 胥苏江、徐惠琴：《审判权与审判管理权的良性运行》，载中国法院网，https://www.dtsfy.chinacourt.gov.cn/article/detail/2011/12/id/5082289.shtml，2020 年 3 月 8 日访问。

③ 参见孙海龙、高翔：《结束一个开始就犯的错误——回归审判事务管理权的本来面目》，载万鄂湘主编：《司法体制改革与刑事法律适用研究：全国法院第二十一届学术讨论会论文集》，人民法院出版社 2009 年版，第 256 页。

或间接调整当事人的权利义务关系,与审判事务管理权有本质区别。[①]

第三,职能说,即认为审判管理权是法院内部管理审判活动的一种职能。持这种观点的论者认为,审判管理与其他的管理一样,都是对体系内的活动进行计划、组织、协调与控制的过程,区别仅在于对象而已,因而把审判管理权作为一种权力尤其是公权力值得商榷。在这些论者看来,动辄将某种职能或功能界定为公权力,进而还把法院的职权拆分为审判权与审判管理权的认识与做法,不仅与法治理念相悖,也违反了权力分立制衡原理,在逻辑上无法自圆其说。[②] 基于这样的认识,这些论者认为,审判管理权不是什么独立的或制约监督审判权的某种权力,而是法院内部职能的一种表现形式,是从内部自我积蓄能量、自我恢复与强化审判权,通过有效的服务和适度的监督,协助法官排除干扰,集中精力搞好审判,重新树立审判权威与公信的权力。具体而言,审判管理权是法院的内在职能,是以审判权运行中各个环节的活动为对象,对其进行必要的计划、组织、协调、控制,确保审判活动的合理性、合法性与公正性,它的行使不是为了监督与制约甚至削弱审判权,而是为了完善审判权的运行过程,使之更加合理、合法与公正,以实现审判权的自我强化和回归。[③] 显而易见,这种观点强调审判管理与审判管理权对审判权运行的保障与服务功能,否定其作用于案件实体裁判的权能。

对于上述三种观点,笔者首先要指出的是,将审判管理权与审判权并列,进而将其作为司法权的下位概念,似乎难以成立,理由有三。其一,审判管理权与审判权并不是同一位阶上的权力。审判管理权的

---

① 参见孙海龙编著:《深化审判管理》,人民法院出版社 2013 年版,第 25—26 页。持类似观点的论者还认为,审判管理是审判与管理的融合,兼具判断和行政的双重属性,在性质上是准判断和准行政。审判管理的准行政属性不以调整、确定或处分当事人具体权利义务关系为目的,不介入或干预案件实体审理和裁决,只是对审判活动进行必要的监督和管理;审判管理的准判断属性,以审判管理有限介入实体裁判为标志。详细论述参见高权:《审判管理学原理》,人民法院出版社 2014 年版,第 11—12 页。

② 参见钱锋主编:《审判管理的理论与实践》,法律出版社 2012 年版,第 83 页。

③ 参见钱锋主编:《审判管理的理论与实践》,法律出版社 2012 年版,第 81 页。

作用对象是审判活动,目的在于保障审判权高效与公正的运行。如果没有审判活动,审判管理权便失去了作用对象,进而也就没有存在的可能与必要。也就是说,即便认为审判管理权是一种权力,它也是附属于审判权,依赖于审判权的,并不具有独立性,尤其不可能独立于审判权。因此,审判管理权与审判权不可能是一种并列的权力关系,审判管理权也不可能是一种独立的权力。否则,"'审判管理权'与立法权、行政权之间的关系如何?法院以哪一种权力作为社会正义的最后一道防线呢?"①从这一点来看,职权说所主张的审判管理权是一种衍生性、辅助性职权可能相对更合理。其二,司法权与审判管理权存在本质差异,它不可能衍生出带有一定行政性的审判管理权。无论怎么界定与理解审判管理权,它都是对审判活动或审判事务的管理,具有明显的主动性与非裁决性,而司法权是法院对案件进行审理与裁决的权力,具有被动性与裁决性,两者的属性存在实质区别。就此而言,司法权无论如何都难以容纳审判管理权,它也不可能是司法权的下位概念。对此,有论者直接指出,"审判管理权同审判权不是上下位关系,审判权这种国家权力不可能派生出一个组织内部的管理权"②。其三,与司法原理相悖。从某种意义上讲,将审判权与审判管理权并列,其实质是将法院权力一分为二,即将法院权力分解为审判权与审判管理权。但这种分解几乎得不到任何比较法的支持,因为目前没有任何国家将法院的权力拆解为审判权与审判管理权两部分。事实上,按照现代司法的一般原理,法院的权力即为司法权/审判权,并不包含审判管理权,至多可以认为现代法院具有司法行政事务管理权,但它与审判活动本身没有直接关系。因此,这样的拆分明显违背了现代司法的

---

① 钱锋主编:《审判管理的理论与实践》,法律出版社 2012 年版,第 83—84 页。

② 周建平:《审判权力运行机制改革与审判管理》,载最高人民法院审判管理办公室、中国审判理论研究会审判管理理论专业委员会编:《审判管理研究与参考》(第 2 辑),法律出版社 2014 年版,第 178 页。

基本原理,在理论上难以成立。此外,权力说中的另外一种观点,即认为审判管理权属于行政权,虽然承认凡是管理便有不同程度行政与服从的"铁律",但其也容易导致审判管理在实践中忽视审判权运行规律,有扩张司法行政之嫌,最终滑向行政化管理的陷阱。因此,即便将审判管理权定位成行政权,也要注意它绝不同于纯粹的行政管理权,必须运用符合审判权属性与司法审判规律的方式管理审判事务。

其次,职权说虽然符合审判管理实践,但将审判监督与审判指导归入审判管理权的范围却并不具有足够的合理性。从实践来看,审判管理既体现为相关管理主体围绕审判活动的程序事项与审判结果的质效等进行调控,也体现为院、庭长等利用审判指导监督职权对案件的实体裁判进行把控。"前者不以调整、确认或处分当事人的具体权利义务为目的,不参与或介入案件实体审理和裁决;后者直接或间接调整、处分当事人的权利义务关系。二者均是现阶段司法实践中习惯意义或通常意义上的审判管理,审判管理权的范围也是如此。"①尽管审判管理不是行政管理,审判管理权也不是一般意义上的行政管理权,但它们都以"管理"为中心,而任何管理都必须依赖一定的行政权力对人与事加以控制,其本身就是协调、强制与服从的过程。② 这意味着不管怎么强调审判管理的特殊性及其与行政性管理的区别,它可能还是具有所有管理活动都具备的命令与服从特性,甚至还会带有一定的行政化色彩。因此,将本来并不具有行政属性的审判监督与审判指导归于审判管理权的范畴,本身就显得极不协调,还可能导致整个审判管理体系定位混乱。更为重要的是,这将使得审判监督与审判指导从一开始即被人为、自动地烙上行政化印记,从而与"去行政化"的初

---

① 翁秀明:《审判管理权与审判权的冲突与协调——兼论审判管理体系的建构》,山东大学 2011 年硕士学位论文,第 13 页。

② 参见姚正陆、刘云:《审判管理若干问题构想》,载《人民司法》2005 年第 12 期。

表相背离。[1] 按照某些论者的说法,“即便能够竭尽所能论证‘此’审判监督指导权非‘彼’行政性管理权力,亦存在一个复杂艰辛的过程”[2]。目前审判管理中的一些乱象,尤其是院、庭长以审判管理名义介入实体裁判进而干预案件处理的做法,很难说与实践中将审判监督与审判指导定位于审判管理权的认识没有关系。或许正是意识到了其中的问题,最高人民法院开始有意识地区分审判管理与审判监督、指导。[3]

另外,还值得注意的是,职权说认为审判管理权兼有行政性与司法性属性,并主张应该针对其所包含的不同权能分别界定其属性的观点似乎也有待商榷。正如我们所知,行政与司法是两种性质完全不同的行为,一种职权显然不可能同时具备司法与行政的双重属性,否则必然引发实践的混乱,在逻辑上也难以周延。事实上,持职权论观点的论者们之所以认为审判管理权具有行政性与司法性,是一种复合性职权,在很大程度上是因为他们把审判监督与审判指导归于审判管理权,但同时又认可其不属于行政管理的范畴,而是带有一定的司法属性,从而只能认为审判管理权的属性具有复合性。

最后,职能说无法有效解释审判管理的具体实践。如前所述,职能说的本意在于否定审判管理权的权力属性,以便合理确定审判管理权与审判权的内在逻辑关系。因此,它从功能的角度将审判管理权定位为一种保障审判权公正、高效、有序运行的内部职能,强调审判管理的保障、服务作用。正是基于此认识,职能说既不认为审判管理权是一种行政性权力,也不认同它是一种内生的司法性权力,而是主张审判管理权是审判权既有的内在功能,属于审判权的重要组成部分。这种超越权力维度

① 参见孙海龙、高翔:《审判事务管理权的回归》,载《人民司法》2010 年第 9 期。

② 崔永东主编:《审判管理研究》,人民出版社 2015 年版,第 48 页。

③ 比如,在《关于全面深化人民法院改革的意见——人民法院第四个五年改革纲要(2014—2018)》中,最高人民法院就将审判管理制度改革与审判监督机制改革分开表述,作为不同改革任务。再比如,在《关于完善人民法院司法责任制的若干意见》中,最高人民法院也将审判管理与审判监督分开,没有将审判监督纳入审判管理的范畴。

对审判管理权的理解与定位,避开了对审判管理权权属性质的争论,让其回归至审判权的体系框架之下,从而为理解审判管理权与审判权的关系提供了新的理论视角。同时,这也有助于重新界定审判管理和审判管理权的功能与作用,进而促进审判管理职能与制度的合理构建与有序发展。尽管如此,它也存在明显的问题,就是无法周延地解释审判管理权事实上所具有的对审判权的监督与制约功能,也无法解释其对各种审判事务尤其是程序性事项的实际调控作用。毕竟审判管理权既不是借鉴与移植国外法院的制度,也不是基于理论推演建构出来的概念,而是我国法院在司法改革实践中逐步形成的。就此而言,任何在理论层面对审判管理权的讨论都应该立足于我国法院的实际,能够充分解释审判管理实践,否则就只是纯粹的理论游戏,而不具有任何实践意义。另外,职能说将审判管理权作为审判权的一部分也有待商榷。如前所述,审判权是一种判断权,它在性质特征、运行规律等方面与审判管理权均有着明显差异,甚至在某种程度上还显现出强烈的对立性。审判管理权所内含的对审判活动的组织、协调、监控等管理行为如何与作为一种判断权的审判权统一,显然存在理论上的困境。对于如何破解这种困境,主张职能说的论者要么语焉不详,要么闪烁其词,有的甚至干脆回避,总之现有的论证令人难以信服。

### (二)司法逻辑/裁判逻辑下审判管理权的内涵与外延

从某种意义上讲,如何界定审判管理权的性质决定着审判管理改革与发展的方向。但正如我们所看到的那样,目前实务界与理论界对此问题的理解莫衷一是,各种说法看起来似乎都能成立,但细究起来问题其实颇多,难以经受逻辑和实证的检验。受此影响,社会各界对审判管理权含义的理解也是众说纷纭,从而使得审判管理权的内涵与外延被不断放大,以至于其成为一个含义越来越模糊、是非越来越多的概念。正如博登海默所言:“概念是解决问题必需的工具,没有界定严格的专门概念,我们便不能清楚和理想地思考法律问题。没有概念,便无法将我们对法律的思考转变为语言,也无法以一种可以理解的方式把这些思考传达给他人。"[①]有鉴于此,笔者打算超越已有研究路数,运用新的理论资源来理解审判管理权,以期达到界定审判管理权含义的目的。笔者认为可以从法院组织属性的角度重新讨论审判管理权的若干基本问题。

民国学者汪翰章曾言:"当行使司法权时,常有关联之行政行为,以求司法权活动之圆满,而辅佐司法权行使之行政事务,谓之司法行政。换言之,司法行政者,乃附随于司法事务之行政也。"[②]确实,任何法院组织的现实运作,除了要完成法定的审判职能,还要协调、处理一些与审判职能相关的事务性工作,如管理审判人员及辅助人员、组织协调审判活动、统筹安排审判资源、评估审判质量与考评审判人员等。后者正是所谓的司法管理,其大致可以对应本文所说的审判管理。随着审判在现代社会中的作用增强,以及法院组织所面临的问题趋于复杂,司法管理在保障审判职能的顺利实现、提高法院组织的整体业绩等方面所起的作用越来越重要。相应地,有关司法管理的基础理论与实践技术也得到长足发展,司法管理在实践中逐渐成为一个独立领域,并有着自身的独立价值和特殊规律。基于这样的现实,有论者将法院组织的职能定位为司法/审判职能与管理职能,认为法院组织具有司法与管理的双重属性。[③] 应该说,这种认识既契合司法管理理论

---

① 〔美〕E.博登海默:《法理学:法律哲学与法律方法》,邓正来译,中国政法大学出版社1999年版,第486页。

② 汪翰章:《法律大辞典》,大东书局1934年版,第280页,转引自孙业群:《论司法行政权(上)》,载《中国司法》2005年第10期。

③ 更为详细的讨论可参见公丕祥:《能动司法与审判管理》,载《人民司法》2010年第19期;蒋惠岭:《论法院的管理职能》,载《法律适用》2004年第8期。也有论者将法院的双重组织属性界定为审判属性与行政属性,并认为审判属性是法院的本质属性,行政属性是法院的附属属性。参见梁三利:《论法院的组织属性》,载《边缘法学论坛》2007年第2期。

的发展趋势,也符合组织理论的基本认识。[①] 然而,有管理就有科层,司法必然排斥行政。更为现实的是,由于法院需要履行与审判相关的某些行政管理职能,法院内部的行政管理就有可能与法院的审判工作有所交叉、混合,并在一定程度上会影响司法权/审判权的行使。[②] 因此,法院组织的司法属性与管理属性并非天然协调,甚至有所冲突。为了防止法院组织体内的这两种属性出现紊乱、互相侵蚀,我们要明确法院组织的司法职能与管理职能具有不同的运行系统与运作机理,按照司法逻辑与管理逻辑分别处理司法职能与管理职能:前者是指司法独立与自治,后者则要求司法管理所采用的技术手段能够促进法院组织的有效管理以及提高法院组织的整体质效,并以不侵犯司法独立为基本底线。[③] 上述分析的意义在于,对于任何现实法院组织的研究,我们必须区分出其不同职能或属性,并要根据不同研究对象选择恰当的逻辑起点,不能混淆两种分属不同职能的组织内在逻辑。在笔者看来,这同样可以用于对审判管理权内涵的界定。

按照最高人民法院的界定,"审判管理,就是人民法院通过组织、领导、指导、评价、监督、制约等方法,对审判工作进行合理安排,对司法过程进行严格规范,对审判质效进行科学考评,对司法资源进行有效整合,确保司法公正、廉洁、高效"[④]。由此可以看出,审判管理并不以调整、确定或界分当事人在具体案件中的权利义务关系为目的,也不介入或干预案件实体审理和裁判,而是对审判工作本身的规范性与实效性进行监督与管理,并针对监管中发现的问题,提出相应的调整

---

① 著名组织理论学家布劳与斯科特就明确区分了现代执法机构的两种不同职能。他们指出,对执法机构来说,执法官员处理的是法律事务,帮助维护社会秩序;而机构领导和辅助人员处理的却是机构程序,帮助维持机构本身。参见〔美〕彼得·M.布劳、W.理查德·斯科特:《正规组织——一种比较方法》,夏明忠译,东方出版社2006年版,第9页。

② 参见苏力:《论法院的审判职能与行政管理》,载《中外法学》1999年第5期。

③ 参见郭松:《绩效考评与司法管理》,载《江苏行政学院学报》2013年第4期。

④ 王胜俊:《创新和加强审判管理 确保司法公正高效——在全国大法官专题研讨班上的讲话》,载《人民司法》2010年17期。

策略，最终提高审判质效。从法院组织属性的角度而言，审判管理更多体现的是其管理属性而非司法属性，属于法院组织的管理职能范畴，只不过这里的管理对象是审判活动或者说是与审判工作相关的审判事务，不同于法院内部的政务管理与人事管理。在此认识下，目前作为审判管理重要内容构成的审判流程管理、案件质量评查、审判绩效考评、审判运行态势分析等都可认为是审判管理权的具体表现。因为它们都属于审判活动事前、事中与事后的一些事务性与技术性工作，基本不直接涉及案件的实体裁判问题，也不直接对当事人的权利义务关系作出评价与处置，应该可以归入法院组织的管理职能所指涉的范围。法院组织采用恰当的手段与运用适合的技术对这些事务进行管理，既不会导致审判管理不当侵入审判权运行的核心领域，避免法院组织两种内在属性的冲突，合理协调审判权与审判管理权之间的关系，也能在相当程度上促进审判质效提升，符合法院管理职能的目的。因此，我们可以认为审判管理权是对审判活动中相关事务性工作而非审判权本身进行管理的一种职权。

讨论审判管理权的内涵，还有必要提及法院的规则制定权。众所周知，我国法院可以制定相应的制度规范，用于处理系统内部所面临的各种问题。而且这种制定规则的惯例在实践中已经固化成了法院的一种权力。除了常见的司法解释之外，法院制定的制度规范多以司法文件的形式表现，并以之作为载体在法院系统内部传递，它们可以对下级法院与法官的具体行为形成事实上的约束力，甚至在某些时候其重要性还高于法律规范。[①] 在这些制度规范中，有很多涉及审判权运行或相关审判事务的处理，并规定了相应的操作规程与基本要求，有些内容还非常具体、明确，对审判活动实际产生的影响甚剧。可以毫不夸张地说，法院制发的这些司法文件，完全能够对审判行为甚至审判权本身产生“组织、动员、协调和控制”的效果。从这一点来看，我

① 参见郭松：《司法文件的中国特色与实践考察》，载《环球法律评论》2018 年第 4 期。

们似乎可以把法院制发涉及审判事务管理文件的行为理解成一种具体的审判管理行为。相应地,法院制定制度规则的权力在很大程度上属于审判管理权的范畴。事实上,从实践来看,很多有关审判管理的制度规范都是以司法文件的形式向下传递,而具体审判管理行为的展开,也是贯彻和执行相关司法文件的精神与规定的过程。

从法院组织的管理属性出发,院长与庭长对案件处理的指导监督、审判委员会对审判活动的指导监督以及上级法院对下级法院审判工作的指导监督等一般意义上的审判指导监督权似乎就不属于审判管理权的范畴,这些行为本身也难以归入审判管理的范围。因为这种指导监督在相当程度上会涉及案件当事人权利义务关系的调整与界分,它们很多时候指向案件的实体裁决,相当程度上就是实实在在的裁决性权力,"甚至就是审判权的天然组成部分和自然延伸"①。换言之,审判监督指导权其实属于法院组织的司法职能范畴,更多体现的是法院组织的司法属性。对于法院组织的司法职能,显然应该运用司法逻辑来处理,而不能采用管理逻辑来对待。否则,不仅会混淆法院组织的司法属性与管理属性,也会为行政权或行政意志更为便利、直接地进入审判领域提供制度上的可能与更多的制度机制,最终必然导致审判权运行秩序紊乱。就此而言,我们所说的审判监督指导职权是一种司法性权力,不属于审判管理权的范围。如果将其归入审判管理权体系,势必导致审判管理权与审判权的对立,最终"可能带来整个审判管理体系定位的混乱冲突与无所适从"②。从这一点来看,学界有些论者将审判管理分为审判指导监督(内在审判管理)与审判事务及决策管理(外在审判管理)③,是具有相当合理性的,在某种程度上也

① 孙海龙编著:《深化审判管理》,人民法院出版社 2013 年版,第 29 页。

② 孙海龙编著:《深化审判管理》,人民法院出版社 2013 年版,第 29 页。

③ 参见重庆市高级人民法院课题组:《审判管理制度转型研究》,载《中国法学》2014 年第 4 期。

符合审判管理实践。

还有一个与此紧密相关且必须澄清的问题,即司法行政事务管理权的归属及其与审判管理权的界分。按照一般理解,司法行政事务管理权是指"以辅助审判权为目的,与审判权相对应的涉及司法审判机关人事、财务、技术装备以及司法审判机关其他司法行政事务管理的权力"①。也就是说,司法行政事务管理权实际上是法院对内部的司法行政事务进行管理的权力。应该说,司法行政事务管理权集中体现了法院的管理属性,直接涉及法院的行政管理职能。虽然司法行政事务管理的目的也是保障审判权高效、公正行使,但它基本不直接涉及与审判活动相关的事务。这意味着,相比于审判管理权,司法行政事务管理权对审判权运行的影响较小。从理论上讲,审判管理权与司法行政事务管理权作用对象的差异已经决定了两者不会发生勾连,不可能也不应该把司法行政事务管理权归入审判管理权的范畴,就像不能把审判管理权纳入司法行政事务管理权的名下一样,即"司法行政事务管理,是与审判管理并存于法院管理中的一项职能"②。但问题在于,目前实践中对司法行政事务的范围把握不一③,再加上实际的管理主体交叉重合,导致审判管理权与司

---

① 徐汉明:《论司法权和司法行政事务管理权的分离》,载《中国法学》2015 年第 4 期。

② 赵峰、王磊、陈希国:《法院行政事务管理改革的模式选择和制度设计——基于人员分类管理和人财物省级统管改革背景下的分析》,载《中国应用法学》2017 年第 6 期。

③ 相关介绍可参见钱颖萍:《对我国法院行政事务管理体制改革的思考》,载《重庆工商大学学报(社会科学版)》2007 年第 6 期。值得注意的是,最高人民法院在"二五纲要"中试图厘清这个问题,并明确将司法管理分为审判管理、人事管理和政务管理。此后,时任最高人民法院政治部主任的苏泽林撰文指出,司法行政事务管理仅包括机关事务、物资装备、财务经费、基本建设以及后勤服务管理等,参见苏泽林:《人民法院司法行政管理体制的困境和改革设想》,载最高人民法院办公厅编:《大法官论审判管理》,法律出版社 2011 年版,第 50 页。还有必要指出的是,目前没有法律专门规定法院的司法行政事务管理相关事宜。1979 年的《人民法院组织法》曾有 3 个条文涉及法院的司法行政工作,其中第 17 条规定,各级人民法院的司法行政工作由司法行政机关管理;该法第 37 条规定,各级人民法院按照需要可以设助理审判员,由司法行政机关任免;该法第 42 条规定,各级人民法院的设置、人员编制和办公机构由司法行政机关另行规定。1983 年修改《人民法院组织法》时,删除了第 17 条与第 42 条,并把第 37 条修改为"各级人民法院按照需要可以设助理审判员,由本级人民法院任免"。《人民法院组织法》后续的几次修改都未再涉及司法行政事务的内容。

法行政事务管理权各自行使的范围界限非常模糊,时而发生混淆。正是这一现实问题的存在,决定了有必要区分审判管理权与司法行政事务管理权,进而强调两者虽然都体现法院的管理属性,审判管理与司法行政事务管理都是服务于审判的管理活动,但它们的性质存在根本差异,具体运行应该遵循不同体系下的差异化的逻辑。

综上所述,立足于法院组织的司法与管理的双重属性,审判管理权只能是指法院对司法行政事务之外的与审判权运行相关的一些非审判性事务与工作进行管理的一种职能,它源于法院本身所具有的管理属性,可以分解为审判环节的协调权、审判资源的调配权、审判质效的控制权与审判行为的监督权等。由于审判管理的目的在于服务审判权的运行,构建良好的审判权运行环境,最终促进法院组织审判目标的有效实现,这就决定了除审判权之外凡是可能影响审判目标实现的事项都可能成为审判管理的内容。因此,审判管理权既包括着眼法院整体审判工作而进行的宏观层面的计划、组织、领导等权能,也包括立足个案审判而实施的微观层面的指挥、协调与控制。①

至于审判管理权的性质,笔者认为,在法院组织的管理属性之下,审判管理权是一种组织内部的管理权。既然是一种管理权,那么它必然带有行政权的权属意味,具有不同于审判权的特征,甚至可以称之为"审判权中的行政权"②。其实,只要是管理,便存在支配与服从的权力关系,审判管理也不例外。既然如此,那么在审判管理活动中也必然存在权力,"只不过它是仅仅属于组织内部的一种权力,是为实现组织目标服务的"③。在排除了审判监督指导这一带有司法意味的职

---

① 参见翁秀明:《审判管理权与审判权的冲突与协调——兼论审判管理体系的建构》,山东大学 2011 年硕士学位论文,第 15 页。

② 石晓波:《论审判权中的行政权扩张》,载《广西政法管理干部学院学报》2004 年第 1 期。

③ 周建平:《审判权力运行机制改革与审判管理》,载最高人民法院审判管理办公室、中国审判理论研究会、审判管理理论专业委员会编:《审判管理研究与参考》(第 2 辑),法律出版社 2014 年版,第 178 页。

权之后，将审判管理权定位为一种带有行政性的管理权，并不会引发审判管理权体系内不同性质权力的冲突。论及于此，笔者想指出的是，那些认为审判管理权是一种行政与司法混合的复合性权力的观点，以及为了调和在本质上属于司法性权力的审判监督指导职权与审判管理权的关系而主张审判管理权具有司法性与行政性的观点，在很大程度上都混淆了法院的司法逻辑与管理逻辑，用司法逻辑解构本身遵循管理逻辑的审判管理权。[①] 其实，我们没有必要忌讳审判管理权的行政属性，更没有必要刻意回避其实际带有的行政与科层意味。问题的关键在于要区分法院组织的管理属性与司法属性，在管理属性之下审视审判管理权，并尊重审判权运行的基本规律，采用恰当的管理方式，防止审判管理权不当侵入审判权领域。就此而言，我们应该坦然面对与接受审判管理权的行政权属性，没有必要将行政视为与司法格格不入的洪水猛兽、异端另类。其实，在审判管理领域甚至是在法院运行中，将司法与行政、审判与管理完全对立起来既不可能，也无必要，完全回避行政与科层更不现实。相反，对于组成人员众多的法院组织而言，科层化管理在某种意义上是一个减少差错、保证规则统一的制度化的组织措施，事实上是法治的保证。[②]

### （三）审判管理权的合法性理据

“权力必须具有合法性，否则，它就只有力量而无威信，只有强权而无正义。为了具有合法性，权力必须具有某种来自外界的、超越其本身的东西作为基础。”[③]对于审判管理体系而言，它面临的一个重大问题是，如何解决审判管理权的合法性。因为很长一段时间以来，审

---

① 参见郭松：《绩效考评与司法管理》，载《江苏行政学院学报》2013 年第 4 期。

② 参见〔美〕理查德·波斯纳：《各行其是：法学与司法》，苏力、邱遥堃译，中国政法大学出版社 2017 年版，译序第 6 页。

③ 〔美〕彼得·德鲁克：《管理前沿》，闾佳译，机械工业出版社 2006 年版，第 132 页。

判管理权就深陷于合法性不足的困境,很多论者并不认同审判管理能作为一种权力而存在,不管这种权力的属性为何,对其始终抱有质疑态度。有论者直接指出,审判管理是法院的内部管理,其存废完全取决于司法权本身运行的状况和质量,在权源、主体等问题尚未深入研究的情况下,将其上升到权力层面,并与审判权相提并论,值得进一步探讨。[①] 其实,质疑审判管理权的这些论者在很大程度上已前见性地认为,只要把审判管理理解成权力,那么它就是政治或国家权力意义上的一种公权力,因此它必然危及审判权独立行使,从而当然就不具有理论上的正当性。但正如前文所分析的那样,审判管理权可能具有权力的"名",并不具有权力的"实",它更多是指法院内部的一种管理职能,亦即审判管理权这个"词"与其指称实际内容这一"物"之间出现了分离。这也提醒我们,对于权力的理解不能局限于支配力与控制力这一传统维度,更不能望文生义地将权力与霍布斯意义上的"利维坦"联系在一起,从而视为某种"恶"。在澄清了理解审判管理权的这一前提性问题后,以下笔者从三方面论析审判管理权的合理性根据,为其正名。

第一,审判管理权是法院组织管理属性的自然体现。如前所述,现代法院具有司法与管理的双重属性,所谓司法属性,是指现代法院所拥有的审判职能,以公正裁断纠纷作为其基本目标,而管理属性则意味着现代法院除了审判职能之外,还存在事实上的管理与行政职能。由于现代法院的核心权力是审判权,司法属性是其本质属性,"管理属性是从审判属性中衍生、演化而来,是法院管理的必然要求,是法院发展的产物"[②]。尽管如此,管理属性的存在也意味着审判权/审判职能可能不再是法院组织的唯一权源/职能,它还有源自管理与行政

① 参见余静:《权力制衡:论审判权与审判管理权运行机制的完善——以 S 省法院审判管理为样本》,西南财经大学 2011 年硕士学位论文,第 5 页。

② 梁三利:《法院管理模式研究》,南京理工大学 2008 年博士学位论文,第 181 页。

方面的权力/职能。确实，与所有组织一样，法院也需要实现组织目标、协调成员的共同作业以及整合有限的资源。这决定了现代法院必须采用相应的技术手段组织协调审判活动、管理各种司法行政事务以及调配司法人力资源，而且这样管理还要是有效率的。用法布里的话来说就是，“管理问题和司法活动的复杂因素是如此强烈，以至于有必要利用新的方法来保护司法独立性和适宜的业绩”①。

从目前的发展趋势来看，法院组织的管理属性已经获得广泛承认，社会各界都意识到“法院管理是一项有其独立价值与特别规律的事业，在实践中是一个独立的领域”②。既然法院具有管理属性，实际履行着很多管理与行政职能，那么就没有必要否定法院对审判活动的管理职能。从某种意义上讲，审判管理的展开是以法院的审判管理权力即法院对审判事务管理的职能为根据的，实际上是法院管理属性在审判领域中的体现。也就是说，审判管理权是法院组织管理属性的集中体现，内生于法院的管理组织属性。就此而言，审判管理权与司法行政事务管理权并没有本质区别，体现的都是法院的管理属性，差异仅在于它们所指向的对象不同。如果承认法院基于管理属性拥有司法行政管理权以及基于司法属性具有审判权，那么也就没有充分的理由质疑审判管理权存在的合法性。事实上，我国法院目前所面临的复杂环境以及繁重的审判任务，尤其是各种社会势力对司法的“围猎”，需要审判管理权充分发挥其监督、保障与服务的作用，因为其中的很多问题都是审判权与司法行政管理权所无法解决的，或者根本就超出了其作用范围，勉强为之很可能引发法院内部职权混乱，破坏法院运行的权力结构。

---

① 〔美〕马克·法布里：《从对比的视角看司法部门的一些问题》，载怀效锋主编：《法院与法官》，法律出版社 2006 年版，第 287 页。

② 任鸣：《法院管理研究和实践必定大有作为——最高法院召开“法院管理制度改革比较研讨会”》，载《法律适用》2004 年第 3 期。

第二,审判管理权是审判权公正行使的有效保障。相对于立法权和行政权而言,审判权“既无强制、又无意志,而只有判断,是危险最小的权力”[①],但相对于个人权利而言,审判权作为一种公权力,显然又强大无比。因此,在法官不是天使的情况下,审判权完全有可能被滥用,从而造成对当事人来说非常可怕的结果。这就决定了在放权于法官的同时必须构建针对审判行为的相关约束与监督机制,以防止审判权滥用,侵害公民的合法权利。从某种意义上讲,只有在放权与控权两方面齐头并进,才有可能真正实现审判权的合理运行。否则,只要司法滥权的土壤存在,制约公正司法的其他因素没有消除,放权将始终面临落入司法专横陷阱的危险。美国前首席大法官伯格曾指出,“一个具有终审权和对其判决不容讨论的法庭比任何别的机构更需要细致的监督,不容讨论的权威最容易导致自我放纵,最难做到不带偏见的自我分析”[②]。尤其是在司法逐步获得几乎不容随意挑战的权威、法官也赢得无上的社会尊荣之后,对审判行为施加必要的控制显得尤为重要。否则,越是精致的审判程序,越有可能成为法官弄权的工具。

从理论上讲,特别是从西方的经验来看,约束法官行为与防范审判滥权的主要机制是当事人的监督与程序法的控制。但就我国目前的情况来说,导致审判行为失范的原因非常复杂,相关的治理对策可能要更系统化,不能完全局限于西方的经验。从某种意义上讲,控制与约束审判行为,在法院内部实行分权制衡,应该是一个较为合理的选择。这种分权制衡就是从审判权中衍生出审判管理权,在内部监督与制约审判权,重点管控那些可能违法的审判行为,从而保障审判权

---

① 〔美〕汉密尔顿、杰伊、麦迪逊:《联邦党人文集》,程逢如等译,商务印书馆 1980 年版,第 392 页。

② 〔美〕鲍勃·伍德沃德、斯科特·阿姆斯特朗:《美国最高法院内幕》,熊必俊、虞孝淮、李士培等译,广西人民出版社 1982 年版,第 6 页。

的公正行使。显而易见,这种操作的实质是通过对法院内部的职权进行分解、让渡,以权力制约权力,以权力监督权力,使内部的权力主体具备权力行使者和制约者的双重身份,最终实现平衡和公正。[①] 虽然通过审判管理权来制衡审判权可能并不是最优的约束机制,甚至其本身还隐藏着一定的制度风险,但这至少是在传统的程序法途径之外,提供了更多的对于审判权进行监督的制度选项。这就意味着从结构与功能的角度而言,审判管理权并非毫无理论根据,也不是完全没有合法性的支撑基础。其实,很多论者质疑甚至否定审判管理权,绝不是对这一称谓的反对,毋宁是表达一种对审判管理权在实践中可能僭越或侵害审判权合理运行的担忧。

第三,审判管理权契合现代权力专业化分工原理。"现代国家通过制定大量的公法,致力于推动例如政治活动的分工,将国家分成许多有组织的、理性的机构,每个机构专门从事某种政治活动或行政活动。"[②]正是在此意义上,亨廷顿指出,传统政治的典型特征是政治结构缺乏分化、诸多政治功能由单一主体行使,而结构分化是政治现代化的基本要素之一。[③] 从某种意义上讲,现代政治与国家权力现代化的过程就是权力不断分化并逐步专业化的过程。在现代化的进程中,作为一切政治与治理活动基础的权力之所以需要分化,一个很现实的原因在于社会关系与治理事务的复杂化需要权力的专业化分工以及它们之间的有效协作。自工业化时期开始,社会的复杂性与不确定性程度与日俱增,农业社会时期的整体性权力模式由于效率低下已无法适应社会的发展,同一机构统合多种权力的局面难以为继。在这种情

---

① 参见孙海龙、高翔:《构建分权制衡机制 实现公正高效廉洁——重庆法院第三届智库专家论坛暨审判运行内部分权制衡机制研讨会综述》,载《人民法院报》2010 年 12 月 1 日。

② 〔美〕贾恩弗朗哥·波齐:《国家:本质、发展与前景》,陈尧译,上海人民出版社 2007 年版,第 90 页。

③ 参见〔美〕塞缪尔·P. 亨廷顿:《变化社会中的政治秩序》,王冠华、刘为等译,上海人民出版社 2015 年版,第 108 页。

况下，再加上随着社会分工所形成的职业化与专业化理念的推动，国家权力开始分化，权力逐渐被分解成具有不同功能的职权，并由不同的组织机构固定行使，在协作的基础上应对社会的不确定性。而在组织机构内部，权力则进一步按照所对应的不同任务被分解为不同的职能，并对应不同的权能，亦即权力在组织机构内部也开始出现分化与专业化的趋势。这种专业化基础的分化，并不是完全基于分权制衡的目的，它更多是一种功能性分工，是一种分工—协作关系，分工的目的是实现治理活动的科学合理化。①

从某种意义上讲，审判管理权是法院内部权力分化的结果，契合了现代国家权力的专业化分工原理。法院作为专门的纠纷解决机构，其活动大致可以分为三类：一是直接审理案件，二是组织、协调与审判权运行相关的事务，三是管理法院内部的行政事务。一直以来，我国法院内部并未区分这三类活动，所采取的处理方式与遵循的逻辑基本相同，法院的不同职权实际上出现了明显的交叉、重合。这表明，法院内部并未形成不同职能对应不同职权的权力结构，各种职权事实上混合成了一种权力，更遑论专业化意义上的权力分工。在法院所处的组织环境改变之后，尤其是法院的规模扩大与内部事务增多，上述诸权合一的状况在实效上已力所不逮，在合理性上更是饱受质疑，从而需要根据不同活动的性质与具体职能对法院的职权进行分解，以实现权力的专业化分工与协作。可以说，审判管理权正是法院整体性权力分化的产物，它在很大程度上实现了审判管理活动的专业化与专门化。这构成了审判管理权合法性的重要基础，至于审判管理权在实践中出现的种种流弊，则是另外一个层面的问题，它们不能冲抵法院权力分化所带来的积极效应，更不能因此否定审判管理权本身的合法性。

---

① 参见张康之、张乾友：《论权力分化的启、承、转、合》，载《学海》2011 年第 2 期。

## 三、审判管理的功能局限与运用限度

不管如何定性审判管理，也无论怎么非议审判管理，但有一点无法否认，即审判管理为有效管理法院组织、协调审判活动与提高审判业绩提供了传统法律途径之外的更多选择。既有的实践似乎也表明，只要运用恰当、制度合理，审判管理的预期功能就能够得到更大限度的实现。当然，这并不意味着它就是一种完全适应审判活动与司法场域特殊性的绝佳管理制度与体系。相反，受多种因素的影响与审判活动固有特质的制约，审判管理在提高审判质效与改善审判权运行状况方面存在一定局限。同时，由于审判管理在本质上属于一种带有较强行政属性的管理，在具体运用中不管怎么强调它的服务功能，如何尊重审判权，它总是会不同程度地凸显法院组织体内的行政元素。为了避免其在法院运行中过于强势，进而引发行政科层与审判独立之间的冲突，审判管理必须保持在合理的限度之内。

### （一）审判管理的功能局限

正如苏力所言："任何一种制度都存在制度能力上的边界。"①同样，审判管理也不是解决法院组织与审判权运行所面临问题的万灵药，它不仅存在先天的不足，也会受法院组织环境变化与各种人为因素的影响，还会受制于司法规律的规限，从而其功能局限随时可能显现出来。这决定了审判管理不可能为公正、高效的司法审判提供绝对的保障，甚至是在实现控制审判进程、提升审判质效、准确评估法官行为表现以及服务审判活动等一些源自审判管理本身的目的时，也可能

---

① 苏力：《制度角色和制度能力——以元杂剧为材料》，载《法商研究》2005 年第 2 期。

有所局限。具体原因,分述如下:

第一,审判管理的设计与运行受制于成本效益原则,它存在先天不足。正如周雪光所言,"正式规则的形成和实施通常需要动用大量的资源"①。一个合理的审判管理系统的形成,并非一蹴而就,其间包括管理制度的设计、实施与运行等一系列复杂活动,这些活动都需要耗费相当的经济资源与人力资源。在法院资源有限的条件下,审判管理必须考虑成本与收益,相关决策者"需要识别待审查的管理政策或其他制度举措的各类可能后果,运用统一尺度加以衡量,据此判断待审查举措是否符合效率之标准"②。具体而言就是,审判管理的制度设计与运行实施的成本不应超过预期效益,审判管理产生的效益与为之投入成本的比例要处于合理范围,并能匹配于法院既有资源的供给水平。为此,需要把握好以下几方面的问题:首先,审判管理所设置的管理节点与实施的制度应该使收益大于为此付出的成本,而不能收益与成本相抵或入不敷出。否则,审判管理的实际意义就非常有限。其次,当有些审判活动或审判工作可以因不断增加管理与控制节点而达到较高控制水平时,需要考虑采用多少管理节点能使审判管理收益减去成本所得到的净收益最大化。最后,当审判管理的收益难以确定时,应考虑在满足基本管理要求的前提下,尽量降低审判管理的成本,使管理成本最小化。

如果单纯从管理的角度而言,审判管理的管理节点越多,管理制度越严密,管理效果可能就越好,但这也会导致审判管理投入的成本增加。在法院资源既定的情况下,审判管理投入的增加必然会挤占审判活动所需的资源,从而影响审判权运行的效率,甚至影响审判质量。因此,在设计审判管理的制度体系时,法院必然要考虑管理成本与管理收益是否成正比。但问题在于审判管理的收益并不容易精确计量,

---

① 周雪光:《组织社会学十讲》,社会科学文献出版社 2003 年版,第 131 页。

② 戴昕、张永健:《比例原则还是成本收益分析 法学方法的批判性重构》,载《中外法学》2018 年第 6 期。

更难客观量化，某些收益甚至要在若干年后才能显现。同样地，为建立与实施各种审判管理制度所产生的成本，即使可以计算，也很难准确确定，至多形成一个成本概算。这使得对审判管理所耗费成本与具体收益适宜之点的判断往往只是一种主观判断，相应的决策其实带有很强的主观性。当管理主体认为采取特定管理制度所产生的收益小于所支出的成本时，就可能不会采取相应的管理措施或设置必要的管理节点。如此一来，审判权运行中的一些原本应该被纠正的错弊就可能得不到有效控制，审判管理的局限由此显现出来。

第二，法院组织内外环境的变化可能导致审判管理的部分功能失效。一般而言，审判管理的具体制度与措施是针对既定环境下经常而重复发生的审判行为或需要处理的审判事务，以及当下所面临的问题而设定，且一经形成便具有相对稳定性。然而，审判权运行的制度环境不可能一成不变，相反它会随着法律修改与国家司法战略的改变而发生变化。一旦审判活动的内外环境发生变化，既有的审判管理制度或措施可能就变得不再适合，甚至不能被适用。在适应新环境的管理制度不能及时跟进的情况下，那些本需要管理的领域或事项就会处于管理的“真空”状态，审判管理整体的效果必然受到削弱。① 即使按照改变后的制度环境及时构建相应的管理制度，也会因为新制度的设计、磨合以及适用等问题而使得其应有作用难以充分发挥。② 相对于

① 比如，2014 年最高人民法院决定取消对全国各高级法院的考核排名，并要求各高级法院取消本地区不合理的考核指标。这使得原有的绩效考核制度失去了作用，审判管理工作进入新常态。由于最高人民法院并没有完全废止绩效考评制度，而是要求改革完善绩效考核，在新的考核制度出台之前，如何控制与激励审判人员就变成了一个亟待解决的问题。再比如，在司法责任制改革过程中，原本作为审判质效控制重要手段的院、庭长审签裁判文书的制度被废止，但适应新形势与新环境的审判质量管理制度却未及时建立起来，从而导致审判质效出现了一定的波动。

② 比如，有调查表明，根据司法责任制改革要求建立的专业法官会议制度未能充分实现帮助法官解决疑难复杂案件的预期功能，存在运行受阻、保障不足、法官认可度低等问题。参见吴宏文、蔡斌航：《咨询制度语境下专业法官会议的价值回归——以 T 市中院 126 次会议记录为分析样本》，载《山东法官培训学院学报》2019 年第 1 期。

审判管理体系而言,审判权运行的环境总是活跃与新鲜的,它永远处于变动不居的状态,因而审判管理可能总是滞后于审判权运行所处环境的变化,不管多么完善的审判管理制度体系也囊括不了多变的司法实践,这决定了它不可避免地存在一定的功能局限。当然,这也对审判管理决策者提出了如下要求,即必须密切注意审判权运行环境的变化,从而适时调整和改进审判管理。

第三,各种人为因素也是审判管理功能发挥受限的重要原因。审判管理的制度体系形成于人的主观设计,其具体实施更是离不开人的作用。这意味着各种人为因素必然成为影响审判管理功能实现程度的重要变量:不仅审判管理主体会制约审判管理效果的发挥,法官也会影响审判管理的功能实现。就前者而言,有两方面问题值得注意:一方面,审判管理是一种高度技术化与专业化的工作,它需要管理主体具备较高的业务素养,既要熟悉司法规律,还要了解审判权运行的基本情况,更要掌握现代司法管理的基本理论。因此,一旦审判管理主体的素质不适应审判管理的业务要求,就会极大地制约审判管理功能的正常发挥,进而必然影响审判管理的实际效果。另一方面,受制于理性能力的先天不足、信息的不充分以及逐利的人性弱点,审判管理主体很难在心理上与行为方式上完全达到审判管理实施的要求,尤其是很难完全把握审判权运行存在的问题。这势必导致即便是设计良好的审判管理体系也会在实际执行中走样,造成审判管理决策陷入"盲人摸象"的窘境,最终致使预期的管理效果难以实现,甚至直接失效。[①] 就后者而言,如果法官对审判管理抱有偏见,甚至抵制或消极应

---

① 比如,作为研判审判工作形势、总结审判经验的重要方法的审判运行态势分析在实践中并未受到应有重视,往往流于形式,其中的重要原因就是很多法院认为此项工作耗时费力,且不能为法院带来直接的有形利益。如此一来,审判运行态势分析应有的功能在实践中基本不能得到实现。

付,那么审判管理也不可能取得较好效果。[①] 由于审判管理增加了法官的工作负担,而且还将监控法官的审判行为,法官排斥审判管理实乃必然。如此一来,审判管理的功能在实践中必然受限。

因此,我们必须意识到审判管理系统是由人和制度组成的,它会受到各种人为因素的影响。而人不仅容易犯错,也有功利化的行为动机,这时的审判管理即使没有完全失灵,其实际效果也会大打折扣。这也提醒我们,在设计审判管理制度以及具体运用时,必须考虑人的行为,尤其是要充分研究审判管理主体与法官的思维方式与行为模式,并要与他们进行充分沟通,让受其影响的主体充分参与审判管理系统的构建,“从管理对象而不是管理主体出发思考组织决策”[②]。

第四,司法规律与审判活动的内在特质要求审判管理必须保持在一定的限度之内。从法院组织管理属性的角度而言,审判管理确实是一种“管理”,但这种管理不是行政管理,审判事务也不同于行政事务,它需要尊重司法规律以及法官对案件事实的判断,不能无端侵入实体裁判领域,更不能干涉审判权独立行使。这不仅决定了审判管理不可能将审判权运行的方方面面都纳入管理范围,也使得它无法完全按照行政管理的理念与方式“管理审判”,而只能采取间接影响的方式,即着重在外部运作,“以外促内”,努力避免直接干预审判活动。[③] 这种管理范围与方式的限制在很大程度上已经决定了审判管理的能力本身就存在相当的不足,从而也就决定了它必然存在功能上的局限。对此,有法官就指出,“程序管理主要是对怎样按照法律规定办理案件提出管理要求,程序管理就应当管到这儿,但就是这么简单的事情能不

---

① 波斯纳的研究表明,即便是在美国这样强调法官职业精神的国度,以统计数据、行为表现来评估法官的方法也引发了法官逃避案件等不良行为,并且让法官认为他们的工作是商业性的。参见〔美〕理查德·波斯纳:《联邦法院:挑战与改革》,邓海平译,中国政法大学出版社 2002 年版,第 238 页。

② 顾建新、龚立琼:《基层法院庭级审判质效管理机制初探——构建以庭级审判质效评估体系为中心的审判管理机制》,载《法治论丛(上海政法学院学报)》2009 年第 6 期。

③ 参见龙宗智:《审判管理:功效、局限及界限把握》,载《法学研究》2011 年第 4 期。

能管好还是要打问号的”[①]。总之,审判管理需要尊重审判规律的刚性要求,限制管理介入审判活动的深度与广度,并为其运行设定界限。这些限制性因素使得审判管理难以像行政管理那样展开深度的控制与监督,各种不规范的审判行为可能会不同程度地存在于审判活动之中。从这一点来看,虽然审判管理可以为公正、高效与廉洁的司法审判提供相当的保障,但这种保障不是绝对的,法官的自律意识与相应的自律机制建设不可或缺。

另外,审判活动固有的一些内在特质也会影响审判管理技术手段作用的发挥,从而制约审判管理功能的实现,绩效考评制度就是这方面的典型例证。由于绩效考评是依据事先设定的绩效指标衡量考评对象的实际业绩,并从中获取有关考评对象工作表现与组织运作的真实信息,因此,考评指标的质量对绩效考评功能的实现有着举足轻重的作用。[②] 然而,受审判活动特殊规律的限制,我们无法设计出一套能够准确反映法官绩效状况与行为表现的指标体系。具体而言,一方面,审判工作并不是一项完全以“结果产出”为导向的活动,而是一项包含广泛政策目标与更多价值实现的工作。[③] 对于这些政策与价值的实现程度,我们很难进行准确测量与评价。这正如唐斯所言,“在官僚组织中,客观测量能够显示一个职能是否被充分执行,但不能测量出这种执行的真正价值”[④]。另一方面,为了实现案件事实与证据判断的灵活性与法律适用的可操作性,法官一般都拥有较为充分的自由裁量权。由于自由裁量权赋予了法官一定的自由行动空间,再加上案件本身的复杂性,这使得几乎不可能通过某种指标来准确评估司法人员

---

① 孙英:《关于审判管理改革的思考》,载《山东审判》2009 年第 3 期。

② 参见〔美〕西奥多 · H. 波伊斯特:《公共与非营利组织绩效考评:方法与应用》,肖鸣政等译,中国人民大学出版社 2006 年版,第 4 页。

③ 参见郭松:《组织理性、程序理性与刑事司法绩效考评制度》,载《政法论坛》2013 年第 4 期。

④ 〔美〕安东尼 · 唐斯:《官僚制内幕》,郭小聪等译,中国人民大学出版社 2006 年版,第 86 页。

的行为表现与审判能力。由此可见,无论怎样设置绩效指标,它都存在某种局限。在这种情况下,绩效考评理论层面的功能在实践中势必存在一定局限。

需要指出的是,上文的分析并非对审判管理的否定,而是为了澄清审判管理在法院组织管理中的功能局限。在笔者看来,认清这种局限有利于我们准确定位审判管理在保障审判权高效、公正运行中的位置,即我们可以将审判管理作为了解审判程序运作状况、激励法官勤勉工作与促进审判质效提升的重要手段,但不能将其作为解决审判权运行所有问题的"灵丹妙药"。更为重要的是,对审判管理功能局限的原因分析有助于明确审判管理体系在制度设计与具体实施中需要注意的问题,从而促进审判管理体系本身不断完善,趋于合理。

### (二)审判管理的运用限度

"管理是由组织或组织负责人通过显性或暗示性的管控行为督促被管理者以实现组织目标,其以干预性、主动性、管理者单方意志性等为基本特征。"①因此,不管怎么强调审判管理的特殊性,我们都无法抹去其本身所具有的行政化色彩,更不能不承认它实际上是一种组织化的控制手段。这样的管理运用于那些本身就是按照科层制原理构建与运行的行政组织可能并不存在结构性障碍,但在法院组织中,情况并不这么简单。如前所述,法院组织的司法与管理的双重属性使得其体内存在两种并非天然协调的异质结构:管理属性的科层结构和司法属性的司法结构。一旦按照法院组织的管理属性对审判活动进行管理,必然使得法院组织体内的管理属性强化与行政科层元素活跃。这可能会破坏上述两种异质结构之间原本就不甚协调的关系,甚至引发它们之间的紧张与冲突。同时,由于审判管理强调通过对审判活动

① 梁平:《"管理——审判"二元架构下法院内部机构设置与权力运行研究》,载《法学论坛》2017 年第 3 期。

的管控提升审判质效,这对审判行为而言确实意味着某种约束,因而它必然会不同程度地介入具体案件的审判过程甚至引起管制实体裁判问题。如此一来,各种管理主体所代表的行政科层力量就有可能通过审判管理渗入审判权运行领域,如果拿捏不准,必然导致管理职能侵害审判权独立行使。因此,在运用审判管理过程中必须处理好法院组织体内的行政科层与独立审判之间的关系,以实现管理的科层结构与司法职权结构的合理平衡。

法布里指出,“法院管理者的作用是在保持司法机制在判决进程方面独立性的前提之下提供管理专能来改进法院的效率和业绩,这是实现公正这一最终目标的最基本的部分。作为组织,司法机构不得不学习如何平衡独立性和业绩责任之间的交替出现”①。多伦也认为,“就算有更多追求司法管理质量的系统性和外部的责任,也不能以任何方式阻挡司法独立性的保存”②。同样,审判管理在具体运用中不能损害审判独立,必须承认与尊重审判管理与审判权的相互区别与作用领域。这既是审判管理运用的基本原则,也是其运用底线。在具体把握上,需要注意以下几点:

第一,注意区分司法逻辑与管理逻辑,防止管理逻辑在审判权运行中越位。由行政主导的审判管理,如果过于强势以至于超越必要的限度,甚至完全替代司法逻辑,必然造成由管理逻辑而不是司法逻辑主导审判权运行,从而混淆法院组织的司法属性与管理属性,最终致使审判管理蜕变成行政意志对案件处理的干预,甚至沦为钳制审判组织独立审判的工具。因此,审判管理主体要有自律意识,对审判活动的管理应保持谨慎克制的态度,着重在审判权运行的外部展开,防止

---

① 〔美〕马克·法布里:《从对比的视角看司法部门的一些问题》,载怀效锋主编:《法院与法官》,法律出版社2006年版,第286页。

② 〔荷〕凡·德尔·多伦:《关于司法、法官和法院的管理质量》,载怀效锋主编:《法院与法官》,法律出版社2006年版,第287页。

审判管理的“无界化”,并尽可能地排除一切有违司法规律的管理方式与手段。其中,尤其要注意两方面的问题:一方面,要有意识地区分法院组织体内两套不同的制度逻辑,尽力划出它们之间的界限,因为“当法院的审判与行政管理附着于同一机构,在同一相互交叉的制度空间中运作时,那么这两套制度的逻辑就有可能混淆”①。而我国法院目前的情况正是如此。另一方面,要注意规范与限制科层组织意义上的行政上级对审判活动管理的范围、程序与方式,防止审判管理异化成为赤裸的行政性干预与纯粹的行政化控制。

第二,明确审判管理是一种引导性与监督式管理,应重在程序与流程控制,且仅限于管理与审判程序展开和运行相关的事务。为此,一方面,审判管理要在确保法官中心地位和审判权完整的前提下进行,避免法官在案件处理中受制于审判管理主体的意志而失去独立思考与自主判断的可能,管理主体不能以审判权分享者自居而堂而皇之地肢解与分割审判权。另一方面,审判管理特别是院、庭长的审判管理不能任意介入案件事实认定与价值判断领域,对于审判组织裁判权的行使,无论是程序性事项的推进,还是实体权利义务的裁断,审判管理主体都不能以权力的名义干预,只能依法定程序进行监督,例外情况下的介入,也应当以法律、司法解释或最高人民法院制定的司法规范性文件为前提。②

第三,审判管理应该服从并服务于审判权的运行。既然审判管理是对审判权运行中程序性事项与事务性工作的组织与协调,不涉及案件的实体审理与裁决问题,那么审判管理就不能超越审判权,更不能取代审判权,而只能以审判权为中心,在很大程度上必须依附于审判

① 苏力:《送法下乡——中国基层司法制度研究》,中国政法大学出版社 2000 年版,第 72 页。

② 参见孙辙、朱千里:《积极主动或谦抑克制:“审判管理权”的三确定位与行使》,载《法律适用》2011 年第 4 期。

制度,更不可能完全独立于审判权。这就要求审判管理不能罔顾司法审判规律而一味追求对审判活动的控制与支配,“也不能脱离审判制度进行审判管理”①,而是应该充分发挥其服务审判的功能,为审判权运行创造良好的条件,调校审判权运行的偏差,即做到“到位而不越位”,更好地保障审判权独立公正行使,促进审判质效的提升。

## 四、结语

德鲁克曾言:“在人类发展的历史长河中,管理出现的速度之快和影响范围之大是其他体制所无法比拟的。在不到150年的时间里,管理就已经改变了世界上发达国家的社会与经济的组织形式。”②确实,“无论是企业还是大学,是医院还是军队,是研究所还是政府部门,管理是这些机构的特殊器官。要想使机构行使其职能,就必须进行管理,所有的机构都需要管理,而且在所有的机构里,管理都是一个有效的、活跃的器官”③。法院组织也无法离开管理,而作为法院核心事务的审判活动更需要必要的组织、协调与监督。正如公丕祥所言:“科学的管理是一切社会活动内在的、必然的要求,审判活动也不例外。”④从这一点来看,无论我们怎么强调法院组织与审判活动相对于其他组织及其活动的特殊性,其实都很难由此否定审判管理的合理性。然而,时至今日,社会各界尤其是理论界对审判管理的质疑并未停止,具体理由条陈各异,但集中到一点无非认为,审判管理在很大程度上与

---

① 范明志:《审判管理的属性定位》,载《人民法院报》2014年2月21日。

② 〔美〕彼得·德鲁克:《德鲁克管理思想精要》,李维安等译,机械工业出版社2007年版,第3页。

③ 〔美〕彼得·德鲁克:《管理:任务、责任和实践》(第1部),余向华、陈雪娟、张正平译,华夏出版社2008年版,第5页。

④ 公丕祥主编:《审判管理理论与实务》,法律出版社2010年版,序言第1页。

审判独立存在不可调和的冲突,加强审判管理就是违背审判独立的“法治逆流”。正如法布里在批判部分法官把信息技术和管理技能视为对司法独立的威胁时所指出的那样,这不过是他们为保护自己的组织特权而以司法独立为借口提出的假想而已,司法独立不能用来为司法不负责任地辩护,也不能作为停止任何管理革新包括在司法体系内部引入专业管理的借口。[①] 在很大程度上,很多论者所称的这种冲突也可能属于他们的“假想”,因为域外国家的实践表明,即便这种冲突存在,也可以通过相应的技术予以化解。事实上,“从组织理论与管理和政策分析中吸取概念和模式来提高司法组织的业绩,已成为司法管理的重要发展方向”[②]。面对这种发展趋势,我们其实并没有充分的理由拒绝在法院组织管理乃至审判事务管理中引入一些已在公共组织管理中取得成功的管理理念与技术。就此而言,关于审判管理的问题不是是否需要以及正当与否的问题,而是如何在理论层面重新理解,以及在实践层面恰当把握其功能局限与运用限度的基础上,进行有效设计与实施的问题。

所有制度变革都需要以正确的理念与科学的理论作为前提,因为“理论是实践的先导,实践需要皈依理论以找回自己的灵魂和正确方向”[③]。这正如梁启超所言:“有新学术,然后才有新道德、新政治、新技艺,新器物。有此数者,然后有新中国,新世界。”[④]因此,审判管理要真正实现转型发展,必须拓展与创新符合我国审判活动实践与审判权运行基本规律的审判管理理论,需要对审判管理的本质属性、功能定位、运行规律与运用限度等问题进行深入研究。但现在的问题恰恰

---

① 参见〔美〕马克·法布里:《从对比的视角看司法部门的一些问题》,载怀效锋主编:《法院与法官》,法律出版社 2006 年版,第 285—286 页。

② 〔美〕马克·法布里:《从对比的视角看司法部门的一些问题》,载怀效锋主编:《法院与法官》,法律出版社 2006 年版,第 287 页。

③ 杨建军:《司法改革的理论论争及其启迪》,载《法商研究》2015 年第 2 期。

④ 梁启超:《梁启超全集》(第 2 集),汤志钧、汤仁泽编,中国人民大学出版社 2018 年版,第 470 页。

是,有关审判管理的理论创新仍显薄弱,大量的理论研究多属于一些老套的重复与毫无新意的表达,看似热闹的学术论争实乃虚假的学术繁荣,很多笼罩在审判管理之上的疑云至今尚未得到澄清,更遑论理论建构的突破性进展。这也难怪有论者发出这样的慨叹:“审判管理体制到底包含哪些内容,似乎也很模糊。”①如果不注重审判管理的理论研究,尤其是不能形成符合审判规律并对具体管理实践具有指导意义的审判管理理论体系,而只寄希望于通过制度改革来完善审判管理的机制与技术,恐怕难以形成能够有效解决审判权运行中种种现实问题的审判管理体系。从这个意义上讲,本章对审判管理若干理论问题的解构与重构或许能够唤起我们对审判管理理论研究的足够重视。笔者期望未来对审判管理理论问题的研究能有更多维的视角、更多元的方法,从而产生出既有社会认同度又有学理规范的理论成果,最终实现审判管理理论体系的真正创新。

---

① 魏胜强:《法官能动与法院克制——关于我国审判管理体制的思考》,载《法学》2010年第1期。

# 第二章　审判管理的发展概况与实践运用

## 导　论

从某种意义上讲，审判管理是一个历久弥新的话题，承载着法院系统提升审判质效进而增进司法合法性的无限期望，它从产生之日起就处于动态演变之中。可以说，审判管理实践的基本主题就是改革创新，其中既有最高人民法院整体层面的改革部署，也有地方各级法院技术层面的勉力修补。但由于多种因素的制约，审判管理改革始终未取得突破性进展，至多只是在局部技术层面有所改进，尽管在此过程中也涌现出了不少富有真知灼见的创新思路和改革构想。至于具体的改革取向与推进思路却摇摆不定，总体上徘徊于对行政化管理体制的彻底重构与适度改良之间，以至于很多时候都能发现一些被否定的做法又被后来的改革所肯定，审判管理改革总是给人一种似曾相识的"轮回"之感。也许我们不得不承认，不管是致力于消解审判管理固有行政化因素的努力，还是在技术层面创新审判管理的制度与方式，都没有产生既符合司法审判规律又契合我国审判工作特点还能满足当下审判活动现实需求的长效性审判管理体制与机制，审判管理改革在某种程度上陷入了方向确定与模式选择的困境。在党的十八届三中全会之后，最高人民法院依据"让审理者裁判、由裁判者负责"的司法责任制改革要求提出了审判管理改革的方向性意见，部署了相应的改革方案[①],地方各级法院也积极展开探索,推出了一些颇具创新性的具体改革举措。但总体而言,有关审判管理改革的成熟方案与实施机制尚未形成,而新近的部分改革举措也因各种原因并未产生预期的效果,改革仍处于摸索阶段。

正如蒋惠岭所言:"对已经积攒了几十年的问题试图一朝采取改革措施加以解决,本身就是一件很难完成的使命。"[②]确实,由于中国法院运行所处环境异常复杂,以及司法体制与机制也因改革的不断展开而尚未定型,再加上既有体制与观念所形成的路径依赖"体系化锁定"效应的制约[③],审判管理改革不可能一蹴而就,需要经过反复的探索与试验,其过程必然充满不确定性与反复性,"需要立志恢弘而取中道,需要迂回渐进,而不能急躁冒进和急于求成,否则反而欲速则不达"[④]。但不管怎样,审判管理改革不能脱离中国法院管理体制的基本特征与法院运行的基本状况以及审判权运行的场域环境。这就需要我们"理性反思我国法院管理体制的现状,深刻认识和真正把握法院管理所面临的错综复杂的因素,从法理和基本法律上理顺法院内部各类权力之间的关系"[⑤]。不过,在此之前,我们首先要从历时维度全面把握审判管理在实践中的发展与演变,尤其是审判管理是如何从原始、零散、自发的管理演变为现代、系统、有组织的管理,然后从共时维度细致把握审判管理在实践中的运行现状,特别是审判管理所包括的内容、如何展开与存在的问题。为此,本章依次讨论以下三方面的问

---

① 总体的改革规划集中体现在最高人民法院制发的以下几个规范性文件之中:《关于审判权运行机制改革试点方案》《关于新时期进一步加强人民法院审判管理工作的若干意见》《关于全面深化人民法院改革的意见——人民法院第四个五年改革纲要(2014—2018)》《关于完善人民法院司法责任制的若干意见》《关于深化人民法院司法体制综合配套改革的意见——人民法院第五个五年改革纲要(2019—2023)》。

② 蒋惠岭:《顶层设计视角下的中国司法改革战略》,载《行政管理改革》2015 年第 2 期。

③ 参见马长山:《新一轮司法改革的可能与限度》,载《政法论坛》2015 年第 5 期。

④ 孔祥俊:《司法理念与裁判方法》,法律出版社 2005 年版,第 125 页。

⑤ 梁平:《"管理——审判"二元架构下法院内部机构设置与权力运行研究》,载《法学论坛》2017 年第 3 期。

题：第一，审判管理的历史发展，目的在于揭示不同时期审判管理的侧重点与基本特征；第二，审判管理的实践样态，即梳理并总结归纳审判管理实践的基本现状与总体特点；第三，审判管理存在的问题，即全面解析审判管理在体制、机制与技术层面呈现的问题。

## 一、审判管理的历史发展

尽管"管理"在法院内部自始就存在，但审判管理却是我国法院改革尤其是司法改革的产物。应该说，经过多年的改革探索，审判管理已经形成了体系化与组织化程度较高的制度体系与运行机制，尽管其中存在的问题也不少，相关争议更是从未停息。从审判管理改革发展的进程来看，五个"人民法院五年改革纲要"的颁行，无疑是具有标志性意义的事件，它们构成了审判管理改革发展的大坐标。以此为界分点，可以将审判管理改革发展概括成五个阶段：审判管理理念发蒙阶段、审判管理制度构建起步阶段、审判管理制度大力构建阶段、审判管理全面强化阶段与审判管理改革调整阶段。

### （一）审判管理理念发蒙："一五纲要"颁布之前

在中华人民共和国成立以后的很长一段时间内，囿于对法院性质与功能的传统认识，再加上当时社会公众对司法审判的诉求不高，审判业务并不复杂，案件负担也较轻，法院系统并未形成独立的审判管理观念，更未建立专门管理制度，审判管理在法院制度中并没有一席之地，甚至法院内部根本没有严格区分审判与管理，审判工作与审判管理工作往往混为一体，两者的职能由同一审判部门或主体行使。①

① 参见胡夏冰：《审判管理制度改革：回顾与展望》，载《法律适用》2008 年第 10 期。

即使存在“审判管理”,这种管理也更多是法院系统内部的行政科层运用行政化方式控制审判结果与下级法院,以及院、庭长和法官运用相应职权控制与管理审判进程和审判的程序事项,常规的管理活动在很大程度上被包含在法院的其他行政管理活动之中,与司法人事管理、司法政务管理等融为一体,管理的行政化色彩极为浓厚。从某种意义上讲,这一时期所谓的“审判管理”在很大程度上就是指院、庭长利用行政职权审批案件与管理法官,很少有专门针对审判事务的管理活动。总之,在20世纪90年代以前,法院系统内部只有“法院管理”,而没有“审判管理”,审判管理在法院管理体系中并未形成独立地位,社会各界尚未意识到审判管理是有着特定价值与特殊规律的独立领域,它更多地被阐释为一种“不同于为履行国家所赋予审判职能的审判制度,但却是保证和支持法院审判职能所不可或缺的内部行政管理制度及其他非正式制度”①。难怪有论者评价道:“在我国人民法院发展史上,反映司法制度特点的法院审判管理制度在很长一段时间实际上处于缺失状态。”②

在20世纪90年代以后,这一状况开始发生改变。随着发轫于20世纪80年代晚期的审判方式改革尤其是“立审分立”改革的深入推进,以及法院在社会治理体系中的位置越发吃重,法院系统日渐意识到传统的以行政科层权力管控审判结果,院、庭长与法官个人控制审判进程的管理模式已无法适应日益复杂的案件类型及多样化的司法诉求对审判权运行提出的要求。在1991年召开的全国高级法院院长会议上,时任最高人民法院院长的任建新指出,“如果我们还不认真研究和推行科学管理,那么,落后的管理和审判工作发展的矛盾就会更加突出,就会成为我们法院工作前进的一个滞后因素”③。

---

① 苏力:《论法院的审判职能与行政管理》,载《中外法学》1999年第5期。

② 胡夏冰:《审判管理制度改革:回顾与展望》,载《法律适用》2008年第10期。

③ 《人民法院年鉴》编辑部编:《人民法院年鉴(1991)》,人民法院出版社1994年版,第52页。

在 1992 年的全国高级法院院长会议上，任建新又指出："法院管理包括审判工作管理和其他各项工作管理两个方面，审判工作管理又是法院管理的主要方面，其他各项工作的科学管理是顺利完成审判工作任务的保证。"[①]他在这次会议上还强调，"各级法院领导要充分认识加强审判管理的重要性与迫切性，切实把加强管理作为一项重要工作来抓好"[②]。

同时，理论界也开始反思甚至批判法院的管理问题，有论者就指出，当时的法院审判管理存在五大问题：轻视管理，放任自流；以诉讼程序代替管理机制；盲目套用行政、企业管理模式；方法简单，措施不力；只重单个案件，疏于宏观管理。[③] 在这种情况下，部分法院基于自身规范化建设的考虑，开始探索如何对审判活动进行有效管理。在这一过程中，基于监督和控制案件处理程序的目的，一些法院在"立审分立"改革的基础上，通过借鉴公共组织管理中的流程管理理念与模式，提出了审判流程管理，由立案部门对立案审查、文书送达、庭审准备、排期开庭、审限跟踪、结案归档等审判程序流转过程中的程序性工作实施全方位的组织、协调、监督与控制，即立案部门被赋予了一定的管理审判活动程序性事项的职责。这一探索开启了我国法院审判管理改革的先河。1999 年 8 月，最高人民法院在吉林省延吉市召开全国法院立案工作座谈会，对部分法院审判流程管理的做法与经验给予高度肯定，并指出审判流程管理是对法院审判方式改革的深化与发展。[④] 此后，这一管理方式迅速在全国推开，成为当时法院改革的重要内容。审判流程管理的实践探索意味

---

① 任建新：《政法工作五十年——任建新文选》，人民法院出版社 2005 年版，第 306 页。

② 任建新：《政法工作五十年——任建新文选》，人民法院出版社 2005 年版，第 306 页。

③ 参见蔡建忠：《在审判工作管理上存在的问题及对策》，载《法学杂志》1996 年第 1 期。

④ 参见最高人民法院《关于全国法院立案工作座谈会纪要》（法［1999］186 号）。

着专业性、独立化的审判管理意识开始被唤起，法院系统似乎意识到“审判管理”不同于传统的行政管理，两者在法院内部开始发生某种程度的分野。

### （二）审判管理制度构建起步：“一五纲要”颁布至“二五纲要”颁布之前

实践证明，在审判方式改革背景下生成的审判流程管理对案件审理活动的管理是有效的，既能提高审判效率，也能规范审判行为，还能在一定程度上保障程序公正。基于这样的实践经验，最高人民法院明确审判活动需要有必要的专门性管理，并在 1999 年发布的《人民法院五年改革纲要》（以下简称“一五纲要”）中正式提出，“建立符合审判工作特点和规律的审判管理机制”。根据这一改革规划，审判管理改革的重点是强化合议庭与法官的职责，改革的基本内容是建立科学的案件审理流程管理制度，由专门机构根据各类案件在审理流程中的不同环节，对立案、送达、开庭、结案等活动进行跟踪管理，保证案件审理的公正、高效。[①] 同时，为了顺利推进审判管理制度改革，为建立科学的审判管理制度提供物质技术基础，“一五纲要”还要求，各级法院应当加强法院办公现代化建设，进一步提高法院管理水平，并明确了具体的时间节点与任务。在“一五纲要”发布之后，各地方法院纷纷展开审判管理改革，主要沿着两个路径展开：一是审判权运行方式改革，主要包括推行审判长与独任审判员选任制、强化合议庭职责、还权于审判组织等。这些改革直指法院系统长期存在的院、庭长“批案制”这一行政化的管理方式。随着改革的推进，审判组织的审判职权得到空前强化，而行政科层对审判权的管控大幅弱化，传统的审判管理模式以及相应的管理方式都发生了较大变化。二是审判流程管理制度的建

---

① 参见任鸣：《人民法院改革：世纪之交绘蓝图》，载《法律适用》1999 年第 9 期。

构。最高人民法院在 2000 年完成内设机构改革，明确由立案庭承担立案审查、审判工作流程管理等职能。在 2003 年召开的全国法院立案工作会议上则重申，审判流程管理是立案庭的一项基本职能，必须全面推广并不断完善，并要求各地创造条件，逐步实现全过程的审判工作流程管理。[①] 此后，全国各地、各级法院根据自己工作的实际，并在借鉴前期部分法院实践经验的基础上，建立了系统化的案件审理流程管理制度，一些法院还制定了与之配套的规范性文件。至 2003 年年底，全国已有 268 个中级法院和 2631 个基层法院实行了审判流程管理制度。[②] 自此，一套相对完整的以审判过程管理为主要内容的"大立案"管理模式被初步构建出来。以此为契机，全国法院系统从上到下陆续开始探索建立以审判质量效率指标体系为核心的审判管理机制。[③] 这不仅标志着"审判管理改革正式成为法院管理改革的一项重要内容，从隐性走向显性，从后台步入前台"[④]，也意味着审判管理制度的构建开始从自由发展向有意识创设转变，法院的审判管理由此步入正规化与制度化的轨道。不过，需要指出的是，由于当时对审判权运行管理的理解仅限于对审判流程，即立案、受理、审理程序的管控，实质上还是停留在对案件承办人的行政管理上，审判权运行并未

---

① 参见郑学林等：《坚持改革创新 规范立案职能 努力开创立案工作新局面——就全国法院立案工作访最高人民法院副院长沈德咏》，载《人民法院报》2003 年 2 月 22 日。

② 参见崔丽：《单独成立立案庭 百姓告别"告状难"》，载《中国青年报》2003 年 2 月 24 日。

③ 根据公开报道，上海市高级人民法院和江苏省高级人民法院可能是全国法院系统中最早建立审判质量效率评估体系的法院，它们都在 2003 年发布了审判质量效率统一指标体系。相关报道分别参见齐奇：《切实改进审判质量效率评估指标的设置》，载《人民法院报》2003 年 5 月 31 日；贺永胜：《牢固树立大局意识 切实落实司法为民——江苏贯彻全国高级法院院长会议精神》，载《人民法院报》2003 年 12 月 19 日。另外，四川省高级人民法院受最高人民法院委托，从 2002 年开始进行了为期两年的审判质量与效率评估体系的调研，建立起一个由 27 个指标组成的"审判质效综合评价指数"。参见孙增芹、徐月峰：《中国法院审判质量效率评估指标体系研究》，载《中国石油大学学报（社会科学版）》2012 年第 4 期。

④ 孙海龙、高翔：《审判事务管理权的回归》，载《人民司法》2010 年第 9 期。

进入审判管理的视野。[①]

纵观这一时期审判管理改革实践,有以下几方面的特点值得注意:第一,审判管理改革服从于或者说服务于审判方式改革。我国法院系统在20世纪80年代末期展开了以“简政放权”为基调的审判方式改革,这一改革是要将过去由法院行政领导和审判委员会对案件的决定权下放给审判合议庭和办案法官。[②] 在此改革取向下,固有的以行政权直接管控审判权的做法必须进行相应的调整,而其又需要以保障审判组织独立行使审判权为依归,否则,就会偏离审判方式改革的初衷,重新回到控制审判权的老路上来。所以,这一时期的审判管理改革——无论是否定院、庭长批案制,还是审判流程管理制度的构建——在很大程度上都极力避免干预审判权的完整行使,整体上服务于审判方式的改革。第二,注意区分实体审判权与程序性事项。为了强化合议庭与法官的审判职能,审判流程管理制度的构建区分了实体审判权与程序性事项,即把案件的实体审判与流程控制相对分离,将审理流程的控制权赋予专门机构(立案庭),而实体审判权则由合议庭和法官行使。这种分离既打破了既往实体审判权与程序进程控制权均由办案法官掌握的一体化权力结构,也能保障审判权的独立行使,防止审判管理越界干预审判权的运行。第三,将“去行政化”作为审判管理改革的重要目标。“一五纲要”指出,“审判工作的行政管理模式,不适应审判工作的特点和规律,严重影响人民法院职能作用的充分发挥”。基于这一判断,审判管理改革将“去行政化”作为基本出发点,力图构建符合审判规律的管理机制。姑且不论审判权运行方式的改革,就连审判流程管理也排除了法院内部行政科层的直接管理,而由专门机构进行,“去行政化”与“放权”的意图非常明显。通过这些改革,审判组织获得了较为完整的审判权,院、庭长的管理监督职权在

---

① 参见崔永东主编:《审判管理研究》,人民出版社2015年版,第112页。

② 参见胡夏冰:《审判管理制度改革:回顾与展望》,载《法律适用》2008年第10期。

某种程度上被边缘化,以致在实践中出现了“重审判、轻管理”的倾向。[①] 或许正是基于此,有论者将这一时期的审判管理称为“高度放权型的审判管理模式”[②]。

### (三)审判管理制度大力构建:“二五纲要”颁布至“三五纲要”颁布之前

在“一五纲要”正式提出“构建符合审判规律的审判管理机制”的改革目标后,审判管理改革进入快速发展阶段,而各地方法院在管理实践中也积累了较为丰富的经验,对审判管理的认识进一步深化。以《人民法院第二个五年改革纲要(2004—2008)》(以下简称“二五纲要”)实施为契机,审判管理的体系架构趋于成熟,各项管理制度陆续建立起来,管理手段与内容日趋丰富。首先,确立了审判管理在法院管理体系中的独立地位。“二五纲要”将改革与完善司法审判管理制度作为一项独立任务提出来,并区分了审判管理工作与审判工作的职能,对审判管理制度和法院的其他管理制度的界限作了明确划分。[③] 这意味着审判管理在法院管理体系中具有了独立地位,成为一项独立于司法政务管理、司法人事管理并具有自身逻辑的管理领域。其次,完善审判流程管理制度。根据“二五纲要”提出的“健全和完善科学的审判流程管理制度”的改革要求,各地方法院针对“大立案”管理模式在实践运行中暴露出来的问题,从调整立案庭职能、细化审判流程节点、改进管理方式、拓展管理内容等方面改进审判流程管理制度。

---

① 参见钱锋主编:《审判管理的理论与实践》,法律出版社 2012 年版,第 4 页。

② 李生龙、贾科:《反思与重塑:法院系统内部审判管理机制研究》,载《西南政法大学学报》2010 年第 4 期。

③ 参见王秀红:《关于加强审判管理工作的几点建议》,载最高人民法院办公厅编:《大法官论审判管理》,法律出版社 2011 年版,第 110 页。

再次,建立案件质量评查制度。在最高人民法院的推动下①,很多地方法院开始把 20 世纪 90 年代兴起的案件质量评查制度用于审判管理,并根据前期的实践经验规范并细化了评查标准、内容与方式,有关案件质量评查的具体规则逐渐形成。自此以后,案件质量评查成为一种常态化与制度化的管理方式,构成了审判管理的重要内容。复次,构建案件质量评估体系。根据此前很多地方法院案件质效评估的经验,"二五纲要"正式将案件质量评估作为审判管理的重要内容与手段,并提出要"建立科学、统一的审判质量与效率评估体系"。2008 年 1 月颁布了最高人民法院《关于开展案件质量评估工作的指导意见(试行)》,规定了案件质量评估的统一指标体系,并决定在全国 11 个高级法院试行,标志着统一性的案件质量评估指标体系以及组织机构初步形成。② 最后,推行审判绩效考核制度。随着案件质量评查与案件质量评估工作的深入推进,再加上受行政机关绩效考核制度的影响,部分法院在 2000 年之后开始以审判质量、效率和效果以及社会满意度为依据,结合各种量化指标数据,对法官和下级法院的审判绩效进行

---

① 最高人民法院在 1999 年组织实施了"审判质量年"活动,明确要求以各高级、中级法院为单位,组织审判骨干,对所辖法院审结的部分案件进行评查,并下发了作为评查依据的《审判质量检查方案》,将案件质量细化为实体裁判公正、办案程序合法和裁判文书规范三项指标。这次活动极大推动了全国法院案件质量评查工作的发展。此后,最高人民法院在一系列文件中都对案件质量评查工作提出了要求,如《人民法院审判长选任办法(试行)》(2000 年)、《关于进一步加强人民法院基层建设的决定》(2004 年)、《关于增强司法能力、提高司法水平的若干意见》(2005 年)等。最高人民法院又于 2005 年在全国法院民事和行政审判部门开展"规范司法行为、促进司法公正"专项整改活动,明确要求"各高、中级人民法院要建立改判、发回重审案件的分析评议制度,认真梳理和归纳近年来二审民事、行政案件改判和发回重审的原因,定期将案件质量评查情况向一审法院反馈和通报,逐步形成一套行之有效的案件评查制度和改判、发回重审分析机制,不断提高裁判水平"。相关文献可参见最高人民法院办公厅编:《最高人民法院重要司法文献选编》,人民法院出版社 2010 年版,第 89—92 页。其实,最高人民法院一直重视审判质量问题,早在 1984 年,时任最高人民法院院长郑天翔就强调,各级人民法院必须"坚持实事求是,依法办案,保证办案质量"。参见郑天翔:《郑天翔司法文存》,人民法院出版社 2012 年版,第 5 页。

② 参见张青:《法院案件质量管理行政化与去行政化》,载《烟台大学学报(哲学社会科学版)》2017 年第 3 期。

总体性测评与评估。这种管理方式随后被很多法院效仿，并逐渐发展成为一项固定的审判管理制度。总体而言，通过这一时期的制度建设，日后成为审判管理三大要素的流程管理、质量评查和绩效考核已基本成型，而院、庭长监督指导个案的相关实践，在很多地方法院也较为普遍。“以集中权力、强化监管为逻辑”的审判管理两大制度范式已然形成。①

如果说“一五纲要”将审判管理制度改革作为审判方式改革的一部分，致力于建立科学的案件审理流程管理制度，那么“二五纲要”则将改革和完善审判管理制度作为一项独立的任务提出来，改革视角更为开阔，立意更为深远，改革领域进一步深化。② 这突出体现在以下几方面：第一，审判管理的内涵扩大。在“二五纲要”实施之前，实践中的审判管理主要体现为利用审判流程管理制度控制与把握审判的程序流转过程，管理的着眼点在于审判效率与程序规范。在此之后，随着案件质量评查的常态化与案件质量评估体系的试行，审判管理已不再局限于对审判过程与程序的管理，而是延伸到对审判质量与效果的把控之上，审判管理的内涵明显扩大，开始向质量与效率并重的方向转变。这意味着审判管理制度改革进入了一个新的发展时期，开始适度调整“一五纲要”所确定的改革思路。第二，数据化管理的理念与做法形成。由于法院早期的信息化程度较低，以及司法统计技术较为粗疏，审判管理在很大程度上主要依靠人工方式控制审判的过程与结果，管理的技术化水平不高，对数据的运用程度也较低。随着“二五纲要”对司法统计指标体系与数据运用的强调，法院系统从上到下开始重视各种司法统计数据的收集与整理，并有意识地将其运用到审判管

① 参见吴烨：《审判管理“尺蠖效应”：表现、成因与治理》，载贺荣主编：《尊重司法规律与刑事法律适用研究——全国法院第 27 届学术讨论会获奖论文集》(上)，人民法院出版社 2016 年版，第 325 页。

② 参见胡夏冰：《审判管理制度改革：回顾与展望》，载《法律适用》2008 年第 10 期。

理及相应的决策活动之中,审判管理由此过渡到对统计数据的运用阶段,“数据化”管理初具雏形,管理的技术含量与专业化水平明显提升。第三,技术性考评管理模式盛行。为了提高审判质量,并实现管理的精细化,很多地方法院尤其是一些高级法院非常倚重审判绩效考核对下级法院审判工作的管理,并在整合案件流程管理、案件质量评查等管理方式的基础上发展出了一些技术性较强的考评模式①,“绩效管理”“绩效评估”“目标考核”与“绩效考核”等技术性考评成为审判管理改革的重点领域与主流管理方式。这种方式在客观上确实起到了一定的激励与约束作用,但也产生了诸多负面效应②,尤其是在一定程度上诱发了审判管理与审判权合理运行之间的紧张与矛盾。最后,需要指出的是,虽然这一时期的审判管理改革较为活跃,但也正是因为这种“活跃”在很大程度上导致实践中的审判管理工作“不尽科学、很不统一,甚至是一任领导一个风格,一个法院一套模式”③。

### (四)审判管理全面强化:“三五纲要”颁布至“四五纲要”颁布之前

随着“二五纲要”的全面实施,审判管理的理念在实践中获得普遍认同,审判管理工作得到快速发展,并初步形成了以案件质量评估为核心、以审判流程管理为基础、以案件质量评查为重点的管理体系。这一体系的形成虽然在一定程度上解决了还权于审判组织之后审判管理被边缘化的问题,但预期的高效与公正的司法却并未如约而至,

---

① 比如,湖南省高级人民法院在 2004 年创设的案件评查、绩效评估、社会评价“三位一体”的绩效评估体系,江苏省高级人民法院在 2006 年确立的以流程管理、审判质效评估、案件评查等职责为主要内容的绩效管理模式。

② 参见王晨编著:《审判管理体制机制创新研究》,知识产权出版社 2013 年版,第 120—121 页。

③ 张军:《规范统一审判管理 促进法院科学发展》,载最高人民法院办公厅编:《大法官论审判管理》,法律出版社 2011 年版,第 28 页。

司法腐败与不公在某种程度上反而愈演愈烈[①],从而严重损害了司法公信力与法院的权威。为了应对这样的局面,最高人民法院选择加强审判管理,试图利用更为严密的管理方式与手段"管住审判权",以提高审判质效并抑制可能出现的司法腐败。自2009年《人民法院第三个五年改革纲要(2009—2013)》(以下简称"三五纲要")发布之后,最高人民法院连续通过召开会议、下发文件等形式推进并加强审判管理。[②] 最高人民法院在2010年年初即提出,"面对繁重的审判任务,要更加注重加强审判管理,向管理要质量、要效率、要形象"[③]。根据最高人民法院的要求,各地方法院顺势而动,实践中的审判管理呈明显加强之势,集中体现在以下几方面:第一,专门的审判管理机构普遍建立。最高人民法院在2010年11月正式成立审判管理办公室。随后,全国各级法院纷纷组建审判管理办公室,配备专门的管理人员。截至2011年8月,已有31个高级法院、1369个中级、基层法院成立了专门的审判管理机构,共有审判管理人员10893人。[④] 这意味着专业化、组织化的审判管理队伍在全国范围内形成,审判管理逐渐从分散、被动与事后管理向统一、主动与事中管理转变,管理的集约化程度空前提

---

① 相关分析可参见左卫民:《十字路口的中国司法改革:反思与前瞻》,载《现代法学》2008年第6期。

② 这一时期最高人民法院主持召开的有关审判管理工作的重要会议主要有:全国法院审判管理工作座谈会(2010年·南通)、全国大法官审判管理专题研讨班(2010年·井冈山)、全国法院审判管理工作座谈会(2012年·贵阳)等。最高人民法院下发的有关审判管理工作的重要文件主要有:《关于开展案件质量评估工作的指导意见(试行)》(2008年)、《关于加强人民法院审判管理工作的若干意见》(2010年)、《关于加强基层人民法院审判质量管理工作的指导意见》(2010年)、《关于规范上下级人民法院审判业务关系的若干意见》(2010年)等。

③ 罗书臻:《王胜俊在最高人民法院党组会议上要求:以全国政法工作电视电话会议精神为指导 加大审判管理力度 努力提高办案质量效率结果》,载《人民法院报》2010年1月7日。

④ 参见周斌、马铚朋:《31个高院成立审判管理机构》,载《法制日报》2012年8月23日。

升。[①] 第二,强化既有管理制度与方式。根据时任最高人民法院院长王胜俊在2010年8月举行的全国大法官审判管理专题研讨班上提出的“创新和加强审判管理”的要求,全国法院系统通过制度细化、机制创新与模式改革等方式完善并强化了审判流程管理、审判质量管理与审判绩效评估。审判管理开始转向实质化与监控化,管理的深度与力度明显拓展与加强,审判管理的行政化表现更为明显与突出。第三,创设新型管理方式。首先是引入审判运行态势分析。早在2008年以前,一些地方法院已开始运用相关数据与资料分析审判工作运行的整体态势。这一做法在2010年全国法院审判管理工作座谈会上被最高人民法院肯定。随后,各地方法院把审判运行态势分析置于重要位置,在建章立制的基础上将其明定为一种审判管理的方式与手段。此外,最高人民法院还在原有审判流程管理的基础上,分解出审判效率管理,注重考察审限内结案率[②],并设置了繁杂的效率考核指标与相应的效率评估量化模型。

通过这些改革与发展,审判管理获得了前所未有的强化,管理体系与制度设置变得更为细密,管理手段与方式也愈加丰富,审判管理从弱势全面走向强势,一种立足于规范与控制审判权运行与法官案件处理活动的立体化、细密化的“监控之网”已形成。可以说,这一时期是审判管理全面强化的阶段,各地方法院纷纷召开专题会议研究部署审判管理工作,开展“审判管理年”“案件质量年”等主题活动,在加强审判管理上形成了你追我赶、各显其能的竞争局面。[③] 分析此阶段审判管理的改革实践,有以下几点值得注意:第一,院、庭长的审判管理职权得到空前强化。在“一五纲要”确立的“还权于合议庭”的总体改

① 参见张俊文:《审判管理办公室的定位、职责与工作方法》,载《人民法院报》2009年11月24日。

② 参见罗书臻、姚晨奕:《创新和加强审判管理 实现人民法院工作科学发展》,载《人民法院报》2010年8月11日。

③ 参见龙宗智、孙海龙:《加强和改善审判监督管理》,载《现代法学》2019年第2期。

革思路下,院、庭长对审判活动的管理一直较为克制,整体上处于一种模糊化、有限化与边缘化的状态。但在这一时期,鉴于之前的去行政化改革导致院、庭长制约审判权的监督职权弱化[①],最高人民法院明确提出“加强审判层级管理”,要求“院、庭长依法监督指导办案”。2011年下发的最高人民法院《关于加强人民法院审判管理工作的若干意见》更是将院、庭长的审判管理职责扩大到审判质量管理、效率管理与效果管理。这些规定明显强化了院、庭长的审判管理职权,院、庭长由此可以“名正言顺”地深度介入审判过程。第二,管理的精细化程度与力度增强。为了实现从粗放型管理到精细化管理的转变,并全面监控审判的过程与结果以及审判质效,很多法院不仅将审判流程节点设置得更细,还将案件质量评查与审判绩效评估的指标分解得更严密,并规定了下级法院与审判人员必须达到的指标数值。同时,绝大多数法院还将绩效考核制度予以强化,配置更为强大的正向与负面激励机制,即明确以各种指标的完成情况作为下级法院与法官个人的审判绩效的考核标准,并将之与相关奖惩直接挂钩。第三,技术性管理手段的全面运用。在2008年最高人民法院提出“科技强院”的方针之后,各地法院陆续采取了一系列信息化建设措施。时任最高人民法院院长王胜俊也多次强调,加强信息化建设,既是审判管理的需要,也是“科技强院”的应有之义。[②] 按此要求,一系列专门用于审判管理的软件、信息平台与统计工具被开发出来,用以精确、全面地提取相关审判资讯与数据以及全面掌握审判权运行的基本状态。利用这些技术性管理手段,审判管理的范围得以大幅延伸,管理链条延长,在相当程度上实现了对审判工作的全程监管、静默监管,并大大提高了审判管理的实效,降低了管理的成本。

---

① 参见牛敏主编:《人民法院审判运行机制构建——成都法院的探索与实践》,人民法院出版社2012年版,第24页。

② 参见车红蕾:《以信息化促进审判管理科学化》,载《人民司法》2011年第1期。

### （五）审判管理改革调整："四五纲要"颁布至今

如前所述，审判管理在"三五纲要"实施期间得到全面强化，尤其是院、庭长审判管理权的强化，这导致审判管理固有的以及在运行中产生的各种问题全面、集中地暴露出来，而这些问题的叠加更是直接加剧了审判管理一直面临的合法性危机。有论者因此发出了"审判管理改革有倒退"的声音①，很多法官也感到身心俱疲，出现了明显的"逃逸性"反应，即"逃离"审判部门，离开办案一线，转岗至综合部门。② 更为重要的是，审判管理的强化在一定程度上加剧了审判权运行的行政化，"'一五改革'初期'从窗户中扔出去'的行政管理模式，又堂而皇之地'从正门中走了回来'"③。在这种情况下，包括法院系统在内的社会各界开始反思与批判审判管理，改革与调整审判管理的制度机制逐渐成为实务界与理论界的共识。自党的十八届三中全会尤其是最高人民法院《关于全面深化人民法院改革的意见——人民法院第四个五年改革纲要（2014—2018）》（以下简称"四五纲要"）颁布以来，一直到最高人民法院《关于深化人民法院司法体制综合配套改革的意见——人民法院第五个五年改革纲要（2019—2023）》（以下简称"五五纲要"）的发布，最高人民法院在司法改革的总体规划下推出了一系列的改革意见与具体举措，而地方法院也针对审判管理运行存在的问题，进行了一些有针对性的改革探索。概括而言，这些改革举措主要包括以下几方面：

第一，明确院、庭长审判管理的职权边界。针对"二五纲要"实施以来院、庭长审判管理职权不断扩大但管理边界尤其是与审判权、审

---

① 参见魏胜强：《法官能动与法院克制——关于我国审判管理体制的思考》，载《法学》2010 年第 1 期。

② 参见肖宏：《激励型管理与司法效率》，载《人民法院报》2011 年 1 月 19 日。

③ 顾培东：《人民法院内部审判运行机制的构建》，载《法学研究》2011 年第 4 期。

判监督权界限模糊的问题，最高人民法院在“去行政化”的总体思路下，试图通过制度构设明确院、庭长审判管理的职权范围。2013 年 10 月下发的最高人民法院《关于审判权运行机制改革试点方案》中明确规定了院长、庭长的审判管理职责。① 在随后发布的最高人民法院《关于切实践行司法为民大力加强公正司法不断提高司法公信力的若干意见》中明确规定：“建立院长、庭长行使审判管理权全程留痕的制度，加强对院长、庭长行使审判管理权的约束和监督，防止审判管理权的滥用。”“四五纲要”进一步提出，要“完善院、庭长、审判委员会委员担任审判长参加合议庭审理案件的工作机制”“健全院、庭长审判管理机制，明确院、庭长与其职务相适应的审判管理职责”。“五五纲要”又明确提出，“明确院长、庭长的权力清单和监督管理职责，健全履职指引和案件监管的全程流痕制度”。这不仅有利于明晰院、庭长在审判管理活动中的职权范围与管理环节，也能在一定程度上限制院、庭长的审判管理职权。根据这些改革精神与制度框架，很多地方法院展开了非常有益的探索，推出了很多更为具体的制度举措。尤其值得一提的是，在最高法院还没有决定废止院、庭长裁判文书审签权之前，很多地方法院就在改革探索中取消了院、庭长的案件审核把关权，即使没有完全取消的法院也规范了院、庭长行使审核把关权的案件类型和效力。②

---

① 这份司法文件将院、庭长的审判管理职权明确为 8 个方面：(1) 院长依法对生效案件进行监督；(2) 依照法律规定的权限和程序对案件审理中遇到的回避、保全等程序事项作出决定；(3) 主持审判委员会、专业法官会议、审判长联席会议处理相关事项；(4) 从宏观上指导全面的或专项的审判工作；(5) 院长依照法官法的规定主持法官考评委员会对法官进行考评；(6) 根据所掌握的审判管理信息，负责组织研究制定有助于提高公正、效率和公信的司法政策；(7) 根据审判执行工作态势，采取优化内部流转程序的措施；(8) 管理与审判工作直接相关的其他事务。

② 参见杜豫苏、何育凯：《明晰权力边界：审判权内部运行机制改革路径探索——以最高人民法院四个“五年纲要”和七个典型法院为实证研究样本》，载贺荣主编：《司法体制改革与民商事法律适用问题研究——全国法院第 26 届学术讨论会获奖论文集》，人民法院出版社 2015 年版，第 222 页。

第二,取消不合理的绩效考核指标与排名。自“三五纲要”实施以来,审判绩效考核制度在实践中发生了不同程度的异化,在很大程度上蜕变成考核结果的绩效排名,并对审判权的合理运行造成了非常严重的负面影响。有鉴于此,最高人民法院《关于新时期进一步加强人民法院审判管理工作的若干意见》提出,要“防止偏重利用指标排名排序、把质效评估混同于绩效考核“”特别是防止为追求考核成绩而干扰法院办案工作正常的开展”。“四五纲要”也明确指出,“废止违反司法规律的考评指标和措施,取消任何形式的排名排序做法”。最高人民法院更是在 2014 年 12 月决定,“取消对全国各高级法院的考核排名;各高级人民法院要按照最高人民法院的要求,取消本地区不合理的考核指标”①。在此之前,很多地方法院在实践中已认识到案件质量评估“绩效化”与“排名化”存在很多问题,纷纷选择取消各种依据案件质效指标的考核排名,并开始探索新型的审判质效评估方式。②与此同时,对法官个人的绩效考核也在司法责任制改革之后,不断调整,在指标改量、考核机制等方面,努力回归司法与审判的本质属性。“五五纲要”明确提出,“研究制订科学合理、简便易行的审判绩效考核办法。进一步规范督查检查考核工作,清理取消不合理、不必要的考核指标,切实为基层减负、为干警减压”。此后,最高人民法院在总结不同地区、不同层级法院绩效考核经验的基础上,在 2021 年正式推出了最高人民法院《关于加强和完善法官考核工作的指导意见》。这

---

① 胡伟新:《最高人民法院决定取消对全国各高级人民法院考核排名》,载《人民法院报》2014 年 12 月 27 日。

② 比如,在全国率先创建案件质量评估体系的江苏省高级人民法院在 2014 年下半年决定取消案件质效指标考核通报排名;而在此之前,作为其下级法院的徐州市中级人民法院则暂停了针对两级法院、一线法官设置的 60 多项审判绩效考核指标。参见娄银生:《江苏法院取消“排名” 停考法官后何以结案不降反升?》,载《江苏法制报》2015 年 3 月 4 日。再比如,重庆市高级人民法院在 2013 年年底取消中基层法院工作目标考核排名,2014 年年初正式取消目标考核,并制订了《重庆市中基层人民法院工作评估办法》,对中基层法院工作完成情况实施工作评估,而且不再对评估结果进行排名通报。参见陈小康、刘洋:《重庆中基层人民法院全面取消考核排名》,载《人民法院报》2014 年 4 月 9 日。

一文件“就法官考核内容、考核标准、考核组织实施、考核结果应用等作出全面规范，为深化司法体制综合配套改革，进一步做好新形势下法官考核工作提供了制度保证”[①]。通过这些改革，以往审判管理中尤其是审判绩效考核中浓厚的“奖、考、罚”色彩出现了不同程度的弱化，审判绩效考核制度逐渐回归本位，地方各级法院与法官对待绩效考核的态度趋于理性，并在一定程度上改变了它们在审判管理上的功利化行为取向，破除了法院系统长期存在的“唯 GDP 主义”与“考核出政绩，排名见荣誉”的陋规。

第三，推行公开化的审判管理机制。“四五纲要”提出，要“构建开放、动态、透明、便民的阳光司法机制”。2015 年发布的最高人民法院《关于完善人民法院司法责任制的若干意见》也明确提出，“各级人民法院应当依托信息技术，构建开放、动态、透明、便民的阳光司法机制，建立健全审判流程公开、裁判文书公开和执行信息公开三大平台，广泛接受社会监督”。2018 年印发的最高人民法院《关于进一步深化司法公开的意见》进一步提出：“不断拓展司法公开的广度与深度，健全完善司法公开制度机制体系，优化升级司法公开平台载体，大幅提升司法公开精细化、科学化、信息化水平，推进建设更加开放、动态、透明、便民的阳光司法机制，形成全面深化司法公开新格局。”在这一改革总体目标之下，公开化成为当前审判管理改革的重要议题与基本取向。按照最高人民法院的要求，“审判管理权、审判监督权的运行需要被纳入司法公开的范畴，院、庭长履行审判管理、审判监督职责也要在相应的办案平台上进行，并全程留痕，行使审判管理权和审判监督权所形成的书面记录要存卷备查，增强司法工作的透明度，将司法公开的范畴覆盖到法院工作的各领

① 叶健、侍东波、梁代杰：《〈关于加强和完善法官考核工作的指导意见〉的理解与适用》，载《人民司法》2021 年第 34 期。

域与全环节”[①]。据此要求,各地方法院纷纷探索阳光化的审判管理机制与方式,比如利用司法公开平台或借助信息化手段推行“可视化”的管理、实行办案审批全程留痕与相关文书材料存档保管制度等。这些改革探索,一方面有利于解决审判管理长期存在的公开性不足的问题,促进审判管理从封闭走向公开,另一方面也有助于“实现审判管理的全程可视,防止审判管理异化成为行政干预”[②]。

第四,探索扁平化的管理模式。利用审判权运行机制改革的契机,一些地方法院在先期“审判长负责制”改革的基础上,开始探索构建扁平化的审判组织结构,即打破甚至取消审判业务庭的行政建制,组建固定的审判团队或合议庭,以弱化庭长的行政权威,从而突出合议庭、独任法官的审判主体地位。[③] 这些改革探索得到最高人民法院的肯定,在其发布的《关于完善人民法院司法责任制的若干意见》中明确指出,“基层、中级人民法院可以组建由一名法官与法官助理、书记员以及其他必要的辅助人员组成的审判团队”。目前,类似这样以构建扁平化审判组织结构为目的的改革探索在全国更多的法院展开。虽然这一改革发生在审判权运行领域,但它实际上取消了案件处理流转中必须经过的“审判业务庭/庭长”这一程序节点,缩短了案件运行

---

① 最高人民法院专题调研组:《最高人民法院党组副书记、常务副院长沈德咏在深圳法院开展司法体制改革专题调研的情况报告》,最高人民法院审判管理办公室、中国审判理论研究会审判管理理论专业委员会编:《审判管理研究与参考》(第3辑),法律出版社2015年版,第27—28页。

② 上海市高级人民法院课题组:《审判权运行机制改革中审判管理职能定位研究》,载最高人民法院审判管理办公室、中国审判理论研究会审判管理理论专业委员会编:《审判管理研究与参考》(第3辑),法律出版社2015年版,第228页。

③ 较为有影响的有广东省珠海市横琴新区人民法院、广东省深圳市前海合作区人民法院、辽宁省葫芦岛市中级人民法院以及江苏省江阴市人民法院的改革等,相关情况可分别参见周茂梅:《珠海横琴新区取消审判庭法官判案 采用专案法官》,载《成都商报》2014年4月10日;卜凡:《前海法院院长闻长智:前海法院已搭建综合性改革架构》,载《21世纪经济报道》2015年3月28日;李岩峰、骆惠华:《机制一改天地宽——辽宁葫芦岛中院审判权运行机制改革调查》,载《人民法院报》2014年8月11日;李超、李润文:《江苏江阴法院改革:把权力还给法官》,载《中国青年报》2015年1月23日。

的管理链条,并从组织结构上切断了业务庭行政权对合议庭审判权的渗透、介入、干预[①],从而可以使审判跳出审判业务庭行政管理的范围,改变以往审判权运行层层把关的组织架构。从这一点来看,这种扁平化的审判组织结构在很大程度上可以被理解为一种扁平化的审判管理模式,审判管理有可能在管理链条缩减之后发生一定的转型。

审判管理的上述改革调整,既回应了审判管理实践所存在的行政化与压制化这两个突出的问题,同时也因应了党的十八届三中全会开启的以"让审理者裁判、由裁判者负责"为目标的司法改革总体战略。虽然这些改革调整并未彻底解决审判管理的内在结构性问题,尤其是"没有纾解向法官放权与管理层监督的内在紧张关系"[②],也很难说完全符合司法改革的总体要求,但毕竟开放出了审判管理转型可能的空间,也提供了一定的制度资源,其积极意义不容忽视。纵观这些改革调整,有两个突出特点值得注意:其一,审判管理的"去行政化"。在这一轮司法改革"去行政化"的总体思路下,审判管理的改革调整也将"去行政化"作为基本取向。最高人民法院《关于新时期进一步加强人民法院审判管理工作的若干意见》指出,"审判管理必须促进公正司法,助力摒除审判活动'行政化'和保障审判组织内部独立的审判权运行机制改革"。从明晰院、庭长的审判管理职权到矫正审判绩效考核,从探索扁平化的管理模式到推行司法责任制,这些改革都直指审判管理的行政化倾向,希望去除审判管理中的等级性、服从性与指令性等不符合司法规律的行政化管理因素,从而达到"审判管理到位而不越位、审判权独立而不恣意"的目的。其二,将审判管理改革重新植入审判权运行机制改革。自"一五纲要"实施以来,法院改革的基本主线是

① 参见最高人民法院司法改革领导小组办公室编著:《〈最高人民法院关于全面深化人民法院改革的意见〉读本》,人民法院出版社 2015 年版,第 159 页。

② 顾培东:《法官个体本位抑或法院整体本位——我国法院建构与运行的基本模式选择》,载《法学研究》2019 年第 1 期。

革除“审判工作的行政管理模式”。在这一基线之下，审判管理改革在很长一段时间内都服从于保障审判权独立行使。但这一主导改革策略在全面加强审判管理的“三五纲要”实施时期被中断，审判管理改革更多致力于如何全面、有效地控制审判权，而对审判权的合理运行不够关注。这导致审判权在多方面受到审判管理的不当侵害，两者的内在张力被不断拉大。针对这样的问题，“四五纲要”调整了改革策略，将审判管理改革重新纳入审判权运行机制建构的范畴，进一步明确审判管理的目的在于保障审判权依法独立公正行使。与此相应，很多改革措施都考虑了审判管理与审判的关系，以及审判权的合理运行，审判管理改革在很大程度上又回归至审判权运行机制改革的整体框架之下。总之，上述改革尤其是司法责任制改革的展开在很大程度上重塑了审判管理权与审判权之间的关系，审判管理权过度干预审判权，甚至凌驾于审判权之上的情况，已得到较大改善。按照最高人民法院相关人士的说法，目前的审判管理在手段、目的、效果等方面都已不同于原有的审判管理。①

## 二、审判管理的实践样态

既有对审判管理的研究多侧重于从理论层面讨论审判管理的一般性问题以及解析具体管理制度或管理方式的缺陷，少数的实证研究则主要关注审判管理具体制度机制或管理手段的具体运行，甚少从整体层面对审判管理的实践运行进行“庖丁解牛”式的细致刻画。毫无疑问，这不仅不利于从经验层面准确把握审判管理实践事实的多样性与复杂性，也使得我们无法准确研判审判管理对审判权运行的实际影

① 参见黄晓云：《脚踏实地 总结提高 努力推进人民法院审判管理再上新台阶——访最高人民法院审判管理办公室主任周建平》，载《中国审判》2012 年第 7 期。

响。通过梳理各种经验材料，并结合调研观察，笔者将审判管理的实践样态概括为以下几方面：

### （一）管理基点的控制性：控制案件处理的过程与结果

在正式表述层面，审判管理的目标是服务于审判权的运行，提高审判质量与效率，它本身并不具有控制功能，至多只有监督与规范的意味。但服务性管理远未成为现实，审判管理更多奉行控制性理念，追求全面把控与精细监控审判权运行，以实现对案件处理过程与结果的控制。正是基于此，有论者认为，这样的审判管理“是以限制法官审判权为重心，站在管理者视角立足强制的压制型管理”①。

控制案件处理过程，一方面是为了回应“案多人少”的矛盾，提高审判效率，另一方面是为了规范案件处理程序，保障程序流转的秩序，依托的主要手段是审判流程管理。所谓审判流程管理，是指将案件处理过程分解为若干阶段，再把每个阶段又细化为若干节点，并对每个阶段与节点配置固定时限，然后通过专门的软件程序在相应的管理平台上对案件处理过程进行管理。② 不难发现，这一管理方式试图通过控制案件审判流程来达到审判权高效运行的目的，效率取向的意图非常明显。同时，它还在相当程度上改变了传统审判环境下法官对案件信息独占的状态，使得各种审判活动与审判事务在法院内部变得相对清晰、透明，从而既使程序瑕疵可以得到不同程度的防范，还能确保管理层保持对个别化审判行为必要的知晓度。但显然而易见的是，通过流程管理，“正常化或常规化的判断和阶层式的监控变得特别明显，个人处于具体、严格的考察之下”③，管理主体能实时了解与掌握案件处

① 钟小凯：《审判管理：从压制型向回应型转变》，载《人民司法》2012 年第 23 期。

② 参见顾培东：《人民法院内部审判运行机制的构建》，载《法学研究》2011 年第 4 期。

③ 〔英〕安东尼·吉登斯：《社会理论与现代社会学》，文军、赵勇译，社会科学文献出版社 2003 年版，第 171 页。

理进程，进而实现对案件处理过程精细化与全面化的控制。如果把案件审理比作生产线，流程管理则是对生产线上的生产过程进行控制和管理。此时的法官很可能已变成纯粹的被监督者与被管理者，即便这种控制带来了相应的管理效果，但在很大程度上也是以牺牲法官的主体地位与程序自由为代价的。

沿袭法院内部管控实体裁判的传统，控制案件处理结果也是审判管理的重心。由于院、庭长“批案制”以及裁判文书审签制度被否定，因此这种控制多采用“软性”的方式来进行，即利用院、庭长的审判监督、指导职责进行间接控制。具体而言就是，院、庭长利用制度赋予的参与案件处理过程的权力①，以审判监督的名义介入案件实体裁判领域，继而凭借其显性、隐性的权力或正式的制度安排，影响审判组织对案件实体问题的判断，或将自己的看法融入最后的裁决，从而实现对实体结果的间接控制。从实践来看，院、庭长履行审判指导、监督职责的具体形式较为多样，主要包括听取案件汇报、决定提交专业法官会议与审判委员会讨论、参加案件讨论、旁听庭审等。这意味着院、庭长以审判监督与指导者的角色进入案件实体裁判领域的渠道较为广泛。

---

① 2002 年出台的最高人民法院《关于人民法院合议庭工作的若干规定》第 16 条规定："院长、庭长可以对合议庭的评议意见和制作的裁判文书进行审核，但是不得改变合议庭的评议结论。"该规定第 17 条规定："院长、庭长在审核合议庭的评议意见和裁判文书过程中，对评议结论有异议的，可以建议合议庭复议，同时应当对要求复议的问题及理由提出书面意见。合议庭复议后，庭长仍有异议的，可以将案件提请院长审核，院长可以提交审判委员会讨论决定。"这两条规定实际上认可了院、庭长有权介入案件的实体裁判。值得注意的是，虽然 2015 年印发的最高人民法院《关于完善人民法院司法责任制的若干意见》第 24 条将院、庭长能够介入的案件限制为四类：(1)涉及群体性纠纷，可能影响社会稳定的；(2)疑难、复杂且在社会上有重大影响的；(3)与本院或者上级法院的类案判决可能发生冲突的；(4)有关单位或者个人反映法官有违法审判行为的。2021 年最高人民法院《关于进一步完善"四类案件"监督管理工作机制的指导意见》进一步界定了"四类案件"的范围。但这一规定本身并未否定院、庭长的审判监督与审判管理职权。现实地讲，这种一般意义上的审判管理监督很难不涉及案件的实体裁判问题。换言之，当前院、庭长依然可以凭借审判管理与审判监督职权间接影响甚至控制实体裁判。当然，相比于以往，这种影响与控制的案件范围有所限缩，具体方式更为间接与规范。

甚至可以这样说，只要院、庭长愿意，他们可以随时经由相关途径染指案件的实体裁判。总之，由于院、庭长可以参与实体裁判，他们就能依托各种合法的、内生性制度平台甚至是隐性行政权威深度但又间接地影响乃至控制案件处理的实体结果，而真正的主审法官在某种意义上沦落成具体承办人，缺少裁决的自由。但也需要指出的是，在司法责任制改革之后，由于强调放权于法官，重视对行政权力介入审判活动的限制，院、庭长利用审判管理与监督职权管控实体裁判结果的情形已有很大改观，集中在重大、疑难、复杂、新型案件之中，审判组织已获得了较多的裁判自由。这已被很多实证资料，包括我们的调研所证实。①

### （二）管理对象的复合性：案件与法官

对于审判管理的对象，理论上有不同的观点，争议集中在法官是否为管理的客体之上。② 但着眼于实践会发现，审判管理的对象具有明显的复合性特征，即案件与法官都是管理对象。这就是所谓的“以管案促管人，以管人促管案”③。而且从实践来看，审判管理针对法官个体的管理力度很多时候还大于对案件本身的管理。在“管案”与“管人”的逻辑支配下，审判管理的制度设置较为细密，管理方式也比较多元。但管理对象的复合性也带来了过多的管理事务，法官不得不挤压办案时间，拨冗配合审判管理的相关工作，法官的额外工作由此增加，而审判管理主体特别是专门的审判管理部门也承受着较大的管理压力，工作负荷较重，最终造成审判管理主体与法官之间的张力

---

① 相关实证研究可参见林子淇、陈敏秀、郭健丽：《法官审判权与院庭长管理监督权之衡平与契合——以 L 中级法院监察室近六年统计数据为实证研究样本》，载《山东法官培训学院学报》2020 年第 3 期；山东省青岛市中级人民法院课题组：《四权分离模式下院庭长审判监督管理机制改革探索》，载《人民司法》2020 年第 16 期。

② 参见胡志斌：《关于法院审判管理机制的探讨》，载《法治研究》2008 年第 9 期。

③ 王胜俊：《创新和加强审判管理 确保司法公正高效》，载《人民法院报》2010 年 8 月 24 日。

增加。

依据审理管理的功能目的,案件成为管理对象本是应有之义。各级法院也确实重视对案件的管理,并投入了大量的资源。一个突出表现就是占用法院巨大人力资源的审判管理办公室的核心职责,其实只有管理审判流程信息系统中各类案件信息,收集与统计相关数据指标。从实践来看,以案件为对象的审判管理,既包括对个案审理的流程、效率与质量的管理,即微观管理,也包括对某一时期案件审理整体态势尤其是审判质效的分析与把握,即宏观管理。前者主要依靠控制案件处理流程、组织案件讨论与旁听庭审等方式进行,目的在于规范审判行为,提高审判质效。由于管理主体凭借这些方式可以深浅不一地介入个案处理,因而预设目标大体能实现。后者则是在各种统计数据的基础上,利用审判质效分析、发改案件质量评析、案例通报评析等制度措施,分析某个时期总体的审判状况与发展态势,以促进整体审判水平的提升。实践表明,相比于微观层面的个案管理,这种宏观层面的整体管理在多数时候基本流于形式,要么数据分析成果应用不明显,要么没有分析而停留在数据统计层面,总之实质意义不大,基本不能为法院的宏观决策提供依据。

由于审判管理的实质是对法官所实施的审判活动进行组织、协调与监督①,因而法官在实然层面必然成为审判管理作用的对象。在法院系统尤其是很多院、庭长看来,在我国法官数量较大且整体司法技能与职业操守令人难以放心的情况下,为了维持起码的司法公正,法官的审判行为不可能不受到管束。正是基于这样的现实理由,审判管理将法官作为管理对象,并形成了诸多管理制度。从实践来看,以法官为作用对象的审判管理的目的在于监控法官的审判行为,压缩自由裁量的空间,主要包括两方面的内容:一是通过流程管理、绩效考评与

① 参见江必新:《论审判管理科学化》,载《法律科学(西北政法大学学报)》2013 年第 6 期。

院、庭长的审判监督、指导职责等制度机制对所有法官的行为进行整体的把控、测度与评价；二是对所谓的“重点人员”——司法业务能力不强与职业操守可疑的法官——在个案中的司法行为进行直接管束，即管住“重点人员”。[①] 虽然将法官作为管理对象产生了一定的行为整合与规制效果，但也带来了很多负面效应，尤其是导致法官对审判管理的反向力与离心力悄然增加，并引发了诸多争议，以致有论者尖锐地指出，“这不仅背离了司法改革实现法官职业化、精英化的初衷，而且限制了法官的能动性，偏离了以‘审判为中心’的改革方向”[②]。

### （三）管理过程的贯通性：从立案到案卷归档

正如前文所言，在相当长的一段时间内，如果说我国法院内部存在“审判管理”，这种管理更多也只是对审判结果的管理，案件处理过程与程序节点并未进入管理者的视野。随着精细化管理理念被引入法院工作，一些法院开始关注案件内部运行的流转过程与经历的程序环节。随后通过嫁接管理学中的“流程管理体系”，在依照程序自身运作逻辑对案件审判运行中的程序事项进行排序的基础上，形成了主要用于管理案件处理过程的审判流程管理体系。如前所述，这一管理体系的要旨在于将案件处理过程划分为若干阶段，每个阶段又设置诸多节点，管理主体通过控制这些节点实现对案件处理过程的引导与控制。由于相关节点的设置涵盖立案、分案、排期、送达、委托鉴定、审理、结案、卷宗移送、归档等多个环节，几乎覆盖案件处理的所有流程，并涉及程序链条上可能出问题的全部节点，因而审判管理体现出管理过程贯通性的特点，即管理贯穿于从立案到案卷归档的审判全过程。在此过程中的所有程序环节与每一步骤都处于管理的射程之内，审判

---

① 参见龙宗智：《审判管理：功效、局限及界限把握》，载《法学研究》2011 年第 4 期。

② 杨铜铜：《法官绩效考核制度的非司法化困境及其调试》，载《法制与社会发展》2022 年第 3 期。

管理实际上是一种全程性、持续性、动态性的管理。

从实践来看,管理过程的贯通性经历了一个逐步精细化的过程。在总结一些地方法院改革经验的基础上,最高人民法院在“一五纲要”中提出了建立科学的案件流程管理制度的改革目标,即“由专门机构根据各类案件在审理流程中的不同环节,对立案、送达、开庭、结案等不同审理阶段进行跟踪管理,保证案件审理工作的公正、高效”。应该说,此时的审判管理就具备了管理过程的贯通性的特点。但由于这时对审理阶段的分解与流程节点的设置主要依据程序法对审判过程的划分,很多程序法覆盖不到而案件处理又会经历的程序环节,尤其是那些还可能影响当事人程序利益的程序节点,未被纳入流程体系。就此而言,这一时期的审判管理虽然具有过程上的贯通性的特点,但整体显得较为粗糙,是一种粗线条的贯通性。随着对案件流转轨迹对审判权高效、公正运行的影响的认识深化,再加上最高人民法院的不断推动,审判流程中的阶段划分与节点设置趋于复杂与精细,有的法院甚至设计了上百个程序节点、近八十个监控点①,很多属于程序法规定之外但又实际影响审判权运行的程序事项被设置成流程节点,并将其置于特定的办案软件之中,实现了流程管理的集成化与智能化。同时,原来只贯通一审程序的过程管理开始向二审甚至是再审程序纵向延伸。这些发展既拓展了审判管理的内容,也凸显了管理过程贯通性的精细化。

管理过程的贯通性显示了管理的严格性,它在实现对案件处理过程动态、全程与集成管理的同时,也在相当程度上促成了审判各环节分工负责、相互协作、监督制约态势的形成。但带来的问题也不容忽视,一方面是管理成本的增加,因为纳入管理的节点越多,管理流程会被拉长,需要投入的人力与物力也越多;另一方面是过细的节点设置

---

① 参见左卫民:《信息化与我国司法——基于四川省各级人民法院审判管理创新的解读》,载《清华法学》2011 年第 4 期。

在一定程度上肢解了审判权,反而产生了效率不高的问题,也导致职权分工上的争执,部门间推诿扯皮时有发生。[1]

### (四)管理方式的单一性:数据化管理

经过多年的发展,审判管理基本形成了以审判流程管理、案件质量管理、审判绩效评估为核心的制度体系。这一制度体系既是审判管理的制度载体,也是具体的管理手段。应该说,这些管理手段的运用并不必然以指标数据存在为前提,没有数据支撑,相关管理活动仍可进行。然而,它们的实际运行却呈现出高度依赖数据的面相,各种管理手段的运用基本都依托对数据的提取、统计与分析。这种对数据的强调,显然是受到管理的科学化、数据化特别是"通过数字化引领精细化"等理念的指引。尽管量化考核和数据排名是实现管理目标的有效途径,运用数据进行管理也确实简便易行,理性化程度较高,但对数据的过度迷恋实际上已将内涵丰富的审判管理变成内容单一的"管数据",各种管理手段的运用被简化成单纯的数值计算,从而使得审判管理在管理方式上呈现出单一性的数据化管理特点。在这种管理方式下,所谓的审判管理在很大程度上就是"用一套复杂的指标体系,套用一串高深的数学公式,得出一个僵化的指标数值,再用这个数值去评价一个法院与一名法官"[2]。也就是说,审判管理系统在很大程度上变成一套数据处理系统。至于这些数值背后所蕴含的信息以及实际的意义,则很少受到应有的关注,"数据"与"管理"事实上严重脱节。

上述单一性的数据化管理在实践中突出体现在两方面:一是过度追求管理效果的定量评价,有意忽视定性评价。为了消除审判管理中存在的主观化与粗糙化问题,很多法院异常重视管理效果的定量评价,希望完全通过客观数据评估案件质效,以致部分法院对案件质效

---

① 参见钱锋主编:《审判管理的理论与实践》,法律出版社 2012 年版,第 188 页。

② 钱锋主编:《审判管理的理论与实践》,法律出版社 2012 年版,第 69 页。

评估的定量方法过度依赖甚至到了迷信地步,处处强调“用数据说话”,基本不再使用定性方法[①],“唯数据论”的倾向十分明显。即便本身包括了定性评价的案件质量评查也几乎全部采用指标数据、分类打分的形式对各种评价项目予以量化,从而根据具体分值评定案件质量。二是积极开发各种便于量化测度与数据收集的评价指标与软件工具。数据化管理需要尽可能地将审判工作的全部情况量化为数据,以方便提取、收集与统计。因应于此,包括最高人民法院在内的很多法院在各种量化指标的设计与相关软件的开发上倾注了极大热情,投入了大量资源,一批各有特色的指标体系与计分标准以及各种便于数据生成、统计的专门软件被开发出来,并广泛应用于管理实践。

数据化管理看起来似乎颇得“现代化”管理之神韵。[②] 但问题在于审判活动是一种高度智能化且包含广泛政策目标与价值实现的活动,很难完全用数据进行准确测量与评价。即使能够客观测量的部分,往往也只能显示职能本身是否被履行,而无法表明履职背后的价值与目标的实现效果。质言之,所谓的客观数据其实在审判管理活动中有着天然的局限,并不是理想的管理工具与信息载体。此外,这里还存在测量指标是否恰当的问题。众所周知,审判管理实践所依据的很多量化指标不仅不合理,甚至有些还违背司法审判规律。而“不合适的指标或不平衡的指标可能会在实践中导致目标转换,造成管理行为从提高绩效走向它的反面”[③]。其实,正是这些问题的存在,才使得社会各界对这种单一性的数据化管理方式非议颇多,有些论者还基于此直接否定审判管理。

① 参见重庆市高级人民法院课题组:《审判管理制度转型研究》,载《中国法学》2014年第4期。

② 参见艾佳慧:《中国法院绩效考评制度研究——“同构性”和“双轨制”的逻辑及其问题》,载《法制与社会发展》2008年第5期。

③ 〔美〕西奥多·H.波伊斯特:《公共与非营利组织绩效考评:方法与应用》,肖鸣政等译,中国人民大学出版社2005年版,第21页。

### （五）管理重心的偏颇性：侧重于个案管理

从某种意义上讲，审判管理在很大程度上脱胎于原有的司法绩效考核制度。[①] 在“路径依赖”效应的作用下，审判管理的改革与发展陷入了一种“锁定”状态，始终没有突破“技术性考评”管理模式的窠臼。对此，有论者指出，“实践中大部分中、基层法院的目标考核体系根植于审判管理系统，一个法院能否获得优秀称号直接取决于审判管理机制运行的优劣程度”[②]。即便几经改革，审判管理依然高度倚重数据化考评，究其实质仍是一种考核性管理。简单地说，这种管理是由上级法院设定考核指标，然后根据各项指标的完成情况进行动态排名，并以此评定整体的管理成效与审判质效。更重要的是，这种评定不仅仅关注案件如何审理这件“事”，也不只是单纯评估案件本身的质效，它还着眼于组织与“人”，兼具考核法院、审判业务庭与法官个人工作绩效的功能。质言之，它同时具有案件质效评估与工作业绩考评的双重功能。甚至在某些时候，法官的绩效考核成了实现法院组织考核的工具，法院与法官共用一套考核指标。[③] 显然，无论是案件质效水平还是工作业绩高低，都取决于具体个案的处理过程与结果是否满足既定指标的要求。因此，为了获得理想的分值，进而取得较高的排名，一个必然的选择便是强化对个案处理的控制，尽可能使各种指标达到甚至超过既定标准。这使得审判管理的中心在很大程度上变成了绩效考核指标成绩的提高，重心自然落到个案管理之上。审判管理实践中管理重心偏颇性的特点由此形成。

---

① 参见阴建峰、袁方：《司法改革背景下法官绩效考核制度的回溯、困局与路径抉择——兼论法官主体性的重塑》，载《河南社会科学》2021 年第 3 期。

② 贾瑞岭：《浅论审判管理权与审判权的矛盾冲突与相互适应》，载《深化司法体制改革——第六届河北法治论坛（2015）》（上册），第 325 页。

③ 参见杨铜铜：《法官绩效考核制度的非司法化困境及其调试》，载《法制与社会发展》2022 年第 3 期。

在审判管理偏向于个案管理后，管理主体所实施的管理行为在很大程度上都以提高个案绩效指数为目标，而不是围绕审判工作的具体现状与实际问题展开。很多时候，为了提升数据指标，法院注重打“擦边球”、掺“水分”、找“批量案件”等，却忽视基础管理，迷信使力少、见效快的管理手段，心浮气躁，管理简单化。[①] 正是因为如此，一些有利于个案控制进而有助于绩效提高的管理手段，典型的如审判流程管理，不仅受到管理主体与法官的重视，运行效果也相对较好。相反，着眼于审判整体水平提高的案件质量评查、审判态势分析等管理手段则被管理主体忽视，即使运用也侧重于从技术层面，采取以案论案、就数据分析数据的方式总结个案的审理情况，或者是按照统一的统计口径简单地统计宏观整体层面的指标数据。而诸如通过审判管理合理配置审判资源、实时调控审判工作、提高审判能力、统一裁判尺度等这些更高层次的服务保障功能，更是被忽略，甚至都未进入管理主体的视野。毫无疑问，这样的审判管理只能在一定程度上起到规范审判程序的作用，效果也集中体现在个案之中，很难实现对审判工作的实时化分析与动态化调控，也达不到审判管理应有的保障与服务审判、提升案件质效的作用。[②] 从这一点来看，审判管理的整体效能之所以发挥不佳，在很大程度上是因为管理重心发生了偏移，即只注重对个案处理过程与结果的监督与控制，而忽视审判管理的服务保障与宏观调控功能。

## 三、审判管理存在的问题

正如前文所言，审判管理本是为了解决审判权运行存在的问题并促进审判质效的提升而在司法改革的实践中产生，但审判管理自身在

---

① 参见崔永东主编：《审判管理研究》，人民出版社 2015 年版，第 134 页。

② 参见王晨编著：《审判管理体制机制创新研究》，知识产权出版社 2013 年版，第 64 页。

实践中又滋生出很多问题。前文对审判管理运行现状的描述,在某种程度上也集中呈现了其实践中存在的一些问题。正是这些问题的存在,使得审判管理在很大程度上陷入困局,各种是非争议累积叠加,以至于审判管理本身成了深化司法体制改革征途中必须突破的障碍。虽然法院系统从上到下针对审判管理的实践问题采取了很多改革措施,有些改革在某些方面也确实起到了促进审判管理转型发展的作用,但客观而言,审判管理改革并未取得“药到病除”的效果,既有的很多制度困局与体制难题依然存在,其实践运行仍是问题丛丛。这除了有经常为各界所批判的管理模式行政化、管理体制集权化、管理技术粗放化等问题之外,还存在一些可能为我们关注不够的问题。

### (一)定位尚不明晰

最高人民法院《关于加强人民法院审判管理工作的若干意见》明确指出,审判管理的功能与目的在于“规范、保障、促进、服务”审判执行工作。此后,最高人民法院《关于新时期进一步加强人民法院审判管理工作的若干意见》再次重申了审判管理的这一功能与目的。这其实也是法院系统对审判管理的职能定位。最高人民法院在“四五纲要”中更是明确指出,“发挥审判管理在提升审判质效、规范司法行为、严格诉讼程序、统一裁判尺度等方面的保障、促进和服务作用”。应该说,最高人民法院对审判管理的定位其实非常明确,并不存在模糊之处,也较为符合我国审判权运行的实际情况与现实背景。然而,由于社会各界尤其是法院系统自身对审判管理的制度属性与运行范围并未形成统一的认识,相关管理制度与技术手段仍处于摸索完善之中,审判管理在实践中的定位并不明确,并由此导致很多问题。这种“不明确”突出体现在以下几方面:

首先,审判管理与人事管理、政务管理的关系较为模糊。审判管理、人事管理与政务管理是法院的三大管理系统,后两者虽然并不直接针对审判事务与审判活动,但很多也会间接影响审判工作,不能将其完全作为纯粹的行政事务,因而具体管理也需要考虑如何规范、保障、促进与服务审判工作。这就不可避免地导致审判管理与人事管理、政务管理在职能和目的上存在一定的交叉,从而需要明确审判管理在法院"三大管理"中的地位以及它们之间的关系。从实践来看,由于法院内部并未实现严格的人员分工,审判人员和行政人员之间的岗位、职位变动不仅容易而且经常发生,院、庭长等法院领导又是"一岗双责",再加上审判权、审判管理权与司法行政事务管理权各自行使的范围也未在法律制度层面界定清晰[①],上述问题一直未得到有效解决。因此,我们经常看到的是,一些属于审判管理范畴的工作并未纳入审判管理,而不属于审判管理范围的工作又由审判管理部门承担,甚至"为了达到规范与制约审判权的目的,审判管理与人事管理、政务管理同时并用"[②]。虽然"四五纲要"所开启的司法改革试图从制度层面解决此类问题,但从改革的具体情况来看,效果并不是特别理想。[③] 由于人事管理与政务管理属于法院内部的行政管理,遵循的是行政逻辑,而审判管理并非纯粹的行政管理,不能完全按照行政逻辑展开,因此,审判管理与人事管理、政务管理的交叉不仅影响了法院管理体系的合理构建,还会导致司法逻辑与行政逻辑的混同。一旦司法逻辑与行政逻辑在法院管理中混合起来,那么审判管理与审判之间固有的结构性张力会被进一步拉大,同时也为行政权或行政意志更为便利、直接地进入审判管理进而渗入审判领域提供了更多制度上的可能。

其次,审判管理部门与其他审判管理主体之间的功能定位模糊。

---

① 参见赵峰、王磊、陈希国:《法院行政事务管理改革的模式选择和制度设计——基于人员分类管理和人财物省级统管改革背景下的分析》,载《中国应用法学》2017 年第 6 期。

② 李兴魁、沈烨:《审判管理办公室履职的限度及尺度》,载《人民法院报》2016 年 6 月 1 日。

③ 相关介绍与分析可参见曹红军:《法院审判权与司法行政事务管理权分离模式研究》,载《法律适用》2018 年第 9 期。

目前,审判管理主体除了有专门的审判管理部门之外,还有院长、庭长、研究室、审监庭、立案庭等主体。从实践来看,这些管理主体的功能定位与职责范围并未得到有效厘清,它们之间存在一定的职能交叉与职责重叠。比如,信息部门、立案庭、审判管理部门、其他审判业务部门对案件信息与审判流程都有管理职责,但它们的管理职能却未作区分。在不同主体审判管理职能定位不明的情况下,这种多头管理不仅阻碍了审判管理的专业化进程,在一定程度上导致管理的分散性、无序性与随意性,从而难以形成统一的管理方向与目标①,同时也会造成不同管理主体与各个部门之间的互相掣肘与责任推诿,从而可能形成"谁都有权管,但谁都不管"的尴尬局面,最终降低管理效能②。不仅如此,"由于不同的审判管理主体在实践中对组织目标的整体把握、组织职能的分解和组织的协调存在偏差,使得完整的审判管理工作都被强行分割开来,造成职能分散,不能形成整体合力,难以最大限度地发挥管理作用"③。正是因为如此,有证者强调,审判管理改革需要厘清专门审判管理部门与其他层级管理主体的关系,充分发挥各审判管理主体的作用,形成既各司其职又互相互联系的审判管理系统。促进审判管理效能的全面提升。④

最后,审判管理与审判权的边界仍未完全厘清。一直以来,审判管理与审判权的边界不清,两者之间的界限模糊,尤其是院、庭长的审判管理存在权责不清、职责不明的问题。这正是法院内部的行政科层能够在审判管理的掩护下侵入审判权运行领域进而干预案件实体裁判的重要制度性原因。针对这样的问题,自党的十八届三中全会以

① 参见顾培东:《人民法院内部审判运行机制的构建》,载《法学研究》2011 年第 4 期。

② 参见上海市高级人民法院课题组:《审判权运行机制改革中审判管理职能定位研究》,载最高人民法院审判管理办公室、中国审判理论研究会审判管理理论专业委员会编:《审判管理研究与参考》(第 3 辑),法律出版社 2015 年版,第 222 页。

③ 崔永东主编:《审判管理研究》,人民出版社 2015 年版,第 65 页。

④ 参见林振通:《审判管理的历史沿革与发展创新》,载《人民法院报》2018 年 12 月 13 日。

来,从最高人民法院到地方各级法院都试图通过制度改革明确审判管理的职能边界,划定各种管理主体尤其是院、庭长的审判管理职权范围。但受制于法院内部司法逻辑与行政逻辑的实质混同以及法院高度科层化的层级结构,再加上改革本身的限度,已有的改革仍未完全厘清审判管理的职权定位与具体边界,审判管理与审判之间的关系仍存在模糊之处。这使得各种行政因素仍能假借审判管理不当介入审判活动之中,造成行政与司法的因素交织于审判权运行领域。由此带来的风险是审判权或者被审判管理所架空,或者是被各种行政意志所溶解,最终致使审判管理偏离预设的职能定位。

### (二)运用不均衡

审判管理必须尊重司法规律,优化审判管理与审判权运行,从而在提升审判质效的同时,满足社会公众日益增长的司法需求。[①] 这就要求审判管理在运行中必须做到适度均衡,即将应该管理的审判事务以恰当的方式"管好",而对审判管理范畴之外的正常审判活动则应"放手不管"。从实践来看,审判管理并未处于适度均衡运行的状态,明显存在过度运用与消极运用两种不良倾向。所谓过度运用,即指审判管理无度膨胀,超越自身合理界限,直接渗入审判权运行领域,甚至以"规范与促进审判权合理运行"之名凌驾于审判权之上,导致管理机能超常发挥,行政元素过于活跃。这种过度运用主要体现为审判管理扩张性行权,其中既有显性扩张,也有隐性扩张,其最终结果都是破坏审判权和审判管理权之间的关系。前者包括审判管理主体违背司法规律将各种指标层层分解、加码,院、庭长利用审判监督职权影响或改变实体结果,审判管理部门直接向审判主体发号施令等;后者包括院、庭长利用自身的地位与身份间接向审判组织施加影响,院、庭长故意

---

① 参见江必新:《国家权力科学管理视阈下的审判管理》,载《法律适用》2017 年第 5 期。

模糊审判管理与审判权的界限等。所谓消极运用，则是指审判管理主体消极怠工，对很多与审判活动相关的工作视而不见，不履行应该履行的管理职责，留下管理空白，使审判管理存在真空地带。由此导致的结果是审判权运行的某些方面在某些时候缺乏必要的引导与规范，这在中基层法院表现得较为突出，甚至“破罐子破摔”的现象也不少见。[①] 尤其是在司法责任制改革深入推进之后，部分院长与庭长对案件处理“不愿管”“不敢管”与“不善管”，从而出现了审判管理监督弱化的问题。[②] 从实践来看，审判管理的消极运用既体现为审判管理部分职能缺位，也表现为审判管理的各项权能衔接不紧密而导致审判管理效果弱化。[③] 前者包括案件评查仅限于简单的数据统计与通报，审判管理部门仅从事案件归档、裁判文书校对、数据录入等具体事务，审判效率管理就是看是否存在超审限结案，庭长对审限变更的审批只限于形式审查甚至不审查就批准；后者包括多种审判管理主体以及不同管理手段之间缺乏合理协调而导致各管理环节不能有效对接，审判管理仅局限于各种考评与流程管理而对审判工作本身疏于管理等。值得注意的是，在司法责任制改革后，实践中有的院、庭长存在“多一事不如少一事”的惰性思维，以及“不监督不过问没有责任、监督不好就有责任”的顾虑，还有的院、庭长担心进行审判管理会被认为是干涉法官依法独立审判，违背司法责任制关于“让审理者裁判”的要求，因而他们不愿意甚至是不敢实施审判管理监督。[④] 这其实也是审判管理消极运用的一种表现。

在实践中，审判管理的过度运用往往会使审判管理直接作用于审判权以及法官个人，甚至会强势介入审判权运行领域，影响或改变案

---

① 参见刘澍：《中国法院审判管理改革的结构性调整》，载《北京社会科学》2016 年第 3 期。

② 参见林建森、刘庆伟：《关于加强院庭长审判监督管理的几点思考》，载《山东法制报》2020 年 11 月 6 日。

③ 参见翁秀明、邵金芳：《审判管理权与审判权的冲突与协调——兼论审判管理体系的建构》，载《山东审判》2012 年第 4 期。

④ 参见龙宗智、孙海龙：《加强和改善审判监督管理》，载《现代法学》2019 年第 2 期。

件处理的进程与结果,从而引发审判管理与审判权之间的冲突,因此它吸引了社会各界的目光而成为关注的焦点。相反,由于审判管理的消极运用在表象上体现为审判管理的“主动退缩”与“自我克制”,甚至还被理解成“放权于审判组织”,因此它并未引起人们太多的注意,更没有被认为是审判管理实践所存在的问题,反而觉得这是审判管理谦抑化的表现,是对审判权的尊重。但是,无论是审判管理的过度运用还是消极运用,显然都不是审判管理的应有状态,也不是审判管理作用发挥的理想形式。审判管理的过度运用,必然导致“管得过紧、管得过多、管得过严、管得太宽”,进而带来审判管理侵占、挤压甚至分割审判权的问题,最终扭曲审判权的运行。同时,由于审判管理的过度运用往往都依托法院内部的行政科层权力,因而它还在相当程度上加剧了审判管理的行政化与管制化,从而导致自律与自治型管理机制难以形成。如果审判管理消极不作为,“放纵”审判权而任其自由运行,则可能造成不必要的管理缺位与管理的无力,从而无法实现审判管理所要达致的“规范、保障、促进、服务”审判的目的,甚至还会造成审判权运行不同程度的失控,轻则导致审判质效下降,重则滋生司法不公与腐败。这很可能引发社会各界对审判管理能否有效控制审判权运行的质疑。更为重要的是,一旦对那些涉及当事人利益、事关当事人对法院认知的审判事务管理不力,比如审限问题、接待当事人的态度以及庭审礼仪等,必然影响社会公众对法院工作的评价,甚至直接招致负面评价。这种评价使“司法权威的消损来得更快、更为直接,也更容易引起纠纷负面效果的恶意扩散”[①],最终必然严重损害司法公信力。如何把握与平衡审判管理的运用限度,仍是制约审判管理积极效用发挥的关键问题。

### (三)偏向于负向压制

审判管理必须尊重法官的主体地位与人格自由,理解法官的困难

① 韩波:《审限制度:“二十周岁”后的挑战》,载《当代法学》2011 年第 1 期。

与艰辛，并充分体现公正、尚善、和谐的人文精神[①]，但正如前文所言，审判管理的实践逻辑其实偏向于单向度的控制。在这种逻辑的支配下，实践中的审判管理表现出了较强的负向压制色彩，对审判权以及法官似乎并不信任。无论是院、庭长的审判管理还是审判管理办公室的集中管理，管理主体始终都站在管理者的高度，主要依靠各种配置了相应惩罚、制裁、矫正等措施的行政性管理方式与手段对案件与法官进行管理，目的在于加大对审判权控制的力度。在此过程中，法官更多只是在承受管理义务，被动完成管理主体设定的任务与目标，很难享受对应的权利，更未获得优质的审判事务与审判信息服务。这使得实践中的审判管理不可避免地突出了负面压制，而忽视了正向激励，很多时候是在管理之上再加管理，监督之上再套监督，审判管理在很大程度上蜕变成管理主体迫使法官勤勉工作的“棍棒”。对此，有法官尖锐地指出，“各类制度看似科学、规范、严密，但强调的几乎全是问责、督促、约束，一提到管理，就让人想到高高举起的‘狼牙棒’，随时砸向犯错误的人，这种忽略艺术性的管理机制只会变成被管理者的桎梏”[②]。这样的评论虽然略显夸张，但多少了反映了审判管理的实践面相以及法官们无奈、忧心的主观感受。

从实践来看，绑定“大棒”惩罚的审判管理，在操作上简便易行，也确实取得了较高的管理效率，但过分强调负面压制，而忽视必要的“胡萝卜”奖励，必然会给法官带来较重的心理压力，诱发职业倦怠感，也会造成法官与管理主体之间的摩擦、冲突，背离审判管理的初衷。“在近年来的审判管理实践中，面对这种以领导权威施加强制性约束为中心的审判管理方法，法官普遍采取的是一种消极抵触的心理，使审判管理依然没有走出‘一管就死、一松就乱’的恶性循环，审判管理效用

---

① 参见熊选国：《以科学发展观为指导 构建科学规范的审判管理体系》，载最高人民法院办公厅编：《大法官论审判管理》，法律出版社 2011 年版，第 74 页。

② 晋艳影：《审判管理的现代转型》，载《人民法院报》2013 年 7 月 3 日。

大打折扣"[①]。这说明侧重于负向压制的审判管理根本不可能形成长效的管理机制与稳定的管理格局,更遑论通过审判管理提升审判能力,激发和调动法官的能动性与创造性。更为重要的是,对审判权的层层监督与控制实际上构成对审判权的变相剥夺,享有监督权力的主体均可以监督之名侵蚀审判权。[②]

目前,法院系统取消了很多不合理的考核指标,并禁止以往那种简单依据案件质效指标数据高低排名的做法,各种体现行政逻辑的管理手段与方式也被不同程度地修正,有些甚至被直接禁止,审判权的主体地位也因司法责任制的改革而在实践中逐渐被承认。这些改革确实弱化了审判管理的负向压制色彩,也在一定程度上改变了行政化与集权化的管理模式,但在行政逻辑依然强势的制度语境下,审判管理并未发生根本转型,很多旨在压制与管束法官以及审判行为的管理方式与手段依然存在于实践之中,审判权与审判管理权之间的合理界限尚未明确、良性互动仍未形成。所谓的"柔性管理""服务性管理""自律型管理"等更多还是停留在官方表述层面,相关的配套性制度机制更未在实践中系统性与体系化地建立,改革探索仍在继续。总之,实践中的审判管理在很大程度上仍是一种立足于审判权控制的"重管理、轻服务,重约束、轻激励"的管理模式,正向与负向的平衡性激励机制并未真正形成。比如,有研究发现,虽然审判质效考核的指挥棒效应在"四五纲要"之后有减弱趋势,有关审判质效指标的竞位排名也被禁止,但高级人民法院仍有以审判质效调控下级人民法院的动机与惯性,多采取通报审判质效评估量化分值等隐性排名方式统筹省级司法辖区审判质效评估事项。[③] 显而易见,这样的审判质效评估仍会对下

---

① 钟小凯:《审判管理:从压制型向回应型转变》,载《人民司法》2012 年第 23 期。

② 参见陆而启:《法官角色论——从社会、组织和诉讼场域的审视》,法律出版社 2009 年版,第 147 页。

③ 参见高翔:《我国高级人民法院司法管理职能的改革——以法院院长会议运行状况为实践观察点》,载《法商研究》2017 年第 4 期。

级法院形成较大的压力，而这种压力也必然会经由法院管理层传导至法官个体，下级法院可能还会以一定的方式控制法官的审判行为。再比如，在目前的案件质量评查中，“普遍存在的现象是对具有瑕疵的案件和存在程序与实体等质量问题的案件予以通报或启动相关责任追究机制，而对于评查中质量较高的案件却没有相应的奖励措施，职级晋升的条件也鲜有与案件质量相关的，缺乏对考核评查结果的应用，缺乏正面激励作用”①。这意味着案件评查仍是“惩罚性评查”，法官依然承受着较重的压力，甚至由于可能被事后追责，导致很多法官不敢秉公办案，而是争当案件处理中的少数意见。类似这样不合理的激励只能诱发下级法院与法官个体种种非正式的应对行为，结果既影响激励机制的有效性，也会异化审判管理的功能。例如，为了满足调解率的考核要求，法官可能会采取降低当事人对裁判结果的预期来诱导其接受调解，将一个案件分拆为若干个案件，调解结束后再立案以及将调解结案的案件在内部进行流通等手段。②

### （四）管理的功利化色彩较浓

在我国目前的司法体制与干部任用制度下，法院领导与行政官僚一样普遍都存在追求“政绩”的心理。无论是法院整体的组织行为还是法院领导个人的行为选择，在很大程度上都受此心理动机支配。由于审判管理确实可以在一定程度上提高审判质效，至少可以提高各种反映案件审判质效的指标数值，从而能够为法院带来某种能被党委、政府与上级法院认可的“政绩”，因此，审判管理在更多时候会被作为法院及其领导展示法院成绩与工作“亮点”甚至是谋求政绩的一种工

---

① 陈寒梅：《案件质量评查制度的现状与思考——以某省S市中级法院的案件质量评查情况为样本》，载最高人民法院审判管理办公室、中国审判理论研究会审判管理理论专业委员会编：《审判管理研究与参考》（第3辑），法律出版社2015年版，第273页。

② 参见张建：《调解考核制度的设计与功能悖论》，载李瑜青、张斌主编：《法律社会学评论》（第1辑），华东理工大学出版社2014年版，第120—146页。

具。这意味着审判管理在很大程度已被工具化地理解与运用,从而将不可避免地导致实践中的审判管理呈现出某种功利化面相。

从实践来看,审判管理的功利化主要体现在两方面:一是逐利化,即以获取某种实用性收益作为指挥和调度审判管理的指针。审判管理实际产生的效果可能是有形的,也可能是无形的,还可能是短期内无法显现的远期效果,而这些效果对法院利益与领导"政绩"的增进并无直接作用。正是因为这种情况,审判管理主体尤其是院、庭长往往会选择那些他们认为能即刻带来某种有形利益的做法,或最大限度地避免可能减损与不能增加利益的做法。具体说来,法院只有在有助于获取短期有形利益时才会尽力投入资源,强化审判管理,甚至以此作为指挥与调度审判管理的基本指针。这就能够有效解释为何实践中的审判管理往往非常重视审判流程控制与实体结果控制——无外乎它们能够迅速增进法院及其领导者的利益。在这样的逻辑下,审判管理运行在很大程度上将被法院及其领导的实际收益所主导,管理的利益化取向非常明显。二是唯指标化,即以完成甚至超额完成上级法院所设定的各种管理指标作为审判管理的出发点甚至是落脚点。"由于案件质效指标具有感知强、见效快、效果明的特点,是法院多出快出政绩的最佳选择"①,再加之上级法院考核与评估下级法院及其领导的主要依据是关于案件质效的各种指标数据,因此,地方各级法院都将案件质效指标的完成情况作为审判管理最为重要的内容,并为之倾注了大量的精力与资源。这使得审判管理实际上被简化成一种以案件质效评估为中心的考评式与数据式管理,整体的管理手段与方式显得较为单一。作为审判主体的法官也会因为自己的考评压力与法院整体目标的实现而主动配合法院进行唯指标化这样简约甚至略显庸俗的管理。如此一来,很多无法量化或者没有被纳入指标体系的审判管

① 高翔:《中国地方法院竞争的实践与逻辑》,载《法制与社会发展》2015 年第 1 期。

理工作,自然不会得到审判管理主体应有的重视。这种情况在既往的实践中已屡见不鲜,甚至多次成为审判管理改革的重要内容。

虽然任何组织的运行都无法摆脱功利化动机的影响,甚至它还会支配组织成员的行为选择①,但这必须被控制或保持在一定的限度之内,否则,不仅组织的运行会走样,也会影响组织目标的实现。显而易见,审判管理的逐利化与唯指标化已超出了功利化所容许的限度,很多问题随之而生,这突出表现在以下几方面:第一,审判管理严重失衡。审判管理各项工作的客观可察的程度存在较大差异,所带来的实际收益及其对法院领导的意义也不完全相同。这使得审判管理主体将大量精力花在业绩容易被观察或者能够被量化的任务上,而减少或放弃在其他任务上的努力②,从而造成审判管理失衡,即对于不能带来实际收益但又应该管理的事务疏于管理,而对那些容易被上级识别且能产生有形利益的事务投入大量甚至过量的管理资源。如此一来,必然导致审判管理在某些方面的不当膨胀以及不同程度的管理偏失,甚至是管理缺位,从而不仅影响审判权的合理运行,也必然制约审判管理应有功能的发挥。第二,损害审判管理的正当性。无论是唯指标化管理还是逐利化管理,都已扭曲审判管理,在相当程度上背离了审判管理的目的。这样的管理既无助于良好司法秩序的形成,也不能提供有效的审判保障,反而诱发或加剧审判管理的行政化、过度化与形式化等问题。尤其是唯指标化管理还诱发了种种围绕指标数据的造假行为③,上自领导,下至案件承办人,考虑的都是如何制造“漂亮”的数据,最终导致案件质量评估工作陷入困局,各种违反审判规律的管理

① 参见〔美〕R. 司各特:《组织中的控制系统》,崔树义、王毅平译,载苏国勋、刘小枫主编:《社会理论的诸理论》,上海三联书店、华东师范大学出版社 2005 年版,第 427—435 页。

② 参见周黎安:《转型中的地方政府:官员激励与治理》,格致出版社、上海人民出版社 2008 年版,第 31 页。

③ 参见谷昌豪:《科学设置考核指标 推动精细化审判管理》,载《人民法院报》2016 年 2 月 17 日。

行为层出不穷，审判管理在很大程度上陷入困局。正是这些问题的存在，引发了社会各界对审判管理的质疑，审判管理的正当性受到严重挑战。第三，审判管理与现实脱节。在审判管理陷入逐利化与唯指标化的困局之后，很多管理手段与方式运用自然不会过多考虑审判权的运行状况与司法实践中确实需要管理的审判事务，而只会围绕能够增进法院组织及其领导者个人实际利益的管理项目展开。由此带来的结果必然是审判管理与审判权运行现实脱节，审判管理决策与审判权真实运行现状之间越行越远，经济学中的“劣币驱逐良币”的格雷欣法则得以显现，审判管理很可能走向保障审判权高效公正运行预定目标的反面，最终成为“只为利、不为实”的法院内部控制审判权运行的工具。

**（五）管理的封闭性较强**

最高人民法院在《关于切实践行司法为民大力加强公正司法不断提高司法公信力的若干意见》提出，“准确把握人民群众对法院工作的需求与期待，高度重视人民群众对法院工作的关切和评价，切实尊重人民群众对司法公正的普遍认知和共同感受”。最高人民法院在《关于审判权运行机制改革试点方案》更是明确提出，“建立法院以外的第三方评价机制，吸收当事人、代理律师和公众代表对法官工作作风、职业道德进行评价”。最高人民法院在“五五纲要”中进一步提出：“不断完善审判流程公开、庭审活动公开、裁判文书公开、执行信息公开四大平台，全面拓展司法公开的广度和深度，健全司法公开形式，畅通当事人和律师获取司法信息渠道，构建更加开放、动态、透明、便民的阳光司法制度体系。”最高人民法院之所以提出这样的改革要求，在很大程度上是因为审判管理直接影响审判权运行，进而关涉当事人的权利保障以及社会公众对法院工作的评价。从目前的实践来看，审判管理与上述要求还存在较大差距，因为审判管理的实际运行主要还是面向法院与法官，多基于法院自身利益的考量来提升案件质效与控制审判权运行,“重点强调的是内部管理、层级管理、上下级管理内容的考评考核”①,没有将社会公众对审判工作的客观需求与主观评价纳入管理决策范围,审判管理相对于社会而言封闭性较强,外部主体基本不了解审判管理的具体运行情况。比如,目前作为重要管理手段的案件质效评估几乎完全是一种封闭化的数据管理体系,当事人、律师等外部主体对案件质效基本没有发言权,更不知道评估结果是如何得出来的,整个过程可以说纯粹就是法院系统内部的一种“游戏”。对此,有论者评述道,“无论多么完美、多么自成一体的内部评价体系,可能只会走向自我封闭的反面,这种自我封闭即为内部管理行政化的体现”②。从某种意义上讲,审判管理的封闭性反映的是审判管理回应性不足的问题,即排斥外部主体参与,忽视社会关切。一旦审判管理只将视野局限在法院内部,过分关注上级法院与各层级领导的意志,而忽视外部参与和社会关切,必然导致对审判工作的外部评价与内部评价存在较大差异,从而难以真正树立司法权威与司法公信力,还将引发社会公众对审判管理与审判工作的质疑。这正是自审判管理推行以来反映案件质效指标的各种数据节节攀升,全面向好,但社会各界对法院的整体评价并未随之上升甚至还有所下降的重要原因。

审判管理的封闭性还表现为在系统内部对法官不同程度的排斥,即较少吸纳法官参与有关审判管理目标、政策、制度的制定,管理主体与法官互动不足甚至不存在互动,更未建立固定的对话机制,很多管理决策与行为都是管理主体单方面作出,受其影响的法官无法参与其中,管理的非对称性明显。这种封闭性在法院内部可能造成如下问题:第一,审判管理权能的自我扩张与膨胀。一旦审判管理主体疏于

① 杨凯:《审判管理理论体系的法理构架与体制机制创新》,载《中国法学》2014 年第 3 期。

② 重庆市高级人民法院课题组:《审判管理制度转型研究》,载《中国法学》2014 年第 4 期。

与法官沟通、协调,并主动将自己与法官隔绝开来,其考虑更多的将是自我在法院权力系统中的位置。在审判管理缺少必要制约的情况下,考量的结果必然是审判管理权能的扩张与膨胀,从而进一步挤压审判权合理运行的空间。实践中部分法院的审判管理办公室权力扩张甚至成为院、庭长的“第三只手”或者“第三只眼睛”的情况就是明证。[①] 第二,加剧审判管理的集权化。由于审判管理主体忽视与法官的互动,习惯采用下命令、定指标、发指令等强制性的管理方式,审判管理必然表现出集权化的面相,权力逐渐集中到院、庭长手中,而民主化与集体化的因素缺失,法官在多数时候成为无力发声的管理客体。这不仅会降低法官对审判管理的接受度与认可度,也会造成审判管理与审判权之间互相排斥甚至对抗。实践中很多法官对审判管理所表现出来的倦怠与冷漠便深刻诠释了此问题。第三,管理决策不科学。审判管理相对于法官的封闭,在很大程度上意味着法官被排除在管理决策之外,无法就相关管理问题发表自己的看法。这使得审判管理更多体现的是少数管理主体尤其是院、庭长的意志,而无法集中多数法官的智慧与经验。如此一来,不仅审判管理主体与法官的良性互动受阻,难以激发法官的工作热情,也会直接导致管理决策因缺乏集体理性的支持而出现决策不周延与不科学的情况,管理的预期效果大打折扣。

另外,还需要注意的是,在司法责任制改革过程中建立起来的部分审判管理制度机制并没有发挥出预期成效。这也是当下审判管理在技术层面存在的较为突出的问题。从实践来看,这集中体现在法官专业会议制度与院、庭长审判管理监督识别机制之中。按照改革预期,法官专业会议的目的是弱化院、庭长对实体结果的行政干预,发挥其专业咨询功能,确保案件裁判质量。但有实证研究发现,法官专业会议对案件质量的保障意义较为有限,讨论中各主体意见发表较为随

① 参见骆锦勇:《审判管理也要去行政化》,载《法制日报》2014 年 7 月 23 日。

意,对案件裁判的参考价值不大。[①] 就后者而言,最高人民法院制定的《关于完善人民法院司法责任制的若干意见》与《关于落实司法责任制完善审判监督管理机制的意见(试行)》均规定,对于"涉及群体性纠纷,可能影响社会稳定""疑难、复杂且在社会上有重大影响"等四类案件,院、庭长有权要求独任法官或合议庭报告案件进展和评议结果;独任法官或合议庭也应主动按程序向院、庭长报告。但到底如何识别这些案件,目前实践中并未形成统一的标准与规范,从而导致一些本应进入院、庭长管理监督范围的案件难以进入管理监督程序。[②] 这些管理制度技术层面所存在的问题在很大程度上表明,即便经过多年的实践,审判管理主体在制度设计与机制构建方面仍不够成熟。这可能是审判管理在未来的改革发展之中都将面临的问题。

## 四、结语

正如克罗齐所言,"一切历史都是当代史"[③]。对于审判管理的改革发展而言,同样如此。虽然法院系统一直存在"管理审判"的活动,但这种管理更多附属于法院的整体管理,与法院内部传统的政务管理、人事管理等交杂在一起,并不属于独立的工作领域。随着法院规模不断扩大与法院内部事务的逐渐增多,以及社会公众对司法审判的

---

① 相关分析可参见时芸芸:《从"专业法官会议"到"专业法官会诊":论审判咨询机制之突破完善》,载《山东法官培训学院学报》2019 年第 1 期;杜豫苏、高伟、何育凯:《专业法官会议运行机制构建再思考——基于审委会、审联会、专业法官会"三会"比较的视角》,载《山东法官培训学院学报》2018 年第 6 期。

② 参见朱春涛等:《完善院庭长审判监督管理职能 全面落实司法责任制改革——北京怀柔法院关于院庭长如何发挥好审判监督管理职能的调研报告》,载《人民法院报》2019 年 2 月 21 日。

③ 〔意〕贝奈戴托·克罗齐:《历史学的理论和实际》,傅任敢译,商务印书馆 1982 年版,第 25 页。

要求日益提高,审判管理开始显示出其在法院内部秩序形成与审判质效提升方面的独特价值。也因此,法院系统从上到下试图通过制度建设将审判管理从法院整体管理中分解出来,最终在 20 世纪 90 年代末期其成为一项与法院内部政务管理、人事管理并列的管理工作。然而,由于缺乏管理经验、重视程度不够等原因,当时的审判管理出现了机构建设缺失、职能交互重叠、职责部门分散、资源利用缺乏统筹等问题①,法院系统改革与发展审判管理的愿望非常强烈。由此以后,伴随着司法体制与机制改革的不断拓展,审判管理"在实践中经历了多次'连续均衡'的动态调整,组织机制和运作技术发生了深刻的制度性变革"②,目前已步入规范化、制度化与程序化的发展轨道。审判管理发展演进的逻辑与国家整体的司法改革战略、法院内部的治理目标以及多元化的社会需求保持了相当紧密的回应性联系。在此过程中,法院系统积累了较为丰富的管理经验,并初步形成了体系化的审判管理制度。然而,受多种因素的影响,实践中的审判管理仍表现出了很多不足,也存在诸多问题,比如,管理手段缺乏科学性、管理制度欠缺规范性、管理程序不够完善、管理思路不够明晰等。这些不足与问题不仅影响了审判管理效能的发挥,也制约了审判管理的有序发展,更阻碍了审判权的合理运行。这也是它在实践中总是被质疑以及合法性面临争议的重要原因。从某种意义上讲,审判管理在实践运行中显示出来的问题以及这些问题所折射的深层次制度根源,在很大程度上已经蕴含在了审判管理的改革发展之中,甚至审判管理改革的许多举措直接针对的就是这些问题及其背后的制度根源。按照诺斯的制度变迁理论③,审判管理的这些问题似乎一开始就已注定,因为改革并未从根

---

① 参见孙海龙编著:《深化审判管理》,人民法院出版社 2013 年版,第 10 页。

② 周尚君:《党管政法:党与政法关系的演进》,载《法学研究》2017 年第 1 期。

③ 关于诺斯的制度变迁理论的详细介绍可参见〔美〕道·诺斯:《制度变迁理论纲要》,张帆译,载《改革》1995 年第 3 期。

本上改变审判管理的既有结构与模式，后续的制度选择与安排其实都没有超越既有结构因素的制约。

必须承认，相比于法律规则，审判管理的各种制度与技术在某些时候更能影响法官在审判活动中的行为选择与案件处理的过程和结果，甚至审判权运行的实际样貌在很大程度上都由其塑造。然而，这些在很大程度上仍没有脱离行政科层、"上令下从"色彩的管理制度和技术，与审判权独立行使所需的自主裁量、慎思判断并非"水乳交融"的，难以和谐共存，它们有各自独立的运作逻辑。因此，我们有相当的理由追问，审判管理在具体运用中是否以及在多大程度上既遵循了管理逻辑又符合司法本身的逻辑。从当前的实践来看，这一点恐怕并不乐观。事实上，无论是前文对审判管理实践样态的描述还是对其实践运行具体问题的分析，都表明当前的审判管理问题多多。表面上看，这些问题似乎都是技术层面的某种缺陷或不足，但它们反映的却是审判管理中长期存在的行政化、集权化与功利化等体制性与制度性问题。这意味着当前的审判管理并未很好地遵循司法审判的基本规律，司法逻辑在审判管理中可能彰而未显。在审判管理已成为我国法院组织内部管理体系的重要组成部分的现实下，在加强与改善审判管理已成为司法改革的重要目标的背景下①，不注重对审判管理的研究，而

① 最高人民法院发布的"五五纲要"提出要"完善审判监督管理机制"，具体包括：明确院长、庭长的权力清单和监督管理职责，健全履职指引和案件监管的全程留痕制度；完善对信访申诉、长期未结、二审改判、发回重审、指令再审、抗诉再审案件的审判监督机制；通过信息化办案平台自动识别、审判组织主动提交、院长和庭长履行职责发现、专门审判管理机构案件质量评查、人民法院主动接受当事人监督和社会监督等途径，推动建立全面覆盖、科学规范、符合规律的审判监督管理制度体系。这表明在未来的司法改革过程中，审判监督管理改革仍是重要议题。时任最高人民法院副院长李少平在接受《新京报》记者专访，对"五五纲要"进行解读时表示，"绝不允许放权后出现'灯下黑'的问题。院长、庭长在权力清单范围内，按程序履行监督管理职责的，不属于不当过问或干预案件；相反，院长、庭长该管的不会管、不愿管、不敢管，怠于行使监督管理权，造成严重后果的，应当追究其相应责任"。这也说明，审判监督管理在未来的审判权运行中仍具有重要位置。参见何强：《李少平：不允许司法放权后出现"灯下黑"》，载《新京报》2019 年 3 月 12 日。

只寄希望于程序规则与法院制度本身的法治化建设,很可能无助于审判权运行理性化程度的提升。在这个意义上,未来我们不仅应该对审判管理的各种制度与技术予以更多注意,还要根据其具体实践展开更为细致的经验研究。唯有如此,才可能真正把握审判管理丰富的实践及其存在的问题,也才有可能进一步破解审判管理转型发展的模式选择这一难题,并在此基础上找到相应的改革推进路径与具体制度举措。

# 第三章　审判管理对审判权运行的影响分析

## 导　论

自1999年最高人民法院在“一五纲要”中提出“建立符合审判工作特点和规律的审判管理机制”的基本任务与改革目标以来，全国各级法院围绕审判管理的机制、职能与制度等内容展开了积极的改革探索，初步确立了以统一指标体系为向导，案件流程管理、审判质量管理、司法绩效评估“三位一体”的审判管理工作格局。① 客观而言，一方面，这一格局的确立与运行“对全国法院的审判工作产生了十分明显的激励、引导、规范和监督管理效应”②，审判质效由此得到不同程度的提升，审判权运行的规范化也有了长足的进步。但另一方面，由于审判管理的体制与机制并未厘清，法院内部对如何科学地开展审判管理工作尚在摸索之中，具体的管理制度与技术也存在很多问题，审判管理对审判权的合理运行造成了较为严重的负面影响，这集中体现在两方面：其一，审判管理固有的行政化因素的不当膨胀以及运用中的偏失，对审判权形成了实质性干预，从而不仅增加了案件处理过程与结果的不确定性，也在相当程度上固化甚至加剧了审判权运行的行政化，最终致使审判权运行秩序不

① 参见胡夏冰：《审判管理制度改革：回顾与展望》，载《法律适用》2008年第10期。

② 张军主编、最高人民法院研究室编著：《人民法院案件质量评估体系理解与适用》，人民法院出版社2011年版，序言第1—2页。

同程度失范;其二,审判管理特别是一些有违司法规律的管理制度与技术给中基层法院和一线法官造成极大的负累与压力,挫伤了法官的积极性与自信心,法院的内部矛盾增多,进而导致法官个体的行为选择趋于僵化,缺乏必要的责任担当,法官机械办案的倾向较为明显。

对于审判管理的这些负面效应,理论界与实务界其实都有着较为清醒的认识,并希望通过改革创新,构建既符合司法审判规律又能提升审判质效的审判管理制度体系,实务界更是根据不同时期的司法改革总体战略进行过不少有针对性的改革探索。然而,对于导致审判管理不当运行更为本质的原因是什么,审判管理是如何通过约束法官的行为选择进而制约审判权运行的,以及审判管理是怎样破坏审判权运行秩序的等问题,实务界在改革探索中并未准确把握。而理论界对这些问题同样未形成清晰的认知,很多看法不仅流于空泛,也非常笼统。在笔者看来,如果不能结合经验事实在理论层面对上述问题作出精确、具体的解析,我们很难抓住审判管理体制、机制与制度性问题的症结所在,也难以形成对审判管理实践运行的客观认知,更不可能提出审判管理改革转型的合理化建议。这正是既往很多改革探索不能有效解决问题的根本原因。有鉴于此,本章打算讨论以下三方面的问题:第一,审判管理所处制度场域。组织社会学的研究表明,任何制度场域都存在稳定的制度安排与相应的行动机制,它们会影响、作用甚至建构处于这一场域中的制度机制与行动者的行为方式①,从而使得这一制度机制呈现出特定样态。审判管理同样如此,它在实践中的种种问题可能是由其所置身的制度场域所决定和塑造。因此,我们需要揭示出审判管理运行所处制度场域的具体构成,这可能就是隐藏在问题背后的制度根源。第二,审判管理对审判权的约束。从某种意义上讲,审判管理特别是一些具体的管理制度与技术构成了审判权运行的初始制度条件,进而约束着审判权

---

① 参见周雪光、艾云:《多重逻辑下的制度变迁:一个分析框架》,载《中国社会科学》2010 年第 4 期。

的实际运行与法官的行为选择。这种约束效应其实是通过一些微观的技术机制实现的,只有将其彻底揭示出来,我们才能真正明了审判管理对审判权运行的影响,进而找到审判管理改革转型微观层面的路径。第三,审判管理对审判权运行的冲击。审判管理的不当运用导致审判权运行秩序紊乱,这已是不争的事实。但审判管理到底是如何冲击审判权运行的?审判权运行又是如何被扭曲的?既有的研究与分析并不完整,更不系统。不把这些问题廓清,很难形成符合我国审判工作特点、合理且长效的审判管理机制。

## 一、审判管理运行的制度场域

作为一种社会实践,审判管理显然不是在真空状态下运行,而是运行于由特定组织结构、制度构造与外部环境所构成的复杂场域之中。身处其中的审判管理不可能是一种完全自闭与自洽的活动过程,而是要不断受这种复杂场域构成要素的影响与作用,甚至在某些特定情境下,它们还会反向塑造与建构审判管理以及相关主体的行为。从某种意义上讲,审判管理实践存在的很多问题其实内生于这一制度场域的逻辑构成,在很大程度上由其决定。

### (一)高度科层行政化的组织构造

"从组织结构与职位的关系看,任何组织结构都必然产生出各种职位,一个组织在纵向和横向上所设置的各种职位及其职位之间的相互关系,是组织结构的直接表现,职位关系使组织形成一定的格局,这种格局也就是结构……组织内的职位关系就是其组织结构。"①如果

① 刘祖云等:《组织社会学》,中国时代经济出版社 2002 年版,第 249 页。

从法院内部不同职位关系的角度来看,我国法院在组织构造上呈现出明显的科层等级化特征。因为法院内部不同职位所对应的权力存在明显的“大小之别”,各种职位的关系在纵向上更多体现出来的是“上下级关系”,而不是横向结构上的平权关系,即院长、副院长、庭长与副庭长等可以管理、评价、监督低位阶的法官与书记员,后者甚至在某些时候必须服从前者;而横向上的平级关系只存在于级别相同的职位之中,比如庭长之间、副院长之间。虽然很多法治发达国家的法院在组织结构上都不同程度地存在等级化、科层化的因素,甚至某些国家的法院本身就采用了韦伯意义上的官僚制作为组织形式①,但这些国家法院的官僚科层化并没有否定司法职业与法官职位高度分殊于行政职能与行政职位的认知,并且对司法与行政这两种职能作了不同的制度安排。而我国法院的科层官僚制内嵌于行政化之中,或者说我国法院的科层官僚制形成于法院构成的行政化特征。

正如我们所知,我国法院的各个方面都弥漫着行政化的气息。从法院构成的角度而言,行政化主要表现在两方面:第一,法院被作为政府职能部门看待,赋予其相应行政级别。在现行的行政组织制度下,每一行政区划与政府组成部门都对应一定的行政级别。既然法院被视为政府的职能部门,那么法院与行政机关一样也就具有所谓的行政级别。“基层法院属于副县级,较大城市中的基层法院也可能属于地市级或副局级,中级法院和高级法院则属于副局级和副部级,也有中级法院是正局级。”②第二,法官被纳入公务员体系进行管理,并“按照行政机关‘官本位’层级模式给之定级”③。长期以来,法官职业的专

---

① 按照有关学者的研究,即便在司法制度比较健全的美国,司法官僚化仍然存在,比如上下级法官之间、法官与雇员之间、法官与辅助审判人员之间,都呈现出“金字塔型”的结构;在联邦最高法院、上诉法院和地区法院中,也有相似的官僚化组织结构。参见马长山:《新一轮司法改革的可能与限度》,载《政法论坛》2015 年第 5 期。

② 张卫平:《论我国法院体制的非行政化——法院体制改革的一种基本思路》,载《法商研究》2000 年第 3 期。

③ 张文显:《法治中国建设的前沿问题》,载《中共中央党校学报》2014 年第 5 期。

业属性并未得到完全承认，法官在很大程度上被认为是行政干部的一种，从而被归入公务员管理序列，并依照所在法院的级别与职位被赋予了对应的行政级别：副科、正科、副处、正处、副厅/副局、厅/局等。这样，一种类似于公务员行政层级的等级化体系自然就在法官群体中形成。由此可见，我国法院构成行政化的本质是在行政逻辑下按照行政级别将法院与法官等级化，从而型构出权力向上集中的层级化结构，并使得法院系统内部出现了细密化的层级分等。这当然是我国法院结构形式与管理模式科层官僚化的集中反映，但更要意识到的是，它使得法院的组织构造呈现出过度科层等级化的征象，固有的科层官僚制特征进一步“内卷化”，从而形成了一种几乎完全形同于行政机关科层等级化的“金字塔型”结构，法院看起来似乎更像一个等级森严的行政“衙门”。① 在这种结构中，上下级法院之间的职权关系按照等级原则划定，上级法院拥有更大权势，下级法院必须接受并服从其命令与意志，因而上下级法院之间的审级监督关系在很大程度上让位于行政隶属关系，亦即上下级法院之间的关系实际上是一种行政化的关系；而在法院内部则确立起了以院长为最高位阶、权力依次递减、各层级具有明确从属关系的层级结构——“院长对副院长、副院长对庭长、庭长对法官是一种领导与被领导、支配与被支配的关系”②。这意味着处于这种组织结构中的法院之间的关系以及法官之间的关系是纵向的职位关系，其地位并不平等。③

“既然法院构造呈现为层级化的组织体系，那么法院功能的发挥也不能不依托和借助于这种层级化的组织体系。”④这就为职权主导

① 参见龙宗智、袁坚：《深化改革背景下对司法行政化的遏制》，载《法学研究》2014 年第 1 期。

② 张文显：《法治中国建设的前沿问题》，载《中共中央党校学报》2014 年第 5 期。

③ 参见张洪涛：《司法之所以为司法的组织结构依据——论中国法院改革的核心问题之所在》，载《现代法学》2010 年第 1 期。

④ 顾培东：《人民法院内部审判运行机制的构建》，载《法学研究》2011 年第 4 期。

的审判管理提供了运行空间，也为科层集权化的审判管理提供了制度上的可能。从实践来看，无论是审判流程管理还是案件质效评估，不管是审判管理部门的集中管理还是院、庭长的分散管理，在很大程度上都依赖或依附于法院内部的等级权力结构与行政层级体系来运行，审判管理中的权力分配最终都倾向于法院内部代表各种科层权力的主体，甚至都集中在院、庭长等管理决策主体手中。这也是为什么既往的司法改革在形式上赋予了法官很多自主权，但最终形成的还是某种形式的科层化审判管理机制。质言之，法官形式上的独立始终难以抗衡这种科层制的影响，单向的控制与服从、纵向的审批与干预始终都是各种管理手段与方式的突出特征。这必然导致法官被排除在管理主体之外，成为管理客体。我们固然可以将之诊断为“审判管理的集权化”，但更需要明确的是，这种集权化的审判管理体系其实有着坚实的组织基础与深层的组织结构作为支撑。只要法院高度行政化的科层结构不发生转型，审判管理的改革发展在遵循审判规律与沿用行政层级管理结构之间的张力博弈中就会举步维艰[①]，而审判管理出现性质异化甚至成为行政层级干预审判权运行道具的危险也将始终存在。不仅如此，由于在科层行政化的组织结构下，组织的管理与运行是基于不同职位的位阶关系展开的，各种权力随着职位级别呈现出差异性，而且严格等级制的逻辑要求下级决策必须接受上级常规、全面的审查[②]，因而它必然排斥同等权力结构下的分权管理，也排斥布劳和斯科特所说的“专业性的同业化管理”，即由有资格的同业人员按照专业标准管理。[③] 一旦意识到这一点，便很容易理解为何自审判管理被

① 参见杨凯：《审判管理理论体系的法理构架与体制机制创新》，载《中国法学》2014年第3期。

② 参见杨知文：《法院组织管理与中国审判管理体制的建构》，载《河北法学》2014年第10期。

③ 参见〔美〕彼得·M.布劳、W.理查德·斯科特：《正规组织：一种比较方法》，夏明忠译，东方出版社2006年版，第72页。

作为独立的管理制度运行以来,各界所主张的构建以法官为中心的自治型管理模式的改革动议始终未获实质性进展这一事实了。从某种意义上讲,由于法院高度行政化的科层结构已预设了由权力等级所产生的意志顺从作为驱动力的等级管理体系,而匹配于权力同等结构下的参与式平权专业化管理即便存在于法院内部也不可能占主导。

## (二)司法逻辑与行政逻辑实质混同的技术结构

如前所述,作为正规组织的现代法院同时具有审判与管理/行政的双重属性。确实,围绕审判活动,现代法院存在一个庞大的行政管理系统,以满足外部环境资源的输入、输出以及内部资源优化配置的计划、财务、设施利用和维护、人事控制等事务的需要。[①] 就此而言,现代法院都有管理职能,"而有管理就有行政,有层级(显著的和隐秘的),还有决策和执行(领导与服从)的问题"[②]。这意味着具有不同运行规律与功能定位的异质结构同存于法院组织体内。更为现实的是,由于审判必然排斥行政,法院组织的双重属性在逻辑上可能存在某种冲突。为了避免这种冲突演化成现实进而对法院的运行造成损害,需要审慎处理它们之间的关系。其基本策略是严格区分法院的司法逻辑与行政逻辑,明确法院组织的审判职能与管理职能具有不同的运行系统与运作机理,按照司法逻辑与管理/行政逻辑分别发挥审判职能与管理职能,这也是法治发达国家处理法院所内含的审判与行政这两种不同组织属性关系的基本经验。用法布里的话说就是,"法院管理者的作用是在保持司法机制在判决进程方面独立性的前提之下提供

---

① 参见谭世贵、梁三利:《构建自治型司法管理体制的思考——我国地方化司法管理的问题与出路》,载《北方法学》2009 年第 3 期。

② 苏力:《审判管理与社会管理——法院如何有效回应"案多人少"?》,载《中国法学》2010 年 6 期。

管理专能来改进法院的效率与业绩”①。

值得注意的是，西方法治国家协调法院双重组织属性的关系的经验建立在两个前提之上：一是宏观层面的国家权力结构在形式与实质层面实现了高度分化，司法权与行政权有着各自独立的运行逻辑与制度构造；二是法院内部的审判权与行政权之间的职权界限与作用范围被严格且清晰划定，司法逻辑与行政逻辑各安其分、各守其职。倘若从这一角度考察我国法院的权力构成，得出的认知可能与此完全相异。一方面，由于长期受“总体性”政治与社会体制的支配，国家权力结构分化不足，司法与行政在功能上高度交错，行政权向司法领域渗透严重。学界经常论及的“司法的政治化与工具化”“法院功能的超载化”等问题，其根源就在于此，即司法权并未真正从国家权力结构中“脱域”出来，法院也没有被定位为纯粹的审判机关/纠纷解决机构，它还承载着政策执行与社会治理的政治功能。另一方面，在法院内部，不仅司法权与行政权的界限模糊，审判职能与行政职能交叉运行于一个制度空间内，而且法院运行兼有司法逻辑与行政逻辑，司法审判常常被行政科层笼罩甚至覆盖。学界所批判的“审判权运行方式的行政化”“审判权运行秩序的紊乱”等现象，在很大程度上就是由法院组织体内审判与行政二元异合结构并存但又未能形成应有的物理区隔所致。我国法院上述两方面的权力构成表明，法院同时包含的审判与行政这两种相互矛盾的组织属性与结构要素不一仅并未得到本质区分，反而还出现逻辑上的实质交叉，法院的具体运行甚至是法院属性的某一方面也时常交织着行政逻辑与司法逻辑。这既使得法院运行机制复杂化，也使得制度参与者在此种复杂的制度逻辑中被分化②，最终导

---

① 〔美〕马克·法布里：《从对比的视角看司法部门的一些问题》，载怀效锋主编：《法院与法官》，法律出版社 2006 年版，第 287 页。

② 参见方乐：《审判权内部运行机制改革的制度资源与模式选择》，载《法学》2015 年第 3 期。

致审判权与行政权运行的实质混合，司法逻辑与行政逻辑的高度混同。这既是审判权运转的结构背景，也是审判管理运行的制度场域。

在司法逻辑与行政逻辑混同的技术结构下，审判管理本应遵循的管理/行政逻辑与法院组织体内的司法逻辑实难彻底分离。无论怎样界定审判管理，其如下的权属特性都难以改变：审判管理在权力构造与行为模式上几乎完全异于审判权的权力结构与运行方式，更接近一般意义上行政权的属性。这其实也是前文在辨析审判管理权的属性时所强调的。质言之，审判管理与行政权在运行逻辑上存在某种程度的天然亲和性。这就使得审判管理与法院组织体内既存的管理/行政属性和行政权发生勾连难以避免。再加上司法与行政在法院内部本来就互相渗透，彼此间的性质与运作也高度重合，那么审判管理势必会借助行政权展开运行，从而导致司法逻辑与行政逻辑之间的界限在审判管理中被模糊，最终融为一体。孙海龙所观察到院、庭长的“司法性审判管理的行政化运作”与专门管理机构的“行政性审判管理的司法化”的现象①，其根源就在于此。一旦司法逻辑与行政逻辑在审判管理中自然而然地混合起来，那么审判与审判管理之间的结构性张力会进一步拉大，也会为行政权或行政意志更为便利、直接地进入审判管理进而渗入审判领域提供制度上的可能与更多的制度机制。这其实就意味着各种行政因素借助审判管理主导或钳制审判权运行“并非外在性的、暴力化的和违法性的，恰恰相反，更多时候往往是内在性的、自然而然的、合法化的”②。从这个意义上讲，审判管理实践中长期存在的诸如院、庭长干预案件实体处理、管理手段方式的命令化、管控范围广泛但不确定等种种以行政逻辑违背审判运行规律的现象，不过是法院内部司法逻辑与行政逻辑混淆所导致的审判职能与管理职

---

① 参见孙海龙编著：《深化审判管理》，人民法院出版社 2013 年版，第 42 页。

② 陈林林：《裁判的进路与方法——司法论证理论导论》，中国政法大学出版社 2007 年版，第 145 页。

能混同的自然反映,映射的是法院内部更为宏观的权力构成及其制度逻辑。这也是审判管理从一开始就具有行政化特征且几经改革其行政化色彩始终难以褪去的根本原因,也是“四五纲要”所开启的司法改革要将区分法院组织的行政属性与司法属性,以及审判事务与司法行政事务作为重要任务的基本缘由。

### (三)合法性获取压力不断增大的组织环境

社会的急剧转型与法治建设的深入展开,既提升了司法在国家权力系统中的位置,也凸显了审判作为一种社会控制手段在国家治理体系中的地位,但这也给法院系统带来了诸多前所未有且始料未及而又不得不直面的问题与压力。这突出体现在以下几方面:首先,随着总体性社会结构的解体与政治系统结构的分化,社会控制职能开始转向由司法来承担①,社会纠纷不可避免地涌向法院,案件负担与诉讼效率成为关注的重点;而审判权运行中的种种非规范性因素尤其是司法制度理性化不足的问题,又因案件处理的增多日渐暴露在公众的视野之中,并与逐步确立的法理型治理结构不相适应,最终致使法院系统面临着案件负担增大与制度理性化不足的双重压力。其次,由于司法逐渐被推至社会治理的前沿,司法的事权范围得以扩展,并带来司法编制的激增②,司法系统的外在与内在规模大幅扩张;这催生出更多的复杂的司法性与行政性事务,信息传递与日常监管的难度加大,审判的过程与结果更容易被各种法外因素所诱导而出现不同程度的变形,机会主义司法乃至司法腐败发生的概率大幅升高,从而使得法院系统面临着较大的内部秩序形成与获得压力,内部治理需求激增。最后,在不可逆转的现代化过程中,随着政治与社会逐渐被“祛魅”,司法成为

① 参见程竹汝:《司法改革与政治发展》,中国社会科学出版社 2001 年版,第 231 页。

② 参见刘忠:《规模与内部治理——中国法院编制变迁三十年(1978—2008)》,载《法制与社会发展》2012 年第 5 期。

日常政治与社会生活的一部分，原本作为法院系统合法性支撑的既有话语体系与意识形态以及制度构造开始不可遏止地式微，甚至其本身都因社会与政治语境的改变而不再具有当然的正当性，再加上不断挑战社会公正底线的司法腐败与冤假错案陆续曝光，以及社会公众对司法的期待与要求超过了司法的实际能力[①]，法院系统与社会的疏离感不断加深，社会各界对司法审判的失望与不满与日俱增。

客观而言，上述问题的任何一方面并不必然导致司法审判成为一个不可接受的系统，尽管它在某些方面确实使得现实的司法陷入某种窘境。然而，当这些作为表征司法审判系统问题的征象汇集在一起放大司法实际存在的问题，从而使之成为一个在社会公众眼中麻烦不断与问题缠身的国家机器：它就如同一个不断膨胀的气球，触及的面越广，面临的问题与显露的弊端也就越多，“似乎是在一夜之间，中国法院系统的所有问题一下子全都冒了出来”[②]。在这种情况下，法院系统显然不能借助体制的力量将问题全部掩盖起来，而是必须正视这些必然损害其合法性的潜在危险。正如韦伯所言，“没有任何支配关系会自愿把延续的基础局限在物质的、情感的和假想的动机上。相反，每一个支配系统都企图建立和培养其合法性”[③]。为了应对这些问题并纾解由此而产生的合法性压力，基于新法治叙事要求，改革决策者先后采用了一系列以提升程序正当性和结果合法性为核心要旨的治理策略，如修改程序法与实体法、推行法官职业化与“还权于法官”的司法改革、创新具体程序制度等。但事与愿违的是，这些契合一般法治与司法建设原理也能为社会各界所接受的合法性再生产策略，却并未给法院带来迫切所需的合法性资源，公正与高效的司法更未如期而

---

① 参见顾培东：《当代中国司法生态及其改善》，载《法学研究》2016 年第 2 期。

② 方乐：《转型中国的司法策略》，载《法制与社会发展》2007 年第 2 期。

③ 〔德〕马克斯·韦伯：《支配社会学》，康乐、简惠美译，广西师范大学出版社 2004 年版，第 261 页。

至。也就是说,那些困扰法院系统的诸多问题并没有因为法院逐渐转变成符合司法规律与属性的中立性裁判者而得到有效解决,反而一些问题还愈演愈烈,甚至还浮现出新的问题。正如何永军所言:"一个既不能满足民众在实质正义方面的诉求,又不能通过程序正义来完成自身形式合法化论证的司法无疑就会面临深刻的合法性危机。"①这意味着当前的司法审判其实处于一种合法性压力不断增大的组织环境之中,审判管理在很大程度上也在此环境下展开运行,甚至其本身就是作为应对这一环境压力的策略而被法院系统所提出来的,并不断得到强化。

从某种意义上讲,正是因为审判管理被赋予了破解社会转型时期司法困境进而增强司法审判合法性的使命,再加上改革决策者认为严重影响司法公信力的各种审判不公主要源于审判权下放之后相关监督制约机制的缺位②,实践中的审判管理基本都以"管住审判权"尤其是"管好"一些重点案件的审理过程与结果为目标。在我国法院目前的组织结构与运行模式下,采用行政化的方式监督与控制审判权运行,可能是实现上述目标最为有效且最为经济的途径。这样,审判管理就会被工具化地理解为对审判权的行政化管控,其实践也将被法院内部的行政科层力量导引,从而遵循一种在很大程度上已稳定存在的控制审判权的行动逻辑。这一逻辑意味着,审判管理主体会选择那些他们认为能够有效约束审判行为,限制法官行动空间的做法,而不会过多考虑这样的做法是否符合现代司法形式理性的要求。在这样的行动逻辑下,审判管理运行在很大程度上将被法院所追求的支配审判权运行的目标主导,这就意味着实践中的审判管理必然呈

---

① 何永军:《断裂与延续:人民法院建设(1978—2005)》,中国社会科学出版社2008年版,第255页。

② 参见龙宗智、袁坚:《深化改革背景下对司法行政化的遏制》,载《法学研究》2014年第1期。

现出某种行政性与功利化的面相。一旦这种行政性与功利化超出必要限度，审判管理就会被不同程度地扭曲。审判管理实践中出现的一些行政强制、层级审批、急功近利的现象即是明证。其实，实践中很多控制取向的管理行为都能在上述逻辑下得到较为妥帖的解释。比如，部分法院之所以很少甚至从不利用案件质效数据展开审判态势分析、总结审判经验等服务性管理工作，是因为这些工作并不能直接约束法官的审判行为，法院当然就没有太多动力积极为之。这一点也反向解释了为何有些法院愿意在便于控制、效果显见、强制有力的手段上倾注大量精力。可以说，只要法院系统继续面临外部合法性获取的压力，法院就会有通过行政科层强化内部管理以约束法官审判行为与提升审判质效的愿望，审判管理仍会被作为“管住审判权”的工具，法院依然将在有效控制审判权上“下足功夫”，而有意忽视那些服务性的管理工作。如此一来，审判管理将始终徘徊在行政性与功利化的边缘，而由此所导致的管理困局也不可能得到有效破解。

## 二、审判管理对审判权运行的约束

应该说，审判管理在相当程度上改变了审判权运行的初始制度条件与组织环境，尤其是那些针对审判活动关键环节与重点部位的管理制度与方式的运用几乎完全重构了审判活动的内部技术环境。为了适应这些变化，作为案件承办者的法官不得不调整自身在审判权运行中的整体行动模式与具体行为方式。质言之，审判管理其实构成了一种对审判活动的实然约束，属于审判权运行的既定约束条件，法官的行为选择必须适配于这样的技术条件与组织环境。从实践来看，审判管理对审判权的约束主要体现在以下几方面：

## （一）实体裁判控制

正如前文所言，不管在话语层面如何强调审判管理的服务与保障功能，实践中的审判管理始终都围绕着如下目标展开运行：有效控制审判权的运行过程与结果，以提升审判的整体质效。在此目标的支配下，审判管理的一个重要侧面就是结案前的实体把握，以相应的方式控制案件的裁判结果，最大限度地减少在法院看来“不合格”的实体裁判流向社会。纵观既有的审判管理实践，这种控制主要有以下三种方式：一是裁判文书的审签。这是最为直接的实体裁判控制方式，即由院、庭长审核裁判文书中的事实认定、证据分析、法律适用、裁判结果等内容，在其认可后予以签批。在这种层级化的审签制度下，院、庭长与审判组织之间事实上形成一种单向的监督与制约关系，从而既可以在一定程度上抑制各种机会主义的审判行为，也能相对有效地“管住”案件的实体裁判。不过，最高人民法院在司法责任制改革的背景下已通过正式的司法文件废止了这种控制方法，院、庭长不再审签自己没有参与的审判案件的裁判文书。二是案件实体问题的讨论。这是一种相对间接的控制方式，即通过法院内部的各种会议机制如审判长联席会议、庭务会、专业法官会议与审判委员会等，讨论案件如何裁判。借助这些会议机制以及正式制度所赋予的建议权、意见表达权与决策权，法院内部的很多主体尤其是院、庭长不仅能介入案件的实体处理，还可以在讨论中影响甚至控制最后的实体结果①。由于这些会议能以集体决策的名义改变审判组织的处理意见，它们之间实际上“构成了

---

① 比如，对于专业法官会议，既有的实证研究表明，专业法官会议体现出明显的行政主导色彩，院、庭长借此可以进行相应的审判管理监督。有论者甚至认为专业法官会议在运行中被异化为给副院长量身打造的“法院第三大审判管理监督权力平台”。参见杜豫苏、高伟、何育帆：《专业法官会议运行机制构建再思考——基于审委会、审联会、专业法官会“三会”比较的视角》，载《山东法官培训学院学报》2018 年第 6 期。

类似于行政科层的层级化设置，各层级具有明确的从属关系”①。值得注意的是，在废止了裁判文书审签制度之后，最高人民法院的政策动向是通过法官专业会议与审判委员会来控制部分案件的实体裁判。三是院、庭长以履行审判监督指导职责的名义控制实体裁判。相比于前述两种方式，这是一种更为间接与隐秘的控制机制。按照法院内部的层级管理模式，院、庭长享有审判监督指导职权，需要对案件的裁判质量负责。因此，很多院、庭长会通过审判监督指导的方式介入案件处理，进而凭借自身的制度权威与隐性权力影响案件的实体裁判，从而达到间接控制裁判结果的目的。从目前的改革动向来看，这种控制方式正在经历深刻变化，最高人民法院已通过正式文件缩小了院、庭长可以介入的案件范围，并对控制方式加以改革；而各地方法院也纷纷响应最高人民法院的改革政策，在实践操作中主动落实相关制度规定。②

显而易见，无论以哪种形式控制实体裁判，其目的都是相同的，即审判管理都可以通过影响案件实体裁判达到制约审判权的目的。从这一点来看，审判管理在很大程度上构成了一种对审判权运行的强大外在约束，尤其对审判的实体结果形成了强有力的制约，法官在案件处理中需要考虑自己的实体处理意见能否被以院、庭长为代表的审判管理主体所接受以及是否会被改变，甚至在某些时候还要主动按照这些主体的意志与意见形成裁判。如此一来，法官的能动空间与自主裁断的可能已被大大压缩，甚至将受到较大抑制，即使是合法、合理的自由判断与适当裁量也需要接受不同形式的审查，以至于法官在裁判案

---

① 牛敏主编：《人民法院审判运行机制构建——成都法院的探索与实践》，人民法院出版社 2012 年版，第 2 页。

② 很多地方法院在 2021 年最高人民法院《关于进一步完善“四类案件”监督管理工作机制的指导意见》的基础上，制定了操作性更强的制度规范。比如，湖北省襄阳市樊城区人民法院就制定了《“四类案件”监督管理办法（试行）》。参见《樊城法院印发〈“四类案件”监督管理办法〉强化审判权力制约监督》，载澎湃网，https://www.thepaper.cn/newsDetail_forward_17306995，2022 年 4 月 1 日访问。

件时缺少应有的自由,结果不仅弱化了法官的独立人格与责任心,也使得审判权实体管理虚无化。① 当然,这种代价也不是完全不值得付出,它至少使司法审判维持了起码的公正,审判权运行基本处于可控的状态。

值得注意的是,即便在司法责任制改革如火如荼的当下,法院系统也未完全放弃通过审判管理控制案件的实体裁判,至多只是控制的方式有所变化,控制的力度减弱,控制的范围缩小。首先,院、庭长有权监督审判结果。一方面,根据最高人民法院《关于完善人民法院司法责任制的若干意见》第 21 条与第 22 条的规定,院长、副院长要履行必要的审判管理与监督职责,庭长定期对本庭审判质量情况进行监督,并要履行其他必要的审判管理与监督职责。在我国目前的现实条件下,这种一般性的审判管理与监督显然不可能不涉及案件的实体裁判,院、庭长也很难做到对案件的实体结果完全放任不管。另一方面,最高人民法院《关于完善人民法院司法责任制的若干意见》第 24 条规定,对于"涉及群体性纠纷,可能影响社会稳定的""疑难、复杂且在社会上有重大影响的"等四类案件,院长、副院长、庭长有权要求独任法官或合议庭报告案件进展和评议结果,并可以在不同意其处理意见时决定将案件提交专业法官会议、审判委员会进行讨论。据此,院、庭长对特定案件不仅有权"过问",还可以"干预"。这种"过问权"与"干预权"虽然体现的是院、庭长对特定案件的审判监督,但这事实上也会产生控制案件实体结果的效应。其次,复核把关裁判文书。虽然最高人民法院《关于完善人民法院司法责任制的若干意见》第 6 条规定,院、庭长不能签发自己未直接参与审理案件的裁判文书,但从改革实践来看,很多法院并未真正完全废止裁判文书审签制度,院、庭长依然可以在裁判文书发布之前对其复核把关——虽然他们确实不再签发。比

① 参见尚洪立主编:《司法改革前沿问题研究》,人民法院出版社 2011 年版,第 230 页。

如,在湖北省的很多中基层法院,院、庭长有权对裁判文书进行质量复核,在对裁判结果有异议时还可以提交法官联席会议讨论或者提交审判委员会决定。[①] 显而易见,通过这种复核把关,院、庭长依然可以控制案件的实体结果。最后,构建"标准化"的实体裁判准据。这可能是当下实践中最为普遍的实体裁判控制机制。在这方面,一种较有代表性的做法是,以控制法官的自由裁量权为基点,通过制定类案裁判指南、发布示范性案例来统一法律适用与裁判尺度。比如,四川省成都市中级人民法院就制定了24类案件的审判指南,涵盖劳动争议、交通肇事、毒品犯罪等多发案件,并对审判中常见的情形进行了详细规范,同时还整理发布了81件用于裁判指导的示范性案例。[②] 再比如,海南省高级人民法院发布了《第一批海南自由贸易港法院类案裁判指引及典型案例》,涉及海洋生态环境自然资源纠纷、商品房预售合同纠纷等8个与海南自贸港建设紧密相关的案件类型的裁判指引及42个整套典型案例。[③] 从某种意义上讲,这种做法实际上是在审判权运行中嵌入实体裁判的规则化标准,从而既实现了一定程度的裁判"标准化",也可以间接控制案件的实体结果。

### (二)程序进程控制

利用审判流程管理控制案件处理进程,是审判管理约束审判权运行的另外一种形式。正如前文所提到的那样,通过对审判程序流转过程的拆解,并利用案件管理系统与流程软件,案件处理过程被细分成一个个可视且具有固定位序的程序节点,进而再根据程序法所规定的

---

① 参见蒋惠岭:《独立审判与监督管理的平衡与规范》,载湖北法院网,https://hubeigy.chinacourt.gov.cn/article/detail/2017/03/id/2681169.shtml,2018年4月25日访问。

② 参见夏南:《审判监督管理的法治论整合转型》,载成都法院网,https://cdfy.chinacourt.gov.cn/article/detail/2017/01/id/2509989.shtml,2018年5月1日访问。

③ 参见刘利:《海南高院发布首批海南法院类案裁判指引及典型案例》,载新华网,https://m.xinhuanet.com/hq/2022-01/17/c_1128271577.htm,2022年2月25日访问。

总体审限为这些节点配置固定时限,它们又变成可以评价的独立的管理单元。在程序监督方面,实践中的审判流程管理重点关注的是容易出现自由裁量权滥用、徇私舞弊等现象的程序环节。[①] 由此,审判管理主体实现了对案件审理过程的全面管理、实时掌握与全程跟踪。更为重要的是,审判流程实际上建立了案件处理过程所有程序环节的规范标准与实施要求,从而不仅在一定程度上解决了以往难以对具体审判行为有效规范与客观评价的问题,还能诱导法官遵守各种管理制度规范与服从法院的组织目标。显而易见,在这种管理方式下,审判管理主体在案件管理系统中所见的不再是社会化或生物意义上的"法官",也不是抽象或具体的案件,而是一个个具体的程序操作行为以及经过标准化处理之后各种程序节点所自动生成的数据。通过观察这些行为,并依据相关数据,审判管理主体可以相对客观地评价法官的行为表现,并督促法官持续不断地改进审判工作。对法官而言,由于审判流程管理通过专门的软件在办案平台中设置了"节点提示""节点预警""督促催办"等控制环节,因而它还是一种外在的督促与提醒机制:"在每一个流程节点上,系统都在督促法官看灯应对,绿灯亮了,表示审限已过1/3;黄灯亮则是提前预警,表示审限已过2/3,要加速了;红灯亮时,表示案件已被纪检组督办"[②]。如此一来,法官在所有程序节点上的行为都变得清晰可见,且时刻处于管理主体的监控与案件管理系统的督促之中,法官需要在司法正义的生产线上变得足够勤勉且一丝不苟。从这一点来看,相比于控制审判结果,审判流程管理对审判过程的控制看似平淡,但其实更为深入与彻底,是一种更为精细也更为日常的管控。而且,这种管控显然也不只是简单地指向程序,还直指法官的案件处理行为。

---

① 参见崔永东主编:《审判管理研究》,人民出版社2015年版,第27页。

② 芦露:《中国的法院信息化:数据、技术与管理》,载苏力主编:《法律和社会科学》(2016年第15卷第2辑),法律出版社2017年版,第46页。

不难看出,审判流程管理是一种指向法官案件处理行为的更为严苛与精细的约束机制:它不仅使得法官的案件处理行为变得透明、可视,也设置了更多的程序控制节点与管理单元,还明确了那些无法量化的审判活动的具体内容以及必须达到的要求。尤其是不仅将程序法没有涉及但事实上会影响审判进程的事项纳入管控范围,还把法官所有的案件处理行为都置于管理主体的测度与评价之中。在这种情况下,为了避免遭受来自审判管理主体的不利评价,法官需要甚至必须按照审判流程所设定的程序标准与工作要求实施各种程序行为,完成相关审判事务,并接受管理主体从不同方面与不同角度的审视与评判。也因此,漫不经心的恣意的行为已不可能有太多存在空间,法官只能在审判流程的束缚下按部就班、齐整划一地推进案件处理进程,即便出现某种不符合流程规范的偏失行为,也能即刻被审判管理主体发现并得到及时的矫正。如此一来,既往在很大程度上以个别化、分散化方式进行的审判行为,必然会被统摄到法院整体的掌控与管束之下,一种标准化与一体化的审判格局得以形成。[①] 这意味着法官在审判权运行中的行为将"为更加明确的规则所控制,并被系统安排成一致的整体"[②],一种对审判管理主体而言更具稳定性、可预期的审判行为模式将由此形成。

总而言之,审判流程管理将案件的实体裁判权与流程控制权相对分离,分别由审判主体与审判管理主体各自控制,从而实现了案件审理与管控在权力上的分立与制约。这在进一步强化对审判进程控制的同时,也最大限度地实现了对法官审判行为的规范与约束。对审判权运行而言,审判流程管理确实是一种理性化、高效率的技术工具,但更是一种强大的外部约束机制,原本的"程序自缚"在不经意间悄然变成了"法官自缚":法官必须按照刻板、严格的流程规范与管理要求处理案件,不能过

---

① 参见顾培东:《人民法院内部审判运行机制的构建》,载《法学研究》2011 年第 4 期。

② 〔英〕戴维·毕瑟姆:《马克斯·韦伯与现代政治理论》,徐鸿宾、徐京辉、康立伟译,吉林出版集团有限责任公司 2015 年版,第 67 页。

多考虑案件的具体情况与诉讼活动中的意外情况，更不能随意将个性化行为融入其中，否则可能招致事后的问责与不利评价。此时的法官在很大程度上已处于由审判流程管理各种规范所构筑的“牢笼”之中，从而必然变成“一板一眼照章办事、缺乏人情味的‘职业官僚’”①，“他们对文化、社会与个人漠不关心，专业化本身也从‘可以信赖性’异化成‘必须依赖性’”②。法官以及法院为当事人与社会服务的意识将不可避免地下降。

### （三）审判绩效考核

审判管理对审判权运行最强大的约束可能是审判绩效考评。所谓审判绩效考评，是指事先设计一套反映法官审判绩效与司法行为，体现审判工作目的、功能与要求的指标体系，并以指标的完成情况评估法官在审判活动中的表现，“任何关于组织成员的开除、晋升或奖励的决定都必须以他们的工作情况与绩效标准的对比结果作为评价依据”③。建立量化的考评指标，并以此评价法官的审判绩效与行为表现，自2000年以来法院系统为强化审判管理而在借鉴目标管理理念的基础上所形成的并普遍采用的一种管理手段。“从上级法院对下级法院的考评、法院内对各部门的管理，到法院内部对各类人员的分类管理，无处不有这种管理手段的运用。”④尽管这一管理手段自形成之日起就充满争议，其实践运行也是问题丛丛⑤，但必须承认的是审判绩

---

① 陈洪杰：《从“群众参与”到“公民参与”：司法公共性的未来》，载《法制与社会发展》2014年第1期。

② 马剑银：《现代法治、科层官僚制与“理性铁笼”——从韦伯的社会理论之法出发》，载《清华法学》2008年第2期。

③ 〔美〕菲利普·J. 库珀等：《二十一世纪的公共行政：挑战与改革》，王巧玲、李文钊译，中国人民大学出版社2006年版，第218页。

④ 肖宏：《中国司法转型期的法院管理转型——兼对司法行政权与司法审判权在法院内部分离管理的论证》，载《法律适用》2006年第8期。

⑤ 有关审判绩效考核实践运行最新的代表性讨论可参见张曦：《审判绩效考核的困境、缘由与脱困路径》，载《上海交通大学学报（哲学社会科学版）》2019年第6期；上海市第一中级人民法院课题组：《审判绩效考核与管理问题研究》，载《中国应用法学》2019年第3期。

效考评是一种相对较优的组织控制技术,因为它建构起了一种使法官的行为活动相对可察与受约束的制度环境。用吉登斯的话来说就是,绩效考评制度使得“管理者可以将各种信息记录与雇员直接表现的行为联系起来,以便对雇员的行为集中实施组织控制”①。具体而言,审判绩效考评提供了一个独特视角,能使管理主体从立案到审判、执行,从业务能力到审判效果、司法作风,全方面、多角度审视与评价法官的行为表现,从而衡量其实际的审判业绩,亦即它能够相对客观地评价法官的“德、能、勤、绩”。虽然这种评价是在事后展开的,但由于几乎所有的法官都在意上级的评价与同事的看法,再加上绩效考评本身与法官个人的职业前景、物质利益与社会声誉等密切挂钩,因此,它可以对法官在审判权运行中的行为选择形成强度不等的约束,至少可以正面激励与引导法官主动规范自己的审判行为,谨慎行使审判权。也就是说,这种评价本身就构成一种对法官行为选择的制约,“能使个人处于具体的、严格的考察之下,管理者可以将其与雇员直接表现的行为联系起来”②。就此而言,审判绩效考评还是一种行为激励与约束机制。不仅如此,由于审判绩效考评不只是简单的考评,还要“竞质排名”,它实际产生的激励与约束作用可能更强。正如波斯纳所言:“排名放大了差距,其寓意就像运动员竞赛那样,重要的不是你在绝对意义上表现有多好,而是你相对他人表现有多好。这转而会诱使被排名者改变行为以提升自己的排名。这与玩把戏不同,后者的意思是操纵数据。”③

从实践来看,审判绩效考评对法官行为约束并不仅仅体现在考评本身,更体现在它所依靠的那套客观化的指标体系。正如我们所知,

---

① 〔英〕安东尼·吉登斯:《一种社会组织理论》,洪大用译,载苏国勋、刘小枫主编:《社会理论的诸理论》,上海三联书店、华东师范大学出版社 2005 年版,第 412 页。

② 〔英〕安东尼·吉登斯:《社会理论与现代社会学》,文军、赵勇译,社会科学文献出版社 2003 年版,第 171 页。

③ 〔美〕理查德·波斯纳:《法官如何思考》,苏力译,北京大学出版社 2009 年版,第 139 页。

描述与评价法官审判业绩的指标体系主要是通行于法院内部的案件质量评估指标体系,即案件质量评估与审判绩效考评基本上共用一套指标。由于单纯的数据本身并不具有评价功能,因而这一指标体系对每一指标都设有相应的参数与阈值,只有处于合理区间内的数值才被认为符合案件质量评估标准,法官的行为表现才可能被评价为良好或优异。也就是说,指标体系并不只是一种定量描述审判工作业绩的工具或手段,还能对法官的审判行为在事前进行引导、事后进行评价[①],法官也会按照绩效考评所设置的指标来决定自己的行为选择。这意味着这些指标体系实际上划定了法官行为的边界,一旦超出指标参数或阈值,虽然不一定会带来法律层面上的不利后果,但必定会因为相关指标数据的偏差而遭受来自管理主体的不利评价,进而影响后续的职业晋升、物质待遇与口碑声誉等。正是因为如此,法官在审判活动中需要自觉考虑相应的指标数值,主动向指标体系的要求看齐,甚至在某种程度上必须围绕指标体系展开,亦即这些指标本身就是审判工作与行为选择的指挥棒与风向标,它们在某种程度上时刻驱使着法官按照其要求选择或调整自己的审判行为。对于这样的情况,我们当然可以说原本极具创造性的审判工作被纳入由人为指标构成的"标准化流程",审判工作在很大程度上已被审判绩效评估所绑架,"更完美的绩效"已然超越"更公正、更高效的审判"而成为法官的行为准则。[②]但换一个角度来看,这其实也说明指标体系对法官具体的审判行为具有明显的约束力,"是引导、监督和激励司法运行中'人'的因素的重要手段"[③],它们可以在相当程度上左右法官的行为方式,从而强化审判管理对审判权运行的约束与控制。这种规范作用,用法官的话讲就

---

① 参见顾培东:《人民法院内部审判运行机制的构建》,载《法学研究》2011 年第 4 期。

② 参见王晨编著:《审判管理体制机制创新研究》,知识产权出版社 2013 年版,第 85 页。

③ 江苏省南京市中级人民法院课题组:《司法体制综合配套改革视野下法官业绩考核评价制度重构》,载《法律适用》2018 年第 7 期。

是，“在信息技术的支持下，法官在日常工作中即可对标找差，及时发现工作疏漏并有针对性地加以改进”[①]。

值得注意的是，在2014年12月最高人民法院决定取消对全国各高级法院的考核排名之后，很多地方法院也取消或暂停了各种依据案件质效指标的考核排名，但这并不意味着法院系统将完全摒弃审判绩效考评。[②] 事实上，从最高人民法院的政策动向来看，其废止的是违反司法规律的考评指标和措施，禁止将原本作为审判活动的“体检表”当作审判工作的“成绩单”，反对不加选择、不加区别地将考核指标简单“移植”直接作为审判业绩考核指标，而并未明确否定审判绩效考评，更没有否定其内含的行为激励与控制作用。从当前的改革实践来看，审判绩效考评仍是审判管理的基本手段，法院系统依旧将其作为激励与约束法官行为的重要机制。[③] 不仅如此，很多地方法院还针对既往审判绩效考评实践存在的问题，结合司法责任制改革的要求，对其进行了修正与完善。[④] 这意味着审判绩效考评仍将约束法官行为选择，进而制约审判权的运行。

### （四）案件质量评查

案件质量评查也是审判管理约束审判权运行的一种方式。案件质量评查“是在上个世纪末审判方式改革，审判权下放合议庭、独任审判员后，为解决案件质量监督管理问题的背景下产生”[⑤]，具体是指按

---

① 刘红兵、陈宇：《关于优化人民法院审判绩效考核机制的若干思考》，载卞建林主编：《诉讼法学研究》（第18卷），中国检察出版社2013年版，第161页。

② 参见王海清：《司法管理新常态下完善审判绩效考核的思考》，载《人民法院报》2015年5月13日。

③ 参见董开军主编：《司法改革形势下审判管理基本理论与实践研究》，法律出版社2016年版，第180—187页。

④ 有关这方面的综合性讨论可参见杨铜铜：《法官绩效考核制度的非司法化困境及其调试》，载《法制与社会发展》2022年第3期；胡仕忠：《绩效管理视角下法官绩效考核体系的构建与完善》，载《人民司法》2021年第7期。

⑤ 徐昊：《案件质量监督评查制度改革与探索》，载《人民司法》2011年第1期。

照事先设置的标准对已发生效力案件的处理是否符合法律规定所进行的检查与评价,它不仅是法院内部的一种管理和监督手段,也是法院自我检视与调整审判权运行的一种方式①,还是审判质量控制的重要一环。从实践来看,这种评查的主要形式有基础(常规)评查、重点评查和专项评查,所谓基础(常规)评查是指对审结(执结)的各类案件质量和效率进行评查,而重点评查是对特定案件进行逐案评查,专项评查则是针对某一类型案件和问题进行的评查;评查的内容包括事实证据认定、实体处理、法律适用、审判程序、裁判文书装卷归档等几乎所有与案件处理相关的事务,既涉及对审判程序错误与否的评判,也要对判决是否符合实体公正进行评判;评查的结果一般分为优秀、合格、基本合格、不合格四个等级,对发现的差错要通报整改,对评查出的基本合格和不合格的案件要明确责任承担,并在一定范围内通报,对优秀案件和优秀裁判文书要进行表彰。就案件评查的组织形式而言,不同的法院有不同的做法,但整体上的模式要么由审监庭主导,要么由审管办主导。尽管案件质量评查在实践中存在很多问题②,有时候甚至形式大于实质,但作为一种制度化的审判管理手段,它提供了审视与评价审判权运行各个环节的一个角度,尤其是它使个别化的审判行为在事后仍能得到细密的检视,从而可以在多个方面起到引导

---

① 参见江苏省高级人民法院审判监督庭:《案件质量监督评查的理论基础与制度构建》,载《人民司法》2005 年第 1 期。值得注意的是,在目前的实践中也有一些法院开始引入第三方对案件质量进行评查。比如,广东省深圳市福田区人民法院在 2017 年引入西南政法大学专家评查组对 2016 年审结的各类刑事、民商事和执行案件展开常规抽样评查。参见包力:《福田法院引入第三方开展案件质量评查》,载《深圳商报》2018 年 3 月 13 日。

② 有关案件质量评查制度问题的详细讨论可参见周宗良:《法院案件质量评查的博弈与规律——以评查机制的困境与革新为论述重点》,载最高人民法院审判管理办公室、中国审判理论研究会审判管理理论专业委员会编:《审判管理研究与参考》(第 3 辑),法律出版社 2015 年版,第 321—325 页。值得注意的是,在“让审理者裁判、由裁判者负责”的改革背景下,案件质量评查在实践中呈明显强化趋势,各地法院都将案件质量评查作为审判管理、强化办案责任制的重要手段,以及审判权运行机制改革的重要内容,并纷纷出台了制度化意味更强的案件质量评查规定。

与规范法官案件处理的作用,并构成对审判权运行的一种有力约束。

如前所述,案件质量评查是在事后以既定标准评价具体案件相关审判事务的处理情况,每一项审判事务都有对应的评价标准。究其实质,案件质量评查是将复杂的审判活动分解为若干可查的形式要素进行事后审查。从实践来看,很多法院都设置了严格、细致的评查标准,部分法院如陕西省高级人民法院甚至从各个办案环节列举了 127 项扣分项[①],案件质量评查的项目与标准趋于复杂、具体与精细。由于案件质量评查的目的不仅在于发现审判权运行中存在的问题,还要在此基础上促进法官案件处理行为的规范化,因而评查项目与评查标准本身就可以被看作对审判权运行的一种规范化制约,它们实际上圈定了法官处理案件的操作方式与规范要求。而且,纳入评查的项目越多,评查的标准越严格,其对审判权运行规范与制约的程度也就越高。就此而言,案件质量评查的项目与标准在很大程度上为法官的案件处理与审判权运行设置了规范化与统一化的行为规则与技术标准。这些规则与标准在引导法官行为选择,防止审判活动失序的同时,也会对审判权运行形成一种规则上的制约,各种“恣意”行为能够由此得到不同程度的抑制。这意味着审判权运行其实是在案件质量评查所投射的“阴影”下展开的。另外,由于案件质量评查结果会在一定范围内通报,其他法官由此可以避免犯类似错误,从而实现了对其他法官审判行为的规范与引导。至于以评查结果为依据追究责任,更是可以警示其以后不能再犯类似错误,这同样是对法官行为的规范与引导。

从某种意义上讲,案件质量评查还是一种事后奖励与追责机制,因为它绑定了相应的激励,既有正向激励,也有负向激励。毫无疑问,当案件质量评查与一定的激励尤其是负向激励结合之后,它所形成的制约力更强,对法官的约束力也更大。从实践来看,案件质量评查要

---

① 参见台建林、贾明会、高波:《问责较真让“问题法官”心惊肉跳:陕西法院开展大规模案件质量评查 去年 266 件不合格案件被究责》,载《法制日报》2010 年 8 月 12 日。

么与错案责任追究连接,评查结果尤其是因实体或程序上的错误被定性为“差错案件”的结果可以作为事后追责的依据,要么与审判绩效考核挂钩,评查结果是绩效考评的直接依据或重要参考。[①] 事实上,即便是在案件评查中发现的“小问题”,也会被记录下来并在案件评查会上公开,要求涉事具体法官予以改正,或者采取“实名通报”“点名批评”等“声誉罚”的形式督促法官改正提高。[②] 也就是说,虽然这些“小问题”不会直接导致法官遭受物质上的不利益或有形惩罚,但也会带来某种不利后果。总而言之,案件质量评查在很大程度上与法官的现实利益相连,法官在审判权运行中面临较大的风险,稍有不慎便可能踩进案件质量评查所设置的“雷区”,坠入事后追究与惩罚的深渊。在案件评查项目细密化与评查标准严格化之后,更是如此。在案件评查可能引发事后惩罚的情况下,“法官断案就如同一个水手,每天都驾着一叶小船航行在陌生的海域里,不知道什么时候大海会风波大作,顿生不测”[③]。司法审判在某种程度上成了波斯纳意义上的“高风险的行业和职业”[④]。法官很多时候可能就如丹宁勋爵所描述的那样,“一边用颤抖的手指翻动法书,一边自问:‘假如我这样做,我要负赔偿损害的责任吗?’”[⑤]由于个体普遍厌恶风险[⑥],法官也不例外,因而为了降低风险,实现自身效用最大化,一个理性的选择便是按照案件质量评

---

① 比如,有些法院对于工作责任心不强、案件出现严重低级错误的法官,除了要通报批评,还实行年底评优评先“一票否决”、绩效奖金发放降档处理等惩罚措施。还有一些法院将评查结果作为部门与个人年度考核、评选先进与优秀、法官任用与奖惩的重要依据。

② 参见李亮、胡帅:《新时期人民法院案件评查工作的转型与发展》,载《人民法院报》2016 年 11 月 23 日。

③ 干朝端、郭珣:《论我国法官豁免制度的建立》,载《法律适用》2003 年第 5 期。

④ 参见〔美〕理查德·波斯纳:《法理学问题》,苏力译,中国政法大学出版社 1994 年版,第 8 页。

⑤ 〔英〕丹宁勋爵:《法律的正当程序》,李克强、杨百揆、刘庸安译,群众出版社 1984 年版,第 25 页。

⑥ 参见周业安等:《具有社会偏好个体的风险厌恶的实验研究》,载《管理世界》2012 年第 6 期。

查的要求处理审判权运行中的各项事务。从这一点来看,案件质量评查本身就构成对法官的一种监督与制约,而这种监督与制约必然会经由法官的行为选择而对审判权运行产生相应的约束效果。

## 三、审判管理对审判权运行的冲击

从某种意义上讲,审判管理是法院系统为回应复杂的外部环境对司法审判所形成的挑战与日益繁重的审判任务,并治理审判权运行中的一些乱象,着眼于司法合法性获取与法院运行理性化而采取的一项组织控制策略。从效果的角度而言,审判管理确实在提高审判质效、防止裁量权滥用与促进司法公正等方面发挥了积极作用,并为法院系统提供了面向社会的较高治理绩效,从而提升了法院作为组织的合法性。但正如前文所言,审判管理是一种带有强烈行政化色彩的组织监督手段,与更多体现裁决理性的审判权存在诸多不甚协调之处,尤其是其本身以及其在运用中存在的问题在某些情形下可能会撼动审判权运行的基本架构。这一点在上文对审判管理实践所存在问题的分析中已有所体现。事实上,审判管理在实现法院内部治理有效性的同时,也在很多方面表现出了与审判权之间的紧张、矛盾与冲突,聚集着法院运行的负能量。这集中体现在审判管理干扰审判权的正常运行,在多个方面扭曲审判行为,并严重影响审判功能的充分发挥,原本作为问题解决手段的审判管理在某种程度上成了需要解决的问题。

### (一)介入审判核心领域,强制分割审判权

“审判管理是在审判活动中产生并服务于审判活动的管理行为,审判管理权应当服从并服务于审判权,不能超越审判权而独立存在,更不能取代审判权。审判管理权运行必须以审判权为中心,遵循审判

活动规律,实现科学化管理。"[①]然而,在控制与监督的逻辑下,审判管理在实践中表现出了超过自身属性所能容纳的行政性与主动性,它利用各种制度条件与话语资源不断延伸自己的触角,扩大作用范围,以致在审判权运行的任何环节都能发现其活跃的身影,甚至在某些时候还凌驾于审判权之上,成为审判活动事实上的中心。这意味着审判管理所代表的行政权深浅不一地渗入审判权运行之中,从而必然引发审判权与审判管理之间激烈的碰撞。由于审判管理的运行逻辑本身就隐含着组织机构的行政化与权力干预[②],再加上审判权并无反向制约审判管理的制度能力,碰撞的结果多为审判权被迫让出自己的运行空间,退至审判管理的幕后,"审判权运行依附或依赖科层管理把关的特征更为明显,审判管理实际上成为了科层管理抑制审判权按司法规律运行的重要手段"[③]。这种结果集中表现为审判权运行的各个环节都存在来自不同管理主体所施加的各种形式的监督与控制,审判活动渗入了多种主体所代表的行政权力,一个案件可能需要经过不同层级的多个主体复合评判之后才能产生面向外部的裁判结果,审判权越来越为法院内部各层级的领导与职能部门所控制,审判权的运行空间被无限挤压。这可能是审判管理实践饱受诟病的重要原因,也是审判管理需要深化改革的现实理由。毫无疑问,造成上述问题的根本缘由在于审判管理不当侵入并挤占审判权的作用空间,审判权的"手脚"被严重束缚,而这又与以下两方面的因素紧密相关。

其一,审判管理职权扩张。如前所述,审判管理具有较强的行政性与能动性,很容易突破既有权力边界而积极扩张权能。从实践来看,审判管理明显经历了一个权能扩张的过程,不仅管理的范围与节

---

① 崔永东:《审判管理的目标、方法与路径》,载《河北法学》2015 年第 3 期。

② 参见梁平:《"管理——审判"二元架构下法院内部机构设置与权力运行研究》,载《法学论坛》2017 年第 3 期。

③ 杨凯:《审判管理理论体系的法理构架与体制机制创新》,载《中国法学》2014 年第 3 期。

点增多，管理的手段与方式也更加多元。尤其是自 2010 年以来法院系统在“强化审判管理”的政策驱动下，审判管理的作用范围急剧扩张，院、庭长的审判管理监督职权得到强化。可以说，目前的审判管理几乎完全覆盖了审判权运行的整个流程，包括立案、分案、开庭、裁判、执行、归档、统计、评查、评估等在内的所有与审判相关的工作，对这些工作都有相应的管理制度予以调整，而法官在此之中的各种行为更是受到来自不同层级管理主体的严苛控制。由于审判权与审判管理在运行“时空”上具有交叉性与重叠性，一旦审判管理向外扩张，必然挤占审判权的运行空间，甚至侵入审判权运行的核心领域。这就为审判管理不当干预与控制审判活动以及法官的行为选择提供了更多的机会与更为便利的条件，审判权运行自然会受到法院内部各种行政科层力量所代表的审判管理的影响与约束，从而发生不同程度的变形，审判在某些时候可能并“不像”审判。

从某种意义上讲，审判管理扩张其实是法院系统加强审判管理而自然产生的结果，绝大数时候并非“师出无名”，反而都有着较为明确的规范依据，只不过这些依据主要是不同层级法院尤其是最高人民法院所制定的规范性文件。笔者将这种有着相应的制度规范依据的扩张称为“制度化的显性扩张”。除此之外，审判管理在实践中还存在“非规范化的隐性扩张”，即审判管理主体尤其是院、庭长在没有制度规范作为依据的情况下，利用自己的身份与地位，凭借参与或主导法院内部稀缺资源分配的权力，直接或间接地影响审判组织对案件的处理①，从而不当甚至无度扩张审判管理。这方面最典型也是最常见的表现就是院、庭长利用“层级管理”所赋予的话语权、参与案件讨论权以及召开各种案件讨论会的建议权，在案件处理中表达自己的倾向性意见或将个人意见施加于审判组织，从而将自己的看法或意志融入案

① 参见王琦：《审判权与审判管理权的冲突与良性互动——以民事审判管理为视角》，载《海南大学学报（人文社会科学版）》2013 年第 3 期。

件的处理结果之中。[①] 显而易见,审判管理类似这样的不当扩张所带来的问题已经不是简单地介入审判权运行,而是在某种程度上直接架空甚至剥夺了审判组织的审判权,审判管理实实在在地凌驾于审判权之上,或者说审判管理权已经取代了审判权。此时的审判管理显然已不是对审判活动的指导与监督,也不是对法官审判行为的引导与控制,更不是对审判事务的组织与协调,毋宁是替代审判组织作出最终的实体决定,而"本应由独任法官或合议庭行使的审判权,在很大程度上蜕变为立案、调查、组织庭审、制作法律文书等程序性与事务性工作"[②]。类似这样的问题可能是审判管理在"四五纲要"实施之前所面临的最为尖锐的问题,也是审判管理权与审判权冲突与矛盾最为极端的表现。

其二,审判管理界限不明。正如钱锋所言,"审判管理最大的困局是审判权与审判管理权的关系问题,即一放就乱、一收就死的矛盾。上级法院和院、庭长具有审判管理职责、政务管理权职,既应通过'管'来实现公正廉洁司法,又应规范'管'的程度、程序和方法,否则加强院、庭长审判指导监督可能导致新的司法不公,两者的边界一直困扰着各级法院和司法者"[③]。在现行审判权运行机制下,"审判管理权与审判权相对剥离,由于分权制衡所带来的不仅仅是主体意识上的抗拒,还有各个法院基于自身考虑对于'分权''制衡'所制定的标准不一,上下级法院之间也缺乏明确、统一的标准界限,这在客观上造成了审判管理权和审判权两种权力界限的模糊,审判管理权与审判权在具

---

① 相关支撑性、实证性资料可参见陈博、何姗、张鹤:《专业法官会议嵌入审判权力运行机制的制度逻辑——以 Y 市中院 187 次专业法官会议记录为实证样本》,载胡云腾主编:《司法体制综合配套改革与刑事审判问题研究——全国法院第 30 届学术讨论会获奖论文集》(上),人民法院出版社 2019 年版,第 369—371 页。

② 蒋惠岭:《独立审判与监督管理的平衡与规范》,载湖北法院网,https://hubeigy.chinacourt.gov.cn/article/detail/2017/03/id/2681169.shtml,2018 年 5 月 5 日访问。

③ 钱锋:《社会转型时期司法运行规律探索》,法律出版社 2013 年版,第 206 页。

体事例上难以严格区分”①。确实,无论是从制度规范层面着眼,还是观察具体实践,都能发现审判管理的范围与边界不清,到底哪些事项属于审判管理的“领地”,哪些又专属于审判权,一直都模糊不清,以致审判管理在很多时候都与审判权交织在一起,法院的管理职能与司法职能严重混同,司法审判中交织行政管理。这意味着审判管理的职责范围与职权边界以及与审判权的关系尚未得到清晰界定,审判管理权与审判权在实践中难以严格区分。审判管理由此完全可以跨界运行,侵入审判权运行领域。在这种情况下,再加上审判管理本身还会因为自身行政权属性而向他方扩张,打破原有的权力边界,改变权力的价值指向和服务功能②,而法院也会因为目标考核指挥棒的指引而将审判管理权的外延扩大,最终的结果必然是审判管理的作用范围大幅扩张,侵入审判权核心领域并妨害审判组织对审判权的实质行使。事实上,在既往的审判管理实践中,管理主体尤其是院、庭长之所以能以行政化的方式和手段控制审判权运行,甚至能轻易介入案件的实体性裁判活动之中,在很大程度上就是因为没有明确界定审判管理的作用范围与合理边界,相关主体可以肆意、无度地行使审判管理职权。一旦意识到了这一点,就能理解“四五纲要”所开启的司法改革为何要将明确设定审判管理的职权范围与行使程序作为审判权运行机制改革的重要议题。

### (二)固化审判权运行,扭曲审判行为

与所有公共组织类似,我国法院也面临组织控制的难题,因为在一种事实上的委托—代理关系结构下③,法院内部同样存在成员的劳

---

① 贾瑞岭:《浅论审判管理权与审判权的矛盾冲突与相互适应》,载《深化司法体制改革——第六届河北法治论坛(2015)》(上册),第329页。

② 参见毕玉谦主编:《司法公信力研究》,中国法制出版社2009年版,第180页。

③ 笔者借用了现代组织理论中的“委托—代理”关系模型来描述作为组织的法院与作为组织成员的法官之间的关系。委托人(法院)拥有正式权威(如人事控制权、监督权、考核权),将案件处理的权力(审判权)交给法官(代理人)行使。更为重要的是,法官(代理人)还能以自由裁判权的方式享有很多实际的控制权。

动分工、授权和信息的分散化与成员的行为不可察以及委托人和代理人之间的信息不对称与目标不一致等问题。[①] 从某种意义上讲,充分借鉴现代组织管理原理与技术的审判管理正是法院系统应对这一“组织难题”的产物。从实践来看,审判管理特别是流程管理、质量评查和绩效考核等管理手段的运用,不仅使得审判行为变得可视与可评,案件处理过程变得可控与可见,从而相对有效地让法院走出法官行为与个案审判进程不可察的困境,还能诱导法官遵守法院的组织规范与服从组织目标,进而最大限度地整合法官的审判行为。但根植于法院官僚科层结构与管理组织属性的审判管理内含“非人格化”与“反功能”的特性,再加上对“数目字管理”的过度追求,也使得审判管理对法官的行为选择与心理状态造成了较为严重的负面影响,并制约了司法审判功能的充分发挥。

第一,审判管理“非人格化”的特性抑制了法官司法判断的主观能动性。正如瑞尼所言,“动荡不安和相互连通是大多数公共组织环境的共同特点”[②]。当前我国法院面临的也是一个利益多元、风险重重与充斥着不确定因素的组织环境。在外部资源较为有限的情况下,为了应对日益复杂的组织环境所带来的各种风险与挑战,并维持法院运行理性、效率的光环,法院需要强化内部管理。规范审判权运行与法官的审判行为,加强对审判活动的管理正是其中重要一环。随着审判管理的日益强化与管理技术的不断创新,尤其是管理主体对制度规则的刚性运用,审判管理只追求管理效率而不考虑个人情感与自由的“非人格化”特性就会显现出来,即管理结构越来越细密,个体空间越来越狭窄。这具体表现为法官深陷于各种基于风险防控与行为控制

---

① 参见周黎安:《转型中的地方政府:官员激励与治理》,格致出版社、上海人民出版社2008年版,第26页。

② 〔美〕海尔·A.瑞尼:《理解和管理公共组织》,王孙禺、达飞译,清华大学出版社2002年版,第90页。

目的所编织而成的监控之网中,法官在很多时候成了一个个没有特性的“单向度的人”,而原本高度智能化与个性化的审判工作变成了按部就班的纠纷解决活动,就如同行政官僚循例的日常事务处理。面对制度规则、科层权力、身份地位所施加的重重约束与严苛责任,法官最为理性的选择是照章办事、压抑个性、少生是非、消极应付,必要时还会采取“逃避”的消极不合作策略,表现在案件处理中就是谨慎行事,循规蹈矩,机械适用法律,不敢也不愿进行稍越“雷池”的价值判断。① 如此一来,法官似乎只是审判权运行中一个没有生命力的“物件”,仅仅扮演了一个司法产品生产线上的“螺丝钉”角色,并无太多的积极性与主动性,更谈不上创造性与进取精神。用鲍曼的话来讲,法官就是“在毫无长远目的地履行一个具体的、自我明确的工作,保质保量地完成上级下达的任务”②。“久而久之,一个缺乏自主精神、缺乏道德力量、依赖感强、遇事互相推诿、不愿意承担责任、工作质量低下的司法群体就会形成。”③这势必导致审判权运行缺乏必要的活力,从而降低司法审判的整体效能,也不利于法官审判能力的实质提升,进而压缩审判质效提高的空间,影响审判工作的可持续发展。

第二,审判管理的“反功能”导致司法审判难以有效回应社会需求。如前所述,审判管理是一种架构在法院官僚组织结构上并追求工具理性的科层化、阶层化的组织控制与监督机制,它强调管理的制度化、专门化、集约化与科学化。这种官僚科层制下的内部管理与控制确实具有“技术上的优越性”,以及纪律上的严格性,能够在相当程度上确保法官行为的稳定性、准确性、可靠性与高效性。但另一方面,官

---

①　参见孙辙、朱千里:《积极主动或谦抑克制:“审判管理权”的正确定位与行使》,载《法律适用》2011 年第 4 期。

②　〔英〕齐格蒙·鲍曼:《现代性与大屠杀》,杨渝东、史建华译,译林出版社 2002 年版,第 63 页。

③　张建伟:《等级制与法官》,载中华人民共和国最高人民法院政治部编:《法官职业化建设指导与研究》(2004 年第 2 辑),人民法院出版社 2004 年版,第 54 页。

僚制虽然在技术层面成就非凡，但同时又是一个扼杀人性与想象力的铁笼，在某种程度上具有“反功能”的特性。审判管理同样也存在“反功能”的问题。一方面，由于审判管理遵循普遍主义的原则，强调对既定管理制度与规则的严格遵守，追求形成整齐划一的审判秩序，较少考虑审判权运行中的具体问题与个案审理的特殊情形，法官在审判活动中的行动重点将不可避免地从“组织机构的奋斗目标转化为行为规范的具体细节，本来只当作手段的服从规章转化成了最终目的”①，从而造成目标与手段本末倒置。实践中很多法官习惯于墨守成规，机械释法，遇到问题与矛盾便上交而不愿自主灵活处理的现象，便是对此的最佳阐释。这将不可避免地导致司法审判“无法及时、有效地回应外界所发生的变化与组织的成长，无力满足完成基本任务的需要”②。另一方面，处于多元化社会背景下的司法审判面临着很多无法预测的问题，一旦这些问题暴露出来，法院系统倾向于从审判管理监督中寻求应对之策，新的管理对策与技术会被开发出来，从而造成审判管理的职权范围不断扩张与管理制度日益膨胀，进一步挤压审判权运行的制度空间。作为管理对象的法官则在稳妥与利益的驱动下可能采取相应的规避与不合作策略，科层制管理下的“反控制律”凸显③，最终导致司法审判的社会服务意识下降，审判管理也因此走向服务审判与提升质效的反面，真正成为“管理审判”。

第三，建立在数据化基础上的考核与评查可能扭曲审判行为。如前所述，目前的审判管理在很大程度上是一种“数目字管理”，它把审判行为分解成一个个可以用数字量化的指标，以相关指标的实际数值

---

① 〔美〕罗伯特·K. 默顿：《社会理论和社会结构》，唐少杰、齐心等译，译林出版社2008年版，第253页。

② 〔美〕彼得·布劳、马歇尔·梅耶：《现代社会中的科层制》，马戎、时宪民、邱泽奇译，学林出版社2001年版，第139页。

③ 参见谭世贵、翁凌峰：《科层制司法管理的问题与出路》，载《云南大学学报（法学版）》2005年第4期。

（完成情况）作为评价法院与法官的审判业绩与专业表现的依据，并强调数据指标对审判活动与审判管理的引领作用。应该说，这种管理方式在很大程度上使得案件的审理情况变得可控，使法官的审判行为可察。但究其本质，这种管理方式是一种结果导向的数字评价，属于缺乏价值附加功能的“纯粹的统计式管理体系”[①]。虽然“就约束司法行为而言，有着潜在重要意义的是司法表现量化标准的发展”[②]，但司法审判活动的特殊性在很大程度上决定了很难完全用指标化的数据对其进行管理与评价。即便勉力诉诸数字化管理与评价，也难以真正实现评价的合理性、科学性与客观性。正是在这一意义上，波斯纳指出，“司法慎思和司法行为都具有隐秘性，对其关键性的服务外人很难理解和评估”[③]。这就意味着数据化的审判管理存在很大的局限性，如果对数据化指标的追求超出合理限度，不仅不利于审判管理预设目标的实现，反而还可能带来负面作用。对此已有论者尖锐地指出，“数字化考核方式致使部分法院呈现出‘唯数据论’的倾向，处处以数据说话导致了数据造假、不依法立案甚至制造冤假错案等违反司法公正的问题”[④]。

更为重要的是，由于这种数据评价异常强调指标的完成情况，并绑定了相应的奖惩机制，即“数据指标的绩效化”，管理的导向与激励作用非常明显，因而很容易诱发法院与法官“把主要精力放在更容易测量的成果之上，而忽视那些较难看到或计算的成果”[⑤]，出现所谓的

---

① 〔美〕詹姆斯·Q. 威尔逊：《官僚机构：政府机构的作为及其原因》，孙艳等译，生活·读书·新知三联书店 2006 年版，第 217 页。

② 〔美〕理查德·波斯纳：《法官如何思考》，苏力译，北京大学出版社 2009 年版，第 136 页。

③ 〔美〕理查德·波斯纳：《法官如何思考》，苏力译，北京大学出版社 2009 年版，第 2 页。

④ 强梅梅：《法院人员分类管理改革的历程、难点及其破解》，载《政治与法律》2017 年第 1 期。

⑤ 〔美〕詹姆斯·Q. 威尔逊：《官僚机构：政府机构的作为及其原因》，孙艳等译，生活·读书·新知三联书店 2006 年版，第 214 页。

"激励扭曲"问题。如此一来,法官具体的审判行为很容易遭到不同程度的扭曲,审判权运行也将由此陷入隐性或显性的违法状态。不仅如此,在完成或超额完成数据指标任务的驱动下,法院与法官有足够的动力人为影响数据的生成或修饰、美化数据指标,甚至不顾实际情况削足适履式"制造"数据与"假造"案件,审判管理在很大程度上演变成"迁就式""投机式"和"篡改式"等极为不正常的"数据游戏"。[①] 这在既往的审判管理实践中已屡见不鲜。比如,法官为了完成均衡结案度的分解指标,就不得不按计划确定的件数报结案,有时候多审结了案件也不能报结案,而只能留到下个月再报,人为造成案件审理进度放慢。[②] 这种围绕指标数据"最优化"所展开的各种策略行为,必然会程度不一地扭曲审判行为,致使审判权运行舍本逐末,既违反司法审判的基本规律,也破坏审判权运行的基本秩序。

### (三)破坏审判场域利益结构,人为制造利益冲突

作为现代社会利益冲突的最后解决之所,法院必然成为各种权力、力量公开或隐蔽的角逐之地。或许正是因为如此,司法审判从来就不是"一种不见刀光剑影的、技术上的事业",也不是一种"由法律知识分子来从事的事业"[③],而是一个规则竞争、权力角逐与利益争夺的含混场域[④]。在这个场域中,不仅有当事人之间直接的利益对抗,还蕴含着法官个体利益、法院组织利益与当事人利益的隐性竞争。就此

---

① 参见宋长琴、徐俊华:《论审判管理实践中的三大矛盾》,载《审判研究》编辑委员会编:《审判研究》(2011 年第 6 辑),法律出版社 2012 年版,第 269—270 页。

② 参见杨凯:《审判管理理论体系的法理构架与体制机制创新》,载《中国法学》2014 年第 3 期。

③ 〔美〕G. 沙布尔 · 吉玛、丹尼斯 · A. 荣迪内利编:《分权化治理——新概念与新实践》,唐贤兴、张进军等译,格致出版社、上海人民出版社 2013 年版,第 28 页。

④ 参见〔法〕皮埃尔 · 布迪厄:《法律的力量——迈向司法场域的社会学》,强世功译,载《北大法律评论》编委会编:《北大法律评论》(第 2 卷第 2 辑),法律出版社 2000 年版,第 496—545 页。

来说，审判权运行并不只是单一的当事人利益的处置与权衡问题，法官个人利益与法院组织利益也渗透其中，各种利益盘根错节，“它深嵌于一种多元关系交错的名利场中”[①]。就法官而言，他所追求的个人利益无非一些“基本的善品”，比如财物、权力、名誉、尊重、自尊和闲暇等，以及通过“干好工作”获得心灵上的满足。[②] 对于法院来说，作为一种具有自主行为能力的组织实体，它同样有着自己的目标与利益，并需要为自己的存续创造合理与合法的依据。[③] 至于当事人，他更会在逐利动机的支配下追求自身利益的最大化，包括程序利益与实体利益。应该说，法院组织利益、法官个体利益与当事人利益共同驱动着审判权的运行，并深刻影响着审判权活动的具体走向与实际面相，它们之间形成了一种合作与对立并存，互斥与渗透相交的结构性利益格局。[④] 这种利益格局也是审判权运行的内部利益结构。

确实，因各自的利益取向与实际追求不同，司法审判场域中的上述三种利益不可能完全一致，也并非完全协调，而是天然就存在不同程度的对抗与矛盾。不过，只要这种对抗与矛盾保持在一定的限度之内，一般不会对审判活动造成负面影响，反而会以一种互相制约的形式在维持审判权运行内部利益结构大体平衡的基础上，促进审判权健康、有序、活性地运行。然而，审判管理的嵌入尤其是审判管理的不当

---

① 宋远升：《法院论》，中国政法大学出版社 2016 年版，第 235 页。

② 参见〔美〕理查德·波斯纳：《法官如何思考》，苏力译，北京大学出版社 2009 年版，第 12—13 页。值得注意的是，法官在审判活动中其实有很多手段和方式实现自己的利益与偏好。对此，费斯曾评论到，法官们可以轻而易举地，即使是无意识地，以发现本意的名义，比如说平等或是自由，在法律中推行他自身的偏好。参见〔美〕欧文·费斯：《如法所能》，师帅译，中国政法大学出版社 2008 年版，第 13 页。

③ 根据唐斯对官僚制组织目标结构的分析，笔者将法院的组织利益概括为两方面：一是政策方面的目标与利益，即追求程序的合理化与理性化，并在控制下级法院的基础上，实现纠纷解决能效的最大化；二是政治方面的目标与利益，即维系整个法院系统的合法性和其在更大权力场域中的地位。关于唐斯对官僚制组织目标结构的详细分析，参见〔美〕安东尼·唐斯：《官僚制内幕》，郭小聪等译，中国人民大学出版社 2006 年版，第 90—91 页。

④ 参见王晨编著：《审判管理体制机制创新研究》，知识产权出版社 2013 年版，第 94 页。

运用，却在相当程度上打破了这种结构性平衡，原本维系在适当范围内的利益张力走向了利益严重分化的状态，不同主体在自身利益最大化的导向下以不同的行为朝着不同的方向作用于审判权，最终造成审判权运行偏离制度规则所预设的轨道，形态各异的程序走样由此而生。也就是说，审判管理在某种程度上加剧了审判权运行中不同主体之间的利益冲突，人为地制造了某些利益紧张与矛盾，并使其超出了审判权合理运行所能承受的限度，从而破坏了司法审判场域共生交合的利益格局，法院组织利益、法官个体利益与当事人利益既有的关系结构不可避免地失衡。具体而言，这种失衡主要源于以下几方面的原因：

其一，审判管理忽视了对法官个体利益的保障。在现实中，法院与法官的利益具有共同性，法官在追逐个体利益的同时，法院的组织利益也能得到保障，但在某些时候两者的利益也存在一定的冲突，这正是推行审判管理的现实理由。然而，正如前文所言，现有的审判管理更多是从管理者的立场出发，强调对法官行为的单方面控制，侧重于法院组织利益的维护。这具体表现为，管理制度的设计与管理手段的运用缺乏对法官角色的合理预期，过于简单地将法官定位于“小人”，从而习惯性地诉诸严格化的科层监督与行政管控，力求实现对法官审判行为的控制，并遏制权力滥用现象。① 这种带有强烈功利主义色彩的审判管理确实在某些方面实现了组织利益的最大化，但从审判权运行内部利益结构维持的角度而言，它存在的弊端也非常明显，这就是没有顾及甚至在很大程度上忽视了法官的合理利益诉求，没有将法官的个人利益有机地融入审判管理，很多管理制度和管理方式的目标取向与法官现实的行动逻辑相冲突，从而增大了法院组织利益与法官个体利益之间的结构性张力。在这种情况下，一旦法官个体利益的

① 参见兰荣杰：《把法官当“人”看——兼论程序失灵现象及其补救》，载《法制与社会发展》2011 年第 5 期。

实现受到审判管理的制度性约束,或者审判管理构成了法官个人利益实现的障碍,法官就有可能发展出一些策略性行为以绕过审判管理所设置的“栅栏”,甚至直接规避或违反相关制度规则。如此一来,不仅当事人的利益难以得到有效保障,就是法院的组织利益也将受到极大贬损。既往实践中的很多实例都能证实这并不是纯粹的理论推演。比如,为了达到法院所规定的调解率,很多法官不顾案件实际情况与当事人意愿而盲目调解甚至强制调解,结果导致部分调解既背离审判规律,也违反调解原则。[①] 其实,现实中的法官并非不食人间烟火的道德圣人,而是有着各种私欲的肉胎凡人,因而“必然要遭遇司法伦理要求与人本性之间的游离甚至冲突,无论多么严谨敬业的法官也不例外”[②]。在这种情况下,当个人利益与法院组织目标发生冲突时,法官很有可能选择牺牲司法审判的价值目标以保证自身利益。在审判管理不适当挤压法官个人利益空间的情况下,法官更会觉得自己的现实利益受到威胁,转而会利用所有可以利用的权力资源与信息优势极力拓展利益空间与获利机会,甚至不惜扭曲审判权的运行。

其二,审判管理缺乏对当事人利益的充分关照。正如杨凯所言,“审判管理改革实践主要是围绕如何提高案件审判的质量和效率展开,而没有从诉权的保护来进行一体化设计,重点强调的是内部管理、层级管理、上下级管理方面的考评考核,没有将尊重和保护当事人诉权的正当行使作为指标体系设计和考核评估的主要内容”[③]。这意味着目前的审判管理实际上是以审判权为本位来构建并运行的,着重强调的是法院系统整体的目标,作为司法审判另外一极的当事人诉权在审判管理中并没有独立的位置。虽然法院系统在正式表述层面强调

---

① 参见李浩:《理性地对待调解优先——以法院调解为对象的分析》,载《国家检察官学院学报》2012 年第 1 期。

② 马长山:《新一轮司法改革的可能与限度》,载《政法论坛》2015 年第 5 期。

③ 杨凯:《审判管理理论体系的法理构架与体制机制创新》,载《中国法学》2014 年第 3 期。

审判管理必须满足与适应社会公众对高质量司法审判的需求,切实保障当事人的合法权利诉求,但以目标考核为中心的审判管理实践导致法院领导更为关注如何迎合上级法院的要求,着重突出审判管理在保障法院体制内利益方面的功用,从而使得审判管理对外部主体的利益关注严重不足。这势必导致法院与法官在审判权运行中更加主动与强势,而当事人则趋于被动与弱势。自然而然地,审判管理更多关注法院组织利益的充分实现,当事人利益将会遭到不同程度的忽视。因此,一旦审判管理尤其是上级法院所施加的管理行为危及法院组织利益,法院很可能将自己的利益凌驾于当事人利益之上,从而引导审判权朝着有利于组织利益实现的方向运行。不仅如此,由于当事人利益并未成为审判管理的独立考量因素,当法官个人利益与当事人利益在审判管理中产生矛盾之时,法官往往选择牺牲当事人利益,甚至有时这种选择还会得到法院的默许或支持。比如,为了保证年底的结案率,对于来不及结案的案件当事人采取"怀柔政策",通过承办法官做工作、领导作保证的方式"劝说"其撤诉,同时承诺在考核结束后再次立案。[①] 无论上述哪种情况,都表明审判管理实际上破坏了审判权运行的内部利益结构,并塑造了一种畸形的利益关系,法院、法官与当事人三者之间本来存在的利益制约关系随之失衡。这反映在具体诉讼活动中就是审判权运行被扭曲,制度规则被践踏。

其三,审判管理人为地制造法官个体利益与当事人利益之间的紧张。在目前的审判管理体系下,法官在审判权运行中的利益在很大程度上来自审判绩效的考核与评比,而这些考核与评比所运用的很多指标都直接或间接涉及当事人的程序与实体利益。[②] 由于审判管理主体

---

① 参见王晨主编:《审判管理体制机制创新研究》,知识产权出版社 2013 年版,第 94 页。

② 比如,实践中部分法院将"服判息诉率"作为考核法官绩效的指标,这必然会影响当事人上诉权与申诉权的行使。

更为关注表面上的指标完成情况，而不考虑指标背后的实际情况，法官的工作重心自然会转向数据本身的达标或超标，追求指标数据的"好看"，至于与指标相关联的当事人的利益则是相对次要的关注点。况且在绝大数时候，当事人并不是法官个人绩效考核的评价主体，法官不可能有充足的动力去关注当事人的利益。这意味着审判管理不仅没有将当事人对公正高效司法的需求与法官对个体利益的追逐融为一体，反而在某种程度上将两者对立起来，并迫使法官作出非此即彼的选择，亦即在审判管理的作用下，法官实际上处于一种"不损人就不能利己"的状态，两种利益的博弈更多是一种"零和"游戏。在个人利益最大化的行动逻辑下，再加上法官主导着审判权的运行，法官选择的结果不出意外都是不适当地牺牲当事人利益，以实现自己的绩效利益最大化。比如，为了将上诉改判率和发回重审率控制在考核所容许的范围内，法官往往会事先通过各种渠道向上级法院请示，并按照其意志作出判决，这种做法确实实现了法官个人利益的最大化，但也变相剥夺了当事人的上诉权，使上诉程序被架空。① 类似上述因迎合审判管理考核的要求而扭曲审判程序并牺牲当事人利益的现象还有很多。这些现象无一例外地都说明，审判管理在某些时候实际上破坏了当事人与法官之间的利益结构，并诱使法官利用自己的权力与信息优势甚至不惜违反程序制度来实现自身利益的最大化。从这一点来看，也许我们不得不承认，审判管理"不仅没能引导有着人性缺陷的法官尽力向善，反而在一定程度上协助法官放大其人性缺陷，通过广泛地规避、架空和扭曲法定的诉讼程序来争取或正当或非法的个人利益"②。毫无疑问，这种"意外"是审判管理的推行者与改革决策者所始料未及的。

---

① 参见万毅：《历史与现实交困中的案件请示制度》，载《法学》2005 年第 2 期。

② 兰荣杰：《把法官当"人"看——兼论程序失灵现象及其补救》，载《法制与社会发展》2011 年第 5 期。

## 四、结语

从制度发生的维度来看,审判管理具有地方性和时代性,它在我国司法场域的存续是多种因素综合作用的结果,在一定程度上有其必然性与合理性。正如我们所看到的那样,审判管理在审判权运行乃至整个法院运行中扮演着十分重要的角色,各种管理制度与管理技术构成了一个严密的法院内部治理体系,它约束和改变着作为组织的法院与作为个体的法官的行为选择,并对审判权运行造成了显著影响。无论基于何种价值立场,也不管怎么强调法院与其他行政组织在功能与运行上的差异,我们都不能否认审判管理作为一种媒介对于维持法院内部运行秩序,尤其是保障审判起码的质效与防范司法寻租,所具有的积极效用。当然,这并不是说审判管理没有任何负面效应,更不意味着它的所有方面都是合理的。事实上,审判管理在通过各种管理制度与技术制约审判权运行的同时,也表现出了一系列在目前的司法场域结构与制度环境下难以克服的困境,运行于其中的审判管理也显现出了诸多体制与机制性问题。这些困境与问题导致审判管理在某些方面严重损害了审判权运行的基本秩序,并破坏了审判权与审判管理之间应有的平衡,最终致使审判活动难以在既定程序空间内按照自身逻辑合理展开。正是因为如此,审判管理有时不但不能产生预期的治理效能,反而会造成一定的效率损失,甚至偏离其初始目标。然而,由于维系审判管理合理性与正当性的很多因素在短期内不会消失,特别是法院系统仍将面临较大的合法性获取压力,它依然会作为一种重要的内部治理技术与监督机制而存在。可见,对审判管理的“倚靠”与“隔绝”,将成为审判权运行乃至法院体系运行必须时刻面对的现实难题。就此而言,现在的问题不是要抛弃或废止审判管理,而是怎么通过改革尽可能地发挥其正面实效而抑制其负面效应。

法官独立审判已成为当下乃至未来一段时间内司法改革的基本取向[①],相关改革措施也已开始落地实施。但是,法官独立审判并不意味着审判权不需要接受任何监督与制约,司法改革也并非要完全取消对审判权高效运行具有重要保障价值的管理与监督活动,反而应该为其留下必要的作用范围与活动空间,从而能够"保持对个别化司法行为的知晓度、控制力以及拥有必要的矫正手段"[②]。因为"面对种种现实,谁也不敢冒险,而且也没有充分根据表明可以冒险,让社会去承担审判权完全下放给法官之后可能出现短期的、局部的错案和腐败不降反升的代价"[③]。其实,科学的法院管理体系必然包含必要的行政管理与审判管理,司法改革应该更多考虑如何合理规范与区分法院的管理活动,把行政权从审判权中剥离出来,以期在审判管理中不用行政手段去决定、干扰审判业务活动。[④] 正如有论者所言:"对法院活动的类型化研究是改革和创新法院管理体制的重要枢纽和关键,只有分清法院管理行为和审判行为,才能理顺管理活动和审判活动的关系。"[⑤]因此,对于审判管理改革而言,关键在于区分法院运行的司法逻辑与行政逻辑,适度改造法院内部的官僚科层化的组织结构,把行政逻辑与行政权从审判权运行中彻底剥离出来,让"审判的归审判,管理的归管理",从而在法官独立审判与接受必要的监督与约束之间找到合理的平衡点。这一改革目标的实现在很大程度上取决于能否有效限制

---

① 党的十九大政治报告明确提出,要"深化司法体制综合配套改革,全面落实司法责任制,努力让人民群众在每一个司法案件中感受到公平正义"。这意味着未来的司法改革仍要着力落实司法责任制,而司法责任制的重要内容就是放权于法官,让法官独立裁判案件。

② 顾培东:《法官个体本位抑或法院整体本位——我国法院建构与运行的基本模式选择》,载《法学研究》2019 年第 1 期。

③ 傅郁林:《司法责任制的重心是职责界分》,载《中国法律评论》2015 年第 4 期。

④ 参见郝红鹰:《我国法院审判管理的去行政化研究》,载《理论与现代化》2011 年第 6 期。

⑤ 梁平:《"管理——审判"二元架构下法院内部机构设置与权力运行研究》,载《法学论坛》2017 年第 3 期。

与合理规范审判管理的实践运行,明确划定审判管理与审判权各自的权力边界与行为界限,合理调整审判管理的制度结构,从而将法官从目前重重的管理网络中解放出来,并使审判管理回归至应有的理性状态。

# 第四章　审判管理的合理规制

## 导　论

从某种意义上讲，审判管理与审判权几乎完全迥异的性质决定了它们在审判权运行中是一种此消彼长的关系，冲突和矛盾可能是它们两者关系与生俱来的属性，任何一方的扩张，都可能损害另一方权能的实现。诚然，法官独立审判并不等于放弃必要的监督管理，放权于法官也不意味着放任法官独立而不受任何约束，更不是放纵法官的自由裁量，但审判管理也要保持必要的克制，充分尊重审判权的中心地位，不能以侵害法官独立裁判与挤压审判权运行空间为代价来追求对审判活动的监督与控制，更不能因为强调监督管理而妨碍审判活动的正常展开。不过，审判管理多年的实践表明，审判管理与审判权之间应有的平衡一直没有形成，两者在审判权运行场域的碰撞演奏出了各式各样并不和谐甚至是尖锐的音调，从而既影响了审判管理自身的良性发展，也在相当程度上制约着审判权运行机制的理性化展开。在监督管理“不缺位”“不越位”的前提下平衡审判权与审判管理权，并协调法官独立审判与审判管理的紧张关系，已成为审判管理改革转型必须面对的重要问题。[①] 根据审判

---

① 参见黑龙江省高级人民法院课题组:《司法改革背景下的审判管理职能范式转型研究》，载最高人民法院审判管理办公室、中国审判理论研究会审判管理理论专业委员会编:《审判管理研究与参考》(第3辑)，法律出版社2015年版，第212页。

权运行与审判管理的实践以及相关改革经验，处理这一问题的关键在于改革传统的审判管理方式与手段，合理规制审判管理的对象范围与行权方式。此外，党的十八届三中全会开启的新一轮司法改革尤其是审判权运行机制与司法责任制改革，在很大程度上已经深刻改变了审判管理运行的技术与制度环境，审判管理面临着前所未有的挑战，需要主动适应司法改革的要求，适时调整管理制度与方式。当然，这些改革也为审判管理的转型发展提供了难得的机遇，赢得了所需的改革空间，并聚集了相当的改革资源。

应该说，理论界一直关切审判管理的转型发展，也极力主张按照法官独立审判的要求对审判管理作出相应限制，实务界更是根据不同时期司法改革的总体战略提出过很多有关审判管理改革的方案，部分地方司法机关还积极推行了一些具体改革举措，尤其是在党的十八届三中全会之后，很多地方法院在探索适应司法责任制要求的审判管理监督制度体系方面付出了极大的努力。但总体而言，理论界的相关讨论较为零散，绝大多数研究都是在讨论审判权/法院运行机制改革以及审判权和审判管理之间的关系时附带论及了审判管理的规制与转型问题，很少有对此问题展开具体、系统的研究，相关对策建议也较为原则、宽泛。① 至于实务界的改革实践也因各种历史与现实因素的掣肘并未取得突破性进展，至多只是在审判管理的局部技术上有所改进，在具体机制层面有所创新。当然，还有一些改革举措在实践中不仅未能有效解决问题，反而还滋生出了新问题。② 鉴于审判管理的合

---

① 值得注意的是，在司法责任制改革全面展开之后，理论界也有论者在讨论院、庭长审判管理监督职权转型时论及了审判管理的转型发展问题。但这些讨论同样存在不系统、不具体等问题，而且院、庭长的审判管理也只是审判管理制度体系的一部分。代表性的讨论可参见孙辙、张龑：《审判监督管理结构与过程双闭环体系之建构》，载《人民司法》2021 年第 28 期；赵雪雁、周晓：《放权之后院庭长的审判监督管理角色定位》，载《人民司法》2020 年第 13 期。

② 关于这方面的详细讨论可参见龙宗智、孙海龙：《加强和改善审判监督管理》，载《现代法学》2019 年第 2 期。

理规制在平衡审判管理与审判权关系中的重要性,并考虑到目前理论研究与改革实践存在的不足,本章系统分析了如何合理规制审判管理的实践运用,基本思路如下:首先系统讨论审判管理规制的相关理论问题,并在此基础上提出一整套从原则到技术的规制方案;再根据本轮司法改革的总体要求与审判管理实践存在的问题,论析审判管理转型发展的方向与策略。

## 一、审判管理规制的基本原理

随着本轮司法改革的深入展开,尤其是相关改革举措的陆续实施,审判权作为判断权的本质属性备受重视,法院内部各种以行政权为媒介或依托干预审判活动的做法受到了不同程度的限制。相应地,审判管理与审判权的关系形态正在发生改变,审判管理需要适时转型。对此,理论界与实务界已形成共识。然而,这仅仅表明制度条件的改变对审判管理转型发展提出了客观要求,审判管理需要受到合理规制,但规制的出发点与落脚点何在,所欲实现的目标任务为何,却并非这一外在客观形势所能回答的理论问题。在笔者看来,只有明确审判管理规制的价值定位与具体要素,才能有针对性地展开相关工作,不断推进审判管理改革创新,而这些理论问题本身也将迎刃而解。

### (一)价值定位

如前所述,审判权独立运行与对审判活动施加相应的管理之间,天然就存在某种紧张与矛盾的关系。在实践中,虽然法院系统对两者关系的处理较为谨慎,且多次强调审判管理权应服从于审判权,但审判管理仍借助行政科层力量,在不断强化管理与监督的过程中凌驾于审判权之上,“管理第一”取代了“审判第一”,“不是审判权衍生出审判管理权,而是审判权从属于审判管理权”。显然,这样的审判管理不仅已经极度扭曲、严重异化,更是直接背离了审判管理的初始目的。从某种意义上讲,合理规制审判管理,就是要化解两者之间已经非常尖锐的矛盾,并纠正那些异化与扭曲的管理行为,最大限度地使审判管理契合司法审判规律。据此,审判管理的合理规制应立足于促进审判管理转型发展、构建服务型的审判管理体系以及保证审判权公正高效运行,它们共同构成了审判管理规制的价值定位。

第一,促进审判管理转型发展。早在“三五纲要”实施的后期,法院系统已开始反思审判管理所带来的行政化问题①,这集中体现在2014年6月下发的最高人民法院《关于新时期进一步加强人民法院审判管理工作的若干意见》中。此文件在重申审判管理在法院“三大管理系统”中的核心地位,以及“规范、保障、促进、服务”的功能定位的同时,强调审判管理的前提是保障审判权合理运行。这意味着审判管理开始转型,试图从全面介入审判权运行中自我收缩。最高人民法院的这一政策动向不仅回应了审判管理所面临的实际问题,也较好地契合了本轮司法改革所营造的制度环境。因为审判管理此前的扩张已经造成审判权运行秩序的紊乱,并把自己推入了合法性危机的泥潭,审判管理既有的理念和技术与司法责任制改革所要求的“审理者裁判,裁判者负责”格格不入。因此,审判管理介入审判活动,进而影响乃至控制审判结果的管理监督模式必须改变。这就必然要求适当限制审判管理的具体运用,合理规制管理的范围与方式,从而促进审判管理在新的制度条件下转型发展。

① 参见《人民法院报》编辑部:《把公正司法的壮丽和声奏得更响》,载《人民法院报》2013年4月17日。该文提出遵循司法规律、确保司法公正等问题。2013年9月最高人民法院《关于切实践行司法为民大力加强公正司法不断提高司法公信力的若干意见》提出:“建立院长、庭长行使审判管理权全程留痕的制度,加强对院长、庭长行使审判管理权的约束和监督,防止审判管理权的滥用。”

必须指出的是，合理规制审判管理进而促进其转型发展，并不意味着审判管理在审判权运行中的地位降低，更不代表不能对审判活动进行必要的管理监督，而是审判管理需要转换管理理念、更新管理机制与创新管理手段，以适应司法责任制改革的要求。正如李少平大法官所言，“去行政化不是去管理监督，但强化监督管理，并不是要再绕回案件请示审批的老路子上去，而是要以变应变、以新应新，适应新型审判权力运行机制要求，创新监督管理机制”①。事实上，在本轮司法改革中，由于审判权下放，部分法院对审判管理有所松懈②，出现了控权不足的问题，并直接造成审判质效的波动。③ 如何构建适应新形势且有效的新型审判管理模式，是审判管理转型发展必须解决的重要问题。

第二，构建服务型的审判管理体系。正如我们所知，既往的审判管理，尤其是“三五纲要”实施时期强调院、庭长的审判管理，重视“层级管理”，具有较为明显的科层化与行政化色彩，以至于审判权的运行空间被审判管理权无限挤占，控制成为审判管理的制度底色。不难想象，一旦管控审判权成为审判管理运行的主导性理念，审判管理的服务与保障功能自然就退居其次，不会成为审判管理实践的行动指南。这显然有悖于审判管理初始的功能预设，也严重背离了审判管理衍生于审判活动的属性界定。因此，审判管理规制必须立足于其原初的功

---

① 李少平：《正确处理放权与监督 坚定不移全面落实司法责任制》，载《人民法院报》2018 年 3 月 28 日。

② 有调查甚至发现，部分法院的业务庭基本放弃了审判管理，案件裁判尺度不统一、未结案件和长期未结案件数量大幅上升等问题非常突出。参见贾升宗：《内设机构改革后审判管理的价值平衡与实践改进》，载《山东法官培训学院学报》2019 年第 2 期。

③ 这直接体现为改判率、发回重审率等数据指标上升。比如，在 2017 年第一季度，广西全区法院 15 项审判质效指标中，反映案件质量的上诉案件改判率、发回重审率同比均有所上升，其中高院改判、发回重审或指令再审案件 30 件，同比增加 9 件（改判 13 件，发回重审 10 件，指令再审 7 件）；反映办案效果的一审服判息诉率同比下降 4.2%。参见黄海龙：《多措并举把全区法院审判质效提升到新水平》，载广西新闻网，http://www.gxnews.com.cn/staticpages/20170830/newgx59a675cc-16484568.shtml? pcview=1，2019 年 6 月 5 日访问。

能目的，通过制度改革与机制创新构建服务型的审判管理体系，即审判管理应该服务于审判活动，保障审判权合理运行。[①]

具体来讲，这种转型应该着力在以下两方面展开：其一，尽力发挥审判管理应有的服务作用。在司法责任制改革的背景下，审判管理应坚持“以审判为中心”，强调服务作用，“切实将管理与服务结合起来，将管理中发现的问题与需要解决的问题对接起来，从而实现真管理、强服务，管出真问题，服务出新成效”[②]。其二，尽力发挥审判管理在审判质量保障方面的作用。虽然司法责任制改革使得审判管理更多只能侧重于程序性管理，但鉴于审判质量直接关涉司法权威，因而它始终应该是审判管理需要重视的问题。这就决定了审判管理应当将保证审判质量作为服务审判活动的重要内容，需要充分利用法官专业会议、类案及关联案件检索机制，为疑难、复杂、典型和新型案件提供咨询意见，统一法律适用。[③]

第三，保障审判权公正高效运行。一方面，在审判管理不断扩张的过程中，审判权基本已被审判管理权俘获，法官的审判活动在“泛监督哲学”的支配下也被加装了多重防火墙。然而，多年的实践却表明，层层加码的控制与多重环节的监控并未实现审判权公正高效运行，而形态各异的程序不规范与严重程度不等的瑕疵审判行为更是随处可见。其实，“防火墙的自我加厚只能产生数量上或直观上的安全感，而真正的安全感应来自防火墙技术，即审判管理权的自我革新”[④]。这意味着在规制审判管理的过程中，不仅要着力摒除管控型的强力审判

---

① 事实上，自 2017 年以来，最高人民法院在多个场合表示，审判管理必须服务于审判和执行工作。相关报道可参见《人民法院报》评论员：《新时代审判管理工作要上新台阶》，载《人民法院报》2018 年 10 月 11 日。

② 王亚明：《审判管理要抓好五组关系》，载《人民法院报》2019 年 5 月 25 日。

③ 参见张立：《新形势下审判管理的实践与发展》，载《人民法院报》2017 年 9 月 20 日。

④ 丁晓雨、候华北：《论内设机构改革背景下审判管理权的重塑》，载《法律适用》2018 年第 19 期。

管理模式,还要在此基础上依托制度革新寻求更为长效的审判管理机制,以确保审判权公正高效运行。另一方面,司法责任制改革致力于革除包括行政化审判管理在内的审判权运行中的行政化因素,相关改革也确实取得一定的效果,但仅仅是消除行政化进而让法官获得足够的审判独立性,并不能确保审判权公正高效运行。因为行政化只是制约审判权合理运行的一方面,远不是问题的全部,况且改革本身还产生了一些可能妨碍司法公正实现的新情况。比如,"让审理者裁判"使得法官可以独享与审判相关的案件信息,审判流程运行处于封闭状态,审判信息分布不对称的状态加剧。尤其是取消裁判文书审批,限制院、庭长案件审核权,院、庭长对案件了解有限,监督难以实施。[①] 这就难免不会出现审判行为不规范的问题甚至是审判结果的不公。由此来看,无论是合理规制审判管理,还是在此基础上推动审判管理转型发展,仍要以保障审判权公正高效运行作为基本目标,通过制度建构的方式确保审判权依法行使,解决审判行为不规范和司法权滥用等问题。

### (二)具体要素

按照一般的理解,审判管理体系由管理主体、管理内容(管理客体)以及管理方式组成。[②] 从既有实践来看,审判管理在这三方面都有不同程度的扩张,进而从不同侧面以不同方式影响了审判权的合理运行。也就是说,实践中审判管理的"无界化"其实是从多个方面表现出来的,既有管理主体职权的膨胀,也有管理内容范围的扩大,还有管理手段方式的任意运用。因此,规制审判管理必须从系统论的角度将审判管理所有构成要素考虑在内,通过制度改革创新来限制管理主体的职权、限缩管理的对象范围以及约束管理手段的随意运用。

---

① 龙宗智、孙海龙:《加强和改善审判监督管理》,载《现代法学》2019 年第 2 期。

② 参见公丕祥主编:《审判管理理论与实务》,法律出版社 2010 年版,第 25 页。

第一,限制管理主体的职权。目前,在法院内部存在两套并行的审判管理系统,一是以专门的审判管理部门为主体的横向管理系统,二是以院、庭长为主体的纵向管理系统。虽然审判管理部门与院、庭长的管理职权在实践中都经历了一个逐渐扩张的过程,但从对审判权运行影响的角度而言,主要还是院、庭长管理职权的不当扩张。事实上,审判管理所呈现出的问题与面临的争议也主要集中在院、庭长的管理监督职权之上。因此,规制审判管理首先必须限制院、庭长的管理职权,亦即院、庭长的管理职权应该成为审判管理主体职权规制的重心。当然,也必须指出的是,鉴于在司法责任制改革过程中出现了管理监督不力以及审判质效下降等问题,在限制院、庭长管理职权的同时,也要创新管理机制与手段来加强和改善审判监督管理。至于其他审判管理主体尤其是审判管理部门的职权,也需要予以适当限制,应该按照服务与保障审判权合理运行的要求重新界定审判管理部门的职权范围。

第二,限缩管理的对象范围。长期以来,审判管理到底"管什么"及其作用范围,并没有明确的制度规定,实践中也未形成确定的界限,很多时候只是笼统地界定为法官依法行使审判权的行为或者说审判活动。[①] 这一含糊不清的界定直接导致审判管理的对象范围无限扩张,审判管理逐步变成了对审判过程与结果甚至包括法官行为的全方位调控。可以说,只要是与审判权运行相关的活动甚至是当事人的活动,都属于审判管理的作用范围。显然,这既违背司法审判规律,管理效益也较为有限,收缩管理对象范围实属必然,这就要求合理限定管理的内容范畴与案件范围。就管理的内容范畴而言,应严格控制在最高人民法院《关于完善人民法院司法责任制的若干意见》所确定的范围内,不能任意扩大审判管理内容与事项。在案件范围上,应主动将

① 参见济南市中级人民法院课题组:《科学有效审判管理体系的构建与完善》,载《山东审判》2011 年第 6 期。

管理监督局限于一些重点案件、重大敏感案件、重点信访旧案难案、人大与政协关注案件、超审限的案件等。

第三,约束管理手段的随意运用。正如我们所知,既往的审判管理对管理手段与方式的选取基本遵循的是纯行政逻辑,管理主体甚少有意识地主动考虑审判活动的独特属性,进而选择匹配于审判活动内在要求的管理手段与方式。也正是因为如此,审判管理主体在实践中对管理手段与方式的运用非常随意,即便是那些本质上属于行政性控制的管理技术同样盛行于实践,而较少受到必要的约束。这不仅是实践中的审判管理得以无限制扩张的重要原因,也是审判管理扩张所依凭的方式。因此,规制审判管理必须将管理的技术手段纳入考虑范畴,限制管理主体随意选择管理方式与手段,尤其是那些本质上属于强制性与行政性的管理技术。鉴于当前行政逻辑与行政科层在法院内部依然较为强势,行政化管控可能仍然具有深厚的土壤,约束管理主体对管理手段的选择主要是限制行政化管理方式的不当运用。

## 二、审判管理规制的总体原则

"去行政化改革并非意味着让审判权'裸奔','让审理者裁判、由裁判者负责'也不等于放弃必要的管理与监督。"①但正如前文所言,审判管理的科层取向使得它天然就具有扩张的本性,审判管理的具体实践也很容易因此而滑向行政化管控,从而影响审判组织独立审判,最终造成挤占乃至分割审判权的恶果。审判管理过往实践中的一些乱象,在很大程度上都可归结于审判管理无视审判规律的不当扩张,以及由此导致的审判管理权与审判权的关系紧张。因此,在坚持审判

---

① 崔永东:《司法改革去行政化 并不是让审判权"裸奔"》,载中国社会科学网,m.cssn.cn/fx/fx_rdry/201608/t20160830_3181088.htm,2019 年 2 月 8 日访问。

管理的同时,需要按照一定的原则对其进行必要的规制。当然,规制原则不能任意设定,应该满足以下几个要求:第一,能够反映审判管理与审判权的基本关系;第二,能够切中审判管理实践的关键问题;第三,能够有效规范审判管理的运行。基于此,笔者认为,审判管理规制应当遵循以下几方面的原则。

### (一)谦抑克制原则

客观而言,我国法院内部审判权运行秩序存在不同程度的失范,其中的原因颇为复杂,既不能简单地归结于管理与监督的不足,也不能认为完全是行政化的因素使然。因此,实现审判权规范合理运行的根本路径应当在于依照司法规律对审判权运行机制进行改革,而不是一味地强化审判管理。事实上,已有的经验表明,过分强调审判管理不仅不能有效促进审判权的合理运行,反而可能造成审判权运行更加无序。其实,司法责任制改革尤其是审判权的下放,必然使得审判权运行中的行政化因素与行政性管控弱化,从而突显审判权的独立性与核心地位。然而,如果在具体的实践中审判管理不自我克制、主动收缩,则仍会侵害审判权的独立行使,影响司法责任制改革落实。因此,审判管理需要对审判权保持必要的尊重,在运用中应该遵循谦抑克制原则。所谓谦抑克制,即审判管理要体现宽容精神与谦抑价值,具体运用要以独立审判所蕴含的价值作为内在追求,并充分体现审判权的核心地位与法官的主体地位。具体来讲,谦抑克制原则主要包括以下三方面的内容。

其一,在管理理念上,应切实树立服务审判、尊重审判权的理念,彻底摒除行政化与强制性的思维。正如孔茨与韦里克所言:“管理就是设计和保持一种良好环境,使人在群体里高效率地完成既定目标。”①既然审判管理也是一种“管理”,那么其目的就不完全在于控制

---

① 〔美〕哈罗德·孔茨、海因茨·韦里克:《管理学:国际化与领导力的视角》(精要版第9版),马春光译,中国人民大学出版社2014年版,第2页。

审判活动与监督审判权,更多还是为了完善审判权的运行过程,为其合理、合法与公正运行创造良好的组织环境与技术环境。因此,审判管理应着力破解制约审判权公正、高效运行的机制与制度性障碍,在优化司法资源配置与提升法官审判能力的同时,排除各种案外因素对审判活动的干扰,减轻法官的工作负担与心理压力,从而使审判管理真正成为一种服务于法官审判活动的管理,一种服从于审判权的管理。其二,在管理对象上,应明确审判管理仅仅作用于案件的审理程序,只能调控法官行使审判权的行为,不能指向案件的实体处理,更不能将法官这一审判权行使主体作为管理对象。[①] 具体而言,在案件审理过程中,审判管理仅限于程序节点的控制、审理期限的督促、部分程序性事项的审批、裁判标准的统一以及审判资源的合理调配;在案件审结之后,审判管理应通过数据分析、审判态势分析、内部评查总结等方式着眼于审判权运行整体层面的调控以及法官业绩的考评与审判质量的把控。总之,审判管理不得妨碍法官独立行使审判权,这也是审判监督管理的底线。[②] 其三,在管理方式上,要摒弃行政化色彩浓厚的强制性管理方式与手段,适度运用各种带有行政性指挥、命令、服从等因素的管理方式,重视协商、妥协和讨论等非强制性管理手段的运用。这就需要尊重法官的权力与权利,尊重法官的人格与自由,尊重法官的主体地位与价值,理解法官遭受的压力、阻力与困扰,理解法官的困难与艰辛,在审判管理中,充分体现公正、尚善、和谐的人文精神,减轻法官工作负担,激发和调动法官工作的积极性与主动性。[③] 同时,还要创造条件并鼓励法官参与相关审判管理决策与具体管理活动,激发法官作为审判管理主体的积极性与创造性。

① 参见许建兵:《中国特色审判管理机制构建之构想》,载《法律适用》2009 年第 9 期。

② 参见孙辙、张龚:《审判监督管理结构与过程双闭环体系之建构》,载《人民司法》2021 年第 28 期。

③ 参见熊选国:《以科学发展观为指导构建科学规范的审判管理体系》,载最高人民法院办公厅编:《大法官论审判管理》,法律出版社 2011 年版,第 74 页。

### (二)合法性原则

从某种意义上讲,审判管理是通过调控、引导审判行为与过程而对审判活动所进行的一种系统化治理,目的在于使审判权运行达至“善治”的状态。虽然这种治理只是在法院内部展开,但由于它不仅直接作用于审判权运行,还影响当事人的程序与实体权利,因而它需要遵守相关法律与司法解释的规定。无论是管理主体的设立与管理活动的展开,还是管理内容的确定与具体的管理程序,都应该符合法律规定与法律精神。[①] 事实上,作为一种职权性的管理活动,审判管理必须依法进行也是题中应有之义,即审判管理运行于法治的框架之内,并满足“合法律性”这一现代法治的基本要求。否则,不仅审判管理的预期目的难以实现,就是其自身也会陷入合法性不足的境地,最终伤及自身。正是在此意义上,有论者指出,“审判管理是程序法治精神下的次生概念和行为,如果作为法院核心管理的审判管理脱离法治导向,以法治的名义行司法行政化之实,不仅会葬送审判管理的发展,也会为司法行政化徒增话柄”[②]。其实,既往的审判管理之所以充满争议与饱受批评,主要在于其实践运行并未严格恪守既定的法律规则,管理的随意性较强,以至于很多时候审判管理运行于法治轨道之外,甚至某些管理制度和手段直接与法律规定或法律精神相悖。比如,作为审判管理重要手段的绩效考评制度的一些考评指标就明显与既有法律规定相抵触。毫无疑问,这本身就是一种人治思维的体现。更为重要的是,超越法律框架与界限的审判管理很容易因缺乏必要的制约而走向职权扩张与无度管理之路,各种恣意与专断的管理行为以及违反法律规定的管理方式也会由此而生,审判管理实践中的很多乱象与此不无关系。

---

① 参见王琦:《民事审判管理研究》,南京理工大学 2011 年博士学位论文,第 89 页。

② 崔永东主编:《审判管理研究》,人民出版社 2015 年版,第 55 页。

因此,无论是从审判管理规制的角度,还是着眼于其规范运行,审判管理都必须依法展开,所有管理行为“都应依照相应的成文规范,决策行为更多依据规则,而非就事论事”[①]。否则,审判管理就背离了法律的规定而成为“非法”干涉。或许正是因为意识到了审判管理实践存在违反法律规定以及与法律精神相悖的问题,最高人民法院《关于新时期进一步加强人民法院审判管理工作的若干意见》指出,“审判管理必须依法管理,严格遵循程序法和实体法的规定,以科学的组织、管理、评价方法实现审判管理的职能定位”。最高人民法院院长周强在2015年7月2日的全国高级法院院长座谈会上更是明确提出,“要促进审判管理模式的变革,使案件信息实现从一线干警到院、庭长的点到点的即时传递,使人民法院具有行政化倾向的管理转化为制度化、法治化、扁平化管理,实现审判流程再造”[②]。这些改革要求都强调审判管理必须以符合法律规定的形式进行,以提升审判管理的法治化水平。“当法律对审判活动有明确规定时,管理的职能就是落实法律规定;当法律没有规定而又需要管理活动时,管理就只能谨慎地辅佐审判活动依法进行。”[③]为此,审判管理应按照以下要求展开:第一,根据宪法、法律与法规所明确界定的审判管理职责范围以及审判权与审判管理权的关系边界,协调好审判管理与审判的关系,尤其要清晰划定院、庭长的审判管理监督职权界限。第二,严格依照程序法的规定设计与规范审判流程管理制度,程序节点的设置与控制不能与相关法律法规以及司法解释相矛盾。第三,审判质效评估与审判绩效考核的指标设计不得违反诉讼法等法律法规,不能与法律精神抵触,并注意司法信息公开的法律边界。第四,审判管理具体制度的设定需要以法律

---

① 〔美〕彼得·布劳、马歇尔·梅耶:《现代社会中的科层制》,马戎、时宪民、邱泽奇译,学林出版社2001年版,第65页。

② 李阳:《周强在全国高级法院院长座谈会上强调以习近平总书记系列重要讲话指导司法改革和司法实践》,载《人民法院报》2015年7月3日。

③ 范明志:《审判管理的属性定位》,载《人民法院报》2014年2月21日。

法规为依据，至少应该有法律的基础性规定，尤其不能超越法律框架制定或推行羁束性管理制度，更不能为了管理的需要而无视相关法律法规的禁止性规定。

### （三）公开透明原则

在传统的管理模式下，审判管理并没有完全实现公开化、透明化，作为审判权行使主体的法官并不全然知晓审判管理决策与运行的相关信息，多数时候只是被动地接受管理主体所施加的管理行为，当事人与社会公众更是无法了解审判活动与审判管理的运行信息，审判管理在很大程度上变成了一种着眼于审判权控制的内部活动。尤其是院、庭长的审判管理在很多时候是通过“个人化、私密化的方式进行的，有暗箱操作和个人偏好之嫌”①。这种在很大程度上对内与对外都呈封闭化的审判管理既不符合权力运行必须公开透明的原理，也容易造成审判管理运行的非规范化与不确定性，还可能忽视社会公众对司法的合理诉求。事实上，在 2011 年下发的最高人民法院《关于加强人民法院审判管理工作的若干意见》中就明确要求审判管理必须“确保审判过程严谨规范、公开透明，审判结果公正高效”，并做到“全程留痕，在一定程度上公开”。但是，受制于固有行政化管理模式与相关制度建设的落后，这一要求在实践中并未得到较好的贯彻与体现。

“四五纲要”全面实施后，最高人民法院在多个场合与多个司法文件中反复强调审判管理运行需要公开透明，必须做到全程留痕，并明确将之作为审判管理改革转型的基本要求。比如，最高人民法院院长周强在 2016 年全国法院审判管理工作视频会议上强调：“要把深化司法公开作为加强审判管理的重要内容，不断拓展司法公开的广度与深

---

① 李承运：《司法责任制下院庭长审判管理监督权如何转型》，载《人民法院报》2017 年 5 月 22 日。

度，满足人民群众的知情权、参与权、表达权和监督权。”①最高人民法院《关于切实践行司法为民大力加强公正司法不断提高司法公信力的若干意见》要求法官“坚决抵制各种形式的地方和部门保护主义，坚决排除权力、金钱、人情、关系等一切法外因素的干扰”“建立院长、庭长行使审判管理权全程留痕的制度，加强对院长、庭长行使审判管理权的约束和监督”。最高人民法院《关于完善人民法院司法责任制的若干意见》提出，“各级人民法院应当依托信息技术，构建开放动态透明便民的阳光司法机制，建立健全审判流程公开、裁判文书公开和执行信息公开三大平台，广泛接受社会监督”“院长、副院长、庭长的审判管理和监督活动应当严格控制在职责和权限的范围内，并在工作平台上公开进行”。最高人民法院在“五五纲要”中进一步提出：“加大司法公开‘四大平台’建设整合力度，优化平台功能，更加突出移动互联网时代新特点，促进平台从单向披露转为多向互动，让诉讼活动更加透明、诉讼结果更可预期。”最高人民法院之所以强调审判管理要公开透明，不仅是因为审判管理确实存在封闭性问题，更是因为公开透明具有“金鱼缸效应”，亦即透明度越高，则行为越规范、自我约束越严格、权力恣意越少。②

随着司法责任制改革的深入推进，审判权运行机制改革的重要问题是如何落实“让审理者裁判、由裁判者负责”，而司法大数据时代的到来与智慧法院的建设，又为司法责任制改革提供了技术支持。对审判管理改革而言，关键在于区分符合司法规律的管理与背离司法规律的管理，着力转变那些不适应审判权运行机制改革要求的管理模式与手段。这必然要将公开透明原则作为审判管理改革的重要取向，以去

① 罗书臻：《全国法院审判管理工作视频会议召开 周强要求深化审判管理改革促进司法为民公正司法》，载《人民法院报》2016年12月9日。

② 参见倪寿明主编：《让正义经得起“围观”——司法公开数字信息三大平台建设：审判流程—裁判文书—执行信息》，人民法院出版社2016年版，第58页。

除管理中的等级性、服从性、不公开性、不确定性。[①] 这样一来,“所有关心案子的人方可了解到指导法庭审理的是何种法律原则和常规以及逻辑,这样才会实现彻底的司法公开性。这一公开性一方面可能有力阻止司法独裁的倾向,防止出现像司法不公这样的无端猜疑;另一方面,又是对高质量的司法行为的有力激励”[②]。总之,审判管理运行应该具有可监督性、可回顾性,在信息化的基础上实现审判管理在法院内部的全面公开,做到各项审判活动与审判管理活动可回顾,并逐步实现审判管理运行机制对社会的公开,从而为司法公开与司法监督打开一扇新的窗户。[③] 为此,其一,应该加强司法公开平台建设,充分运用现代信息技术手段、智慧法院建设的成果与司法大数据,建立全方位、立体化的司法公开机制与统一的案件信息管理平台或网络[④],在实现内部管理可视化与审判管理数据化的同时,解决审判管理对社会公开程度不足的问题,促进案件信息由内部微循环向体外大循环转变,实现案件在各个审判程序、审判节点的公开、透明,从而使得社会公众有丰富的途径了解司法运行的相关信息;其二,明确任何审判管理行为都应以公开化的方式进行,全程留痕、有迹可查,尤其是院、庭长的审判管理监督意见应公开发表与及时录入,所有管理行为包括时间、内容、节点、方式、处理结果等必须在相应的办案平台上全程留痕、永久保存,实现管理行为可查询、可追溯、可问责。在公开的途径与方式上,可以利用各种信息化手段和案件信息管理系统,以及通过相关文书入卷存档、构建专门的可视化案件管理平台,实现管理的全程可

---

① 参见上海市高级人民法院课题组:《审判权运行机制改革中审判管理职能定位研究》,载最高人民法院审判管理办公室、中国审判理论研究会审判管理理论专业委员会编:《审判管理研究与参考》(第3辑),法律出版社2015年版,第227页。

② 怀效锋主编:《法官行为与职业伦理》,法律出版社2006年版,第53页。

③ 参见钱锋主编:《审判管理的理论与实践》,法律出版社2012年版,第28页。

④ 目前,在最高人民法院的强力推动下,法院系统的司法公开平台建设与司法信息化建设取得了巨大成绩。相关介绍可参见胡昌明:《中国智慧法院建设的成就与展望——以审判管理的信息化建设为视角》,载《中国应用法学》2018年第2期。

视与案件审批全部留痕,防止审判管理异化为行政干预,促进审判管理的科学化、程序化与公开化。

**(四)参与性原则**

在正式表述层面,最高人民法院一直主张要调动法官参与审判管理的积极性,增强管理的参与性与民主化,并反复强调尊重法官作为管理主体的地位。比如,时任最高人民法院院长王胜俊在2010年8月10日举行的全国大法官审判管理专题研讨班上的讲话中指出,"必须注重民主管理,充分尊重、充分信任、充分理解法官,激发法官的事业心和责任感;必须发挥法官的主观能动性,最大限度地挖掘司法潜能,提高司法效能"①。再比如,最高人民法院《关于新时期进一步加强人民法院审判管理工作的若干意见》强调:"要实行民主管理、科学管理和人性化管理,着力解决审判工作中的突出问题,切实为法官依法审判排忧解难,有效减轻一线法官的非审判事务性负担。"但从实践来看,法官事实上沦为管理客体,很少以主体身份参与审判管理活动,多数时候成为管理主体所压制和控制的对象,而审判管理在很大程度上也因此蜕变成以科层权威与官僚支配为核心的行政化管理。这既背离现代法院组织平权与协作的权力构造要求——"没有任何人在地位上明显优于其他人,这里只存在一个单一的权力层次"②,也导致审判管理实践呈现出明显的集权化与行政化面向,民主和协商因素缺失,更遑论所谓的"全员管理""民主管理"。如此一来,审判管理与审判权之间的紧张与冲突将不可避免地被加剧,进而造成审判管理对审判权合理运行的不当压制。这既是实践中很多一线法官对审判管理

① 罗书臻、姚晨奕:《创新和加强审判管理 实现人民法院工作科学发展》,载《人民法院报》2010年8月11日。

② 〔美〕米尔伊安·R.达玛什卡:《司法和国家权力的多种面孔——比较视野中的法律程序》,郑戈译,中国政法大学出版社2004年版,第29页。

抱有消极情绪甚至排斥、抵制的缘由,也是审判管理在实践中不当扩张,任意干涉审判权运行的重要原因。

杜拉克曾指出,“人有个性,有公民权,要监督他们是不是在工作,做的多或少,做的好不好,需要有动力,要有激励,要使人有地位、有职权,使他们满意”①。这实质上肯定了人在管理活动中的主体地位与作用,审判管理同样应该尊重法官的主体地位,重塑管理理念,使审判管理以“人性化”“民主化”为导向。正如蒋惠岭所言:“如果说行政管理中更重视首长决策的作用,那么在审判管理中民主的管理方式就更容易被接受,而首长决策、命令服从会受到质疑。审判管理不应当由一个人作出决定,而应当是由集体民主决策。”②这意味着审判管理本身就需要遵循民主管理原则,运用民主性的管理机制,尤其要充分吸纳法官参与审判管理,不能将其排除在审判管理决策之外。事实上,“审判管理的治理性、保障性特点,决定了作为被保障主体的法官应该充分参与管理活动,最终在院长的审判管理和法官自治管理之间形成动态平衡”③。鉴于审判管理实践存在不同程度的集权化以及法官参与不足等问题,因而更应该将参与性作为审判管理规制的基本原则,从而使审判管理体现出应有的民主性品质。这就需要进一步激发法官的主观能动性和创造力,促使他们积极自我管理,参与院、庭管理,因而要从制度层面保障法官的知情权、参与权与表达权,同时更加尊重法官在审判管理及审判责任评查中的自主化、专业化意见,为法官民主参与管理经验总结、管理规则制定搭建平台,使法官集体的智慧和经验总结成为审判管理决策的有益补充。④ 具体到参与性原则的运

---

① 〔美〕杜拉克:《杜拉克管理思想全书》,苏伟伦编译,九州出版社 2001 年版,第 8 页。

② 蒋惠岭:《审判管理制度的“三要素”》,载《法制资讯》2013 年第 1 期。

③ 谢刚炬、张夫贵、李旭辉:《司法体制综合配套改革背景下基层法院院长的职责重构——以场域理论为视角》,载《法律适用》2018 年第 21 期。

④ 上海市闵行区人民法院课题组:《构建新型审判监督管理制度的路径分析——以法院内设机构改革的典型实践为样本》,载上海市法学会编:《上海法学研究》2020 年第 2 卷。

用,应该从以下几方面展开:首先,创新审判管理主体,明确法官作为管理主体的地位,充分调动其参与审判管理的积极性与创造性,改变目前“院、庭长 + 审判管理办公室”的管理主体结构模式。其次,在管理方式上,积极创设法官自我管理机制,增强管理的人性化与互动性,多采用“柔性管理”,从而强化主客体之间的协调互动以及对法官的激励与塑造。① 最后,在管理制度上,需要建立固定的讨论对话机制,明确任何有关审判管理目标、政策、制度的制定,应当吸纳法官参与,注重与一线法官的沟通,以集中多数智慧支撑审判管理运行,并彰显管理的民主性。

## 三、审判管理规制的具体技术

应该说,上文提出的审判管理规制的相关原理与基本原则仅仅是一些概略性意见与方案,尚待落实为具体的制度措施。在没有操作技术层面的制度规范作制约的情况下,审判管理主体是否会自我克制,主动限缩审判管理的运用,令人生疑。事实上,审判管理改革发展从来不缺理念,法院系统尤其是最高人民法院提出过很多有关审判管理合理运行的原则,但实践表明,这些理念与原则基本没有被完整、有效地贯彻与执行,绝大多数都停留在官方表述层面,审判管理改革也未取得实质突破。因此,我们不能仅仅满足于提出审判管理规制的基本原则,更不能止步于对审判管理规制相关理论问题的探讨,而是应该立足于当前司法改革的基本思路与总体取向,针对制约审判管理合理运行的瓶颈问题与制度难题,从管理内容、管理规范、管理手段以及行权责任等方面对审判管理的合理规制作进一步制度建构,以发挥制度

---

① 参见何菊花:《法院审判质效评查工作引入管理理念之思考》,载《宁波大学学报(人文科学版)》2009 年第 5 期。

结构对审判管理行为的整合与规范作用,实现审判管理的结构转型。[①]

### (一)程序性管理:管理内容的限制

多年的审判管理实践表明,审判管理转型的关键在于解决好"管什么"与"如何管"的问题。对于"管什么"的问题,正如前文所言,目前并未形成定制。按照某些论者的看法,相关司法改革规定在这方面的刻意留白,为继续研究审判监督管理体系指明了方向,提供了政策空间。[②] 从实践来看,审判管理涉及的内容包括"案件信息管理、审判质量评估、案件质量评查、审判流程管理、审判运行态势分析、审判绩效考核、审判委员会事务管理、裁判文书上网以及重大敏感案(事)件的督办工作"等。[③] 由此不难发现,目前审判管理涉及的内容十分庞杂,只要与审判相关的活动都可能属于管理的范围。根据前述的谦抑克制原则,审判管理的内容显然不宜无限扩充、无所不包,而应有所节制、突出重点,实现管理的精准化。具体而言,审判管理只能对审判活动中的程序性事项进行管理,不能随意介入实体裁判领域,亦即审判管理的对象仅限于程序性事项,对于案件的实体处理不应介入与干

---

① 需要指出的是,笔者在下文将这四方面的规制分别表述为程序性管理、制度化管理、科学化管理与责任制管理,这也是笔者对审判管理改革转型后理想形态所作的概括。具体而言,程序性管理要求审判管理职能作用于审判活动中的程序性事项;制度化管理要求审判管理遵守既定制度规范;科学化管理则要求审判管理对管理手段的选择必须符合司法审判规律的内在客观要求;责任制管理则强调审判管理职权的运用需要承担相应的责任。这四方面分别对应审判管理不当扩张的四种表现,它们共同构成了审判管理改革发展与规制转型的主要内容,忽视其中的任何一方面,都不可能真正实现审判管理的改革转型。必须承认,这样概括可能并不完整,精确性也有待提升。当然,从改革推进的角度而言,我们应该秉承系统化与整体化的思维,四方面应协同进行、同步展开、不可偏废,否则不可能取得预期的改革效果。

② 参见孙辙、张龚:《审判监督管理结构与过程双闭环体系之建构》,载《人民司法》2021 年第 28 期。

③ 参见林振通:《审判管理的历史沿革与发展创新》,载《人民法院报》2018 年 12 月 13 日。

预,只能依照相关法律规定进行必要的监督[①],除非发生明显违背法律规定和法定程序的裁判行为。通过限制审判管理的对象范围,赋予审判者独立的实体裁判权,实现管理与审判以及程序与实体的分离,从而为审判权独立运行创造良好的制度环境。至于具体的制度建构,可从以下两方面展开。

第一,对于微观层面的个案管理,应侧重于对案件处理中程序性事项的约束与审判流程的实时控制。传统的审判管理以个案管理为中心,以行政化审批为主要手段,以实体裁判把控为目标,与审判权的界限模糊,功能交叉,既违背审判的基本原理,也导致审判管理不当扩权。为了确保审判主体依法独立行使裁决权,并限制审判管理的职权扩张,审判管理的作用范围应限于程序性事项,案件的事实认定和法律适用不在管理的涵盖范围之内。即使是对程序性事项的管理也不宜过于细密,否则会影响法官对审判程序推进的判断决定权。具体而言,其一,对于案件处理中需要由院、庭长审批的程序性事项,如法官回避、案件分配、强制措施适用、审理期限与程序变更、裁判文书上网等,院、庭长应按法律规定的权限、方式与程序作出决定。其二,利用办案平台与专门的流程设计,对案件处理的各个程序环节进行规范有序的跟踪、提示、预警和督促,在实现审判流程信息公开化的基础上,"实现对已完成事项的记录跟踪、待完成事项的提示催办、即将到期事项的定时预警、禁止操作事项的及时冻结等自动化监管"[②],促进审判管理由传统的结果导向转向过程导向,最终实现从审判管理职权主义的"管控"模式向结构本位主义的"治理"模式过渡。[③] 其三,对于个案实体结果的监督,应该以自由裁量权的规范与法律适用的统一为切入

① 参见江必新:《审判管理与审判规律抉微》,载《法学杂志》2011 年第 5 期。

② 李承运:《司法责任制下院庭长审判管理监督权如何转型》,载《人民法院报》2017 年 5 月 22 日。

③ 参见李晓倩:《信息公开与审判流程管理的转型升级》,载《法律适用》2018 年第 17 期。

点，通过制定类案裁判指南、发布示范性案例、类案联结推送、总结裁判规则等方式，统一法律适用与裁判尺度，督促裁判标准的统一[①]；必要时可以利用专业法官会议、参与案件讨论等方式为案件实体判断提供咨询、意见，供审判组织参考，“这不但不会减损他们的尊严或权力，反而会帮助他们成长并提高自信”[②]。值得注意的是，对个案的监督不是直接干预案件审理结果，而是通过间接监管，对裁判结果形成过程进行流程化控制与及时纠偏，避免事后亡羊补牢的弊端。[③]

第二，对于宏观层面的整体管理，应着重于审判资源的调配、审判质效的把控以及法官审判业绩的综合评价等审判事务性工作的整体管理与调控。司法责任制改革要求放权于法官，明确法官的审判主体地位，充分尊重法官的实体自治，逐步改变审判权为多种主体与多种职权所分享的现状，因而审判管理的重心需要转向宏观层面的整体管理，改变以往“人盯人”“人盯案”的侧重于个案控制、“大包大揽”式的管理模式。具体策略包括：

其一，合理配置审判资源。审判资源的合理分配，是审判管理的重要内容，事关审判效率与结案均衡。在这方面，应该运用审判事务管理权，根据案件受理总量与疑难、复杂程度，合理确定审判团队之间、合议庭之间以及内部成员之间的审判职责分工与审判负担，从而实现审判资源的合理配置与职能发挥的“帕累托最优”。比如，审判管理部门可以通过对一定时期内不同业务部门收、结案情况的条线分析，及时调整审判资源的配置，包括审判业务类型与审判人员调整等，避免忙闲不均，促进人案匹配，落实均衡结案。

其二，着力把控审判质量。在审判权向法官下放之后，院、庭长不

① 参见程晨：《审判监督管理的法治化整合转型》，载《法制日报》2017年2月15日。

② 〔德〕托马斯·达恩史戴特：《失灵的司法：德国冤错案启示录》，郑惠芬译，法律出版社2017年版，第263页。

③ 卢祖新：《院庭长监督特定类型案件的路径转型与程序优化》，载《人民司法》2021年第1期。

再“定案把关”,更不能审签未参与审判案件的裁判文书,这可能会带来审判质量不同程度的下降。对此,应该通过案件质量评查、审判态势分析、案件质量分析等方式,从整体上把控全院、各审判庭、各审判团队的审判质效,对存在质量问题的案件展开质询,最大限度地促进审判质效提升。尤其要充分利用符合司法责任制改革要求的制度机制开展质量管理,充分发挥法官会议这一组织平台的决策咨询功能,实现对个案整体质量与重大、疑难复杂案件审判质量的管理监督。①

其三,审判业绩与法官行为表现的评鉴。评查、考评制度对审判质效的保障是有必要的,但必须科学合理。对此,笔者的建议是利用绩效考评制度,坚持“可评则评,能比才比”的原则,不简单地唯数据论高低优劣②,在建立健全考核评价指标体系的基础上,综合法官考评委员会的专业评价,并适度引入外部评价与定性评价,对法官的审判业绩与行为表现做出综合性考核,以充分发挥绩效考评制度的引领、衡量和激励功能,并促进法官审判技能的提高。③

### (二)制度化管理:管理规范的限制

“制度是一个社会的游戏规则,更规范地说,它们是决定人们相互关系的系列约束。”④作为法院内部的一种管理活动,审判管理当然需要依规运行,以制度规范约束管理职权。正是在此意义上,有论者指出,“为建立审判管理长效机制、有效发挥审判管理职责,应着重加强审判管

---

① 参见赵新华:《司法改革背景下审判管理模式的探索》,载《江苏法制报》2017 年 11 月 17 日。

② 参见顾培东:《法官个体本位抑或法院整体本位——我国法院建构与运行的基本模式选择》,载《法学研究》2019 年第 1 期。

③ 参见赵瑞罡:《关于院庭长审判监督管理机制重构的思考》,载《人民法院报》2016 年 7 月 20 日。

④ 〔美〕道格拉斯·C. 诺思:《制度、制度变迁与经济绩效》,杭行译,格致出版社、上海三联书店、上海人民出版社 2014 年版,第 3 页。

理制度建设，建立健全各项审判管理制度和推进相关配套工作，实现以制度管人、管案、管事的监督制约机制，确保各项审判管理工作规范、有序展开"①。因此，制度化不仅应该成为审判管理运行的基本准则，也应是审判管理改革转型的方向，即通过制度化实现审判管理运行的规范化。所谓制度化，是指"组织和程序获取价值观和稳定性的一种进程"②。一般而言，制度化主要有两种具体体现：一是规则化，强调建立在具有公开性、明确性、可预期性之规则基础上的"规则之治"，而非组织成员临时发布的、具有极大专断性的短期指示或个别命令；二是程序化，强调任何组织行为的做出都必须符合既定的权限范围，并满足基本的仪式要求。③ 据此理解，制度化的审判管理应该以正式的规章制度和程序规则为依据，以组织的"即事性"和"结构地位"作为行权基础。④ 为此，审判管理改革发展不仅需要强化相关制度建设，解决好制度完善和设计的问题，还要增强制度的刚性，解决好制度的落实与执行的问题，最终促进审判管理由"简单规制"向"建构机制"转型。⑤

一方面，围绕审判管理的组织架构、内容设定、程序设计、节点把关、过程监控、质效把控、信息公开以及行权规范等问题建立一整套管理制度，从制度规范层面明确划定审判管理的内容、方式与限度，从而使审判管理运行建立在具有稳定性、明晰性的制度规则之上。自审判管理被正式提出以来，虽然法院系统从上到下确立了很多有关审判管理的制度规范，但实践中的审判管理更多还是依据管理主体的经验与习惯展开，甚至很多制度规范并未得到遵守，任意性与随意性较大，制

---

① 张小桢：《新时期加强审判管理工作的四个着力点》，载《人民法院报》2013 年 2 月 6 日。

② 参见〔美〕塞缪尔·P. 亨廷顿：《变化社会中的政治秩序》，王冠华、刘为等译，上海人民出版社 2015 年版，第 10 页。

③ 参见丁轶：《反科层制治理：国家治理的中国经验》，载《学术界》2016 年第 11 期。

④ 参见周雪光：《中国国家治理的制度逻辑：一个组织学研究》，生活·读书·新知三联书店 2017 年版，第 60 页。

⑤ 参见江必新：《国家权力科学管理视阈下的审判管理》，载《法律适用》2017 年第 5 期。

度化水平较低。这不仅降低了审判管理的效能，影响了其作用的发挥，更是直接导致审判管理实践乱象丛生，管理行为与结果缺乏必要的规范性与可预期性。也正是基于此，有论者认为，传统的审判管理在很大程度上是一种建立在个体威信、资历基础上的"人身依附型管理模式"，这样的管理模式并不具有可持续性，其效用会随着人员的变化而上下波动。① 因此，在规范审判管理的过程中，必须强化相关制度建设，努力形成一套内容完整、结构合理、层次清晰、管理有度的审判管理体系，从制度层面保障审判管理运行的规范化与制度化，最大限度地限缩管理主体的恣意空间，最终为形成一种具有稳定性、可反复操作与可预期性的审判管理模式奠定制度基础。在这方面，除了要强化审判管理的顶层制度设计之外，还要根据司法规律与司法责任制改革的要求以及改善审判管理的目标，修正与完善诸如审判流程管理、审判质效管理、法官绩效考评、院庭长审判监督管理等相关管理制度规范，使之更具可操作性与合理性②，"尤其需要就监督性、奖惩性和指令性管理的范围和情形制定规范性文件，防止审判管理不当侵蚀审判权"③，并最大限度地实现审判管理有章可循、有规可依。此外，审判管理部门还应根据日常管理发现的带有普遍性的问题，在调查研究的基础上制定相关规范性文件，用于指导审判实践，规范司法行为与管理行为。④

另一方面，强化制度规则在实践中的执行力，确保审判管理制度体系在整体上有效运行。理性选择主义理论认为，"一套良好的制度，就是

---

① 参见钱锡青、凌淑蓉等：《基层法院审判管理办公室规范化运作三题——价值定位、机构编排及功能解构》，载万鄂湘主编：《探索社会主义司法规律与完善民商事法律制度研究——全国法院第23届学术讨论会获奖论文集》(上)，人民法院出版社2011年版，第235页。

② 研究表明，制度建设并非规定越多越好，而是要求其科学合理，这可以增强人们对制度规则的认同感，进而有助于提高制度的执行力。相关讨论参见秦国民、陈红杰：《国家治理能力现代化视阈下提升制度执行力的着力点》，载《中国行政管理》2017年第8期。

③ 孙辙、朱千里：《积极主动或谦抑克制："审判管理权"的正确定位与行使》，载《法律适用》2011年第4期。

④ 参见林振通：《四点着力强化审判管理》，载《人民法院报》2018年9月1日。

能够制定出规则来对那些破坏集体效用的个人效用最大化行为加以限制，并且这样一套制度还能够确保这些规则在制定后的执行”[①]。这意味着制度建设的成效不仅取决于制度规则能否有效约束主体的行为选择，还取决于制度本身的执行力，后者甚至更为关键。其实，既往的审判管理不乏制度规则，部分还甚为严密，但这些制度规则却并未得到较好的执行，要么是被灵活变通，要么是被曲解执行，有的甚至还被直接规避与搁置，以至于在审判管理实践中还是“人管人”多于“制度管人”，相关制度不断被边缘化，审判管理的制度理性化程度整体较低。因此，审判管理改革在强化制度建设与强调制度权威的同时，还必须重视制度执行力的提升，防止执行力递减，尤其要注意防范审判管理主体与审判权行使主体各种有意或无意歪曲、变通与弱化制度的策略行为，确保各项制度落到实处。这就要求法院内部各种主体需要将对规则的遵守内化为一种心态与信念[②]，在认同制度规则的同时，主动接受制度对自身行为所施加的限制，在规则设定的行动空间内尽责履职，尤其是处于落实审判管理制度最前沿的审判管理部门应压实责任，严格遵守审判管理的各项制度。[③] 当然，这也需要在技术层面采取相应的制度手段如定期检查与日常督促、配备相应的问责机制等，以强化制度规则的执行力与问责力度。因为“当制度的运行机制不够科学、完善时，当激励机制和惩罚机制没有得到重视时，制度的执行力度就会受到削弱，制度的功效就难以有效发挥”[④]。此外，还可以考虑通过建立有关制度执行情况的反馈机制，定期对制度执行进行考核评估，全面掌握影响制

---

① 何俊志、任军锋、朱德米编译：《新制度主义政治学译文精选》，天津人民出版社2007年版，第93页。

② 在默顿看来，在一个官僚组织中，守规心态的内化强度常常超过技术上的要求，制度规则的效能最终取决于组织成员内化的守规态度与心态。参见〔美〕罗伯特·K.默顿：《社会理论和社会结构》，唐少杰、齐心等译，译林出版社2008年版，第346—358页。

③ 参见王亚明：《审判管理要抓好五组关系》，载《人民法院报》2019年5月25日。

④ 姜裕富：《政治生态学视角下党的制度执行力研究》，载《广西社会科学》2013年第11期。

度执行实效的主观与客观因素,并及时纠正与解决。

### (三)科学化管理:管理手段的限制

审判管理围绕审判活动展开,而审判活动是一种基于程序与规则的事实判断与法律适用活动,它不仅不同于行政管理活动,也有着自身独特的运行规律。这决定了审判管理"应当遵循审判活动的原理或规律,自觉接受审判权运行规律的规训,否则就违背了现代司法的基本规律"①。因此,审判管理的制度设计、具体举措与方式手段必须契合司法审判的特点与规律,实行科学化管理,既要防止审判管理在审判权运行机制中被边缘化,确保实现对审判活动的切实有效管理监督,又要防止审判权与审判管理的行政化,明确审判权与审判管理的相互关系、行使方式和权力边界,从而使审判管理到位而不越位,适度而不过度。② 针对审判管理实践存在的问题,并着眼于对审判管理的适当规制,科学化审判管理体系的构建应该从以下几方面展开:

第一,明确各类审判管理主体尤其是院、庭长审判管理职权的边界,防止审判管理不当侵入审判权运行领域。长期以来,受制于法院内部司法逻辑与行政逻辑的实质混同,包括院、庭长在内的各类审判管理主体的职权范围模糊,审判管理权与审判权的边界并不清晰,以致部分管理主体常能假借审判管理之名介入审判领域,进而控制乃至宰制审判权。③ 这不仅导致审判权运行秩序出现了不同程度的紊乱,也造成了审判管理在实践中的不当扩张。其实,"一个合理的审判管理权与审判权的独立运行并不矛盾,关键是让审判管理权合理,过度、

---

① 杨知文:《法院组织管理与中国审判管理体制的建构》,载《河北法学》2014 年第 10 期。

② 参见应勇:《着眼司法特性 优化管理理念 创新管理机制 提升审判效能》,载最高人民法院办公厅编:《大法官论审判管理》,法律出版社 2011 年版,第 265 页。

③ 值得注意的是,即便是在司法责任制改革之后,院、庭长的审判管理监督职责仍然不清,存在角色混同的问题。参见赵雪雁、周晓:《放权之后院庭长的审判监督管理角色定位》,载《人民司法》2020 年第 13 期。

过分的审判管理权会影响审判权的正常运行”①。因此,通过制度建构明确审判管理的职能定位,厘定审判管理权的界限,并确定各类管理主体的权力清单,实有必要。具体而言,对于院、庭长的审判管理,应根据最高人民法院关于“司法责任制”和“审判监督管理”相关文件的基本规定,将其定位为对审判事务的宏观与中观层面的管理与调控,相应职权主要包括:其一,依照法定权限和程序审核批准案件审理中的各类程序性事项,如回避、退费、程序变更与强制措施适用等;其二,根据审判管理信息,研究制定相关管理制度、统筹协调审判任务以及调控审判资源;其三,从宏观上指导全面或专项审判工作以及对生效案件的审判质效进行监督;其四,主持或参与法官考核与审判委员会工作、法官联席会议以及专业法官会议;其五,监督发现法官的违法审判行为或相关线索,启动专项评查;其六,依法启动审判委员会与专业法官会议程序并主持讨论。② 上述职权针对的要么是审判活动中的事务性工作,要么是审判之前与审判之后的管理与监督工作,基本都不涉及个案的实体裁判问题,其具体行使也是在审判权的外部进行,因而一般不会干预或侵害审判权的独立行使。对于专门审判管理部门的审判管理,应着力发挥其综合与宏观管理功能,组织协调日常审判管理工作,突出其服务职能③,具体职权包括:其一,运用案件管理系统,对案件信息、审判质效与审判流程进行管理;其二,组织、协调案件

---

① 中国审判理论研究会审判管理专业委员会秘书处:《审判权运行机制改革与司法公开背景下的审判管理——审判理论研究会审判管理理论专业委员会 2014 年专题研讨会综述》,载《法律适用》2015 年第 5 期。

② 严格地讲,应该细分院、庭长以及正、副职位的审判管理监督职权。不过,这可能需要考虑他们在法院运行中的职权定位尤其是不同法院的具体情况。正是考虑到现实中法院的情况千差万别,故笔者没有细分他们的职权,而是整体上予以讨论。

③ 从实践来看,专门的审判管理部门享有很大权力,既能审批程序性事项,又能事后监督实体裁判,大有充当甚至取代庭长之势,因此需要限定其审判管理职权。关于审判管理办公室在实践中的作用与功能的详细介绍可参见钱锋主编:《审判管理的理论与实践》,法律出版社 2012 年版,第 35—36 页。

质量评查与司法公开工作，实时汇集、发布审判管理相关信息①；其三，协助院、庭长监督、指导重大敏感案件的审理工作，以及管理法律适用统一工作。必须明确的是，对于属于审判业务庭、合议庭层面的微观管理，审判管理办公室一般不能干预；对于其他管理主体管理不到位、存在漏洞的，要及时跟进，查漏补缺，这样才能防止其越位与缺位。②

第二，调整行政性审判管理机制，摒除本质上属于行政逻辑的管理方式。审判管理固然是一种"管理"，但绝不是法院内部的行政管理与人事管理，它是一种围绕审判权运行并涉及审判原理实现的组织管理。因此，审判管理不是对审判权的直接命令与控制，而是一种非行政化的制约与监督。这就决定了审判管理"不能采取自上而下、依靠行政领导管理的纵向集权式，只能采用遵循审判流程、依靠机制管理的横向分权式"③。然而，实践中的审判管理在很多时候需要通过行政强制与命令的方式来推进，具体的管理方式与手段也带有很强的行政色彩。这种行政化的管理体制不但没有形成长效稳定的管理机制，反而还滋生了诸如审判管理不当扩张、法官消极抵制、审判权运行行政化等问题。因此，我们需要调整审判管理体制，改革行政化色彩浓厚的管理机制。具体策略如下：其一，摒除纯粹命令式与强制式的管理方式。如前所述，既往的审判管理多采用由管理主体直接、单方面下指令、定目标等一些命令式、强制式的管理方式，给外界带来的印象是管理即控制：不仅控制审判权，还要控制法官。这显然是将审判管理等同于行政管理，因而应该摒弃这种管理方式，构建管理主体与法官的沟通协商机制，以增强审判管理的民主性与可接受性。另外，实

---

① 参见封燕：《论法院审判管理办公室的职责》，载榆林法院网，https://ylzy.chinacourt.gov.cn/article/detail/2013/12/id/2007918.shtml，2019年6月25日访问。

② 参见上海市高级人民法院课题组：《审判权运行机制改革中审判管理职能定位研究》，载最高人民法院审判管理办公室、中国审判理论研究会审判管理理论专业委员会编：《审判管理研究与参考》（第3辑），法律出版社2015年版，第231页。

③ 陈旭：《审判管理新模式初探》，载《上海市政法管理干部学院学报》2000年第1期。

践中常见的检查、评比、通报、排名等管理手段，也因为它们在本质上属于权力化与行政性的监督制约而需要被革除。其二，建立柔性化的管理机制。从本质上讲，行政化的审判管理是一种刚性管理，它更多强调惩罚、制裁与矫正，并在很大程度上将法官当作管理客体。这既偏离了审判管理的初衷，也加剧了审判管理的集权化。因此，适度限制刚性化管理手段的运用，建立柔性化的管理机制，就显得非常必要。"所谓柔性管理，即指在管理主体和审判人员之间以情感沟通为基础，运用尊重、激励、引导和启迪等方式进行管理。"①为此，一方面，注重实行人性化管理，引导法官自我管理，充分尊重法官的管理主体地位，保障他们在审判管理方面的知情权与参与权，尤其要减少惩罚性与追责性管理手段的使用；另一方面，应降低绑定在审判管理之上的激励的强度，无论是正向激励还是负向激励，都需适时调低强度②，最好采用"柔性激励"，即运用非强制惩罚、非利益奖励的方法，激发成员的内在工作动机，从而使其自发地为组织贡献心力。③

第三，完善审判质效评价体系，构建合理的绩效考评机制。前文提到，最高人民法院在 2014 年 12 月决定取消对全国各高级法院的考核排名，并要求各高级法院取消本地区不合理的考核指标。最高人民法院在"四五纲要"中明确指出，"废止违反司法规律的考评指标和措施，取消任何形式的排名排序做法"。不过，最高人民法院的这一政策动向并不意味着完全否定绩效考评制度，"取消考核排名"也不意味着放弃必要的监督与约束，相反"让审理者裁判、由裁判者负责"的实施需要有更为

---

① 高权：《审判管理学原理》，人民法院出版社 2014 年版，第 151 页。

② 波斯纳的研究表明，美国法官之所以工作状态相对较好，是因为他们既没有"大棒"惩罚的压力，也没有"胡萝卜"奖励的诱惑。这意味着过强的激励并不一定就能促进法官努力工作。参见〔美〕理查德·波斯纳：《超越法律》，苏力译，中国政法大学出版社 2001 年版，第 144 页。

③ 参见魏姝：《中国官员激励机制的发展与改革》，载《江苏行政学院学报》2013 年第 4 期。

有效、完善的权力监督和约束机制作为保障。[①] 从地方法院的改革实践来看，审判绩效考评并未完全废止，而是在继续充当考评法官和法院审判工作的重要工具，改变的只是考评的方式与指标。[②] 2021 年 10 月还印发了最高人民法院《关于加强和完善法官考核工作的指导意见》，以指导与规范全国法院系统对法官的绩效考核工作。[③]

其实，与所有组织一样，法院也存在如何激励与引导组织成员努力工作以及如何评价成员行为表现的问题。就此而言，原本作为一种激励机制与评估工具的审判绩效考评制度，似乎不可能真正取消，除非找到相应的替代制度。因此，更为可行的策略应该是对之进行必要的改革。至于改革对策，笔者认为应包括：其一，重构绩效考评指标，突出审判活动的特殊性。鉴于实践中将本身用作案件质效评估的指标直接作为绩效考评的指标，并由此造成了案件质效评估的“绩效化”与“功利化”，因而应该在明确区分质效评估与绩效考评的基础上，按照司法规律重构考评指标体系，“注重对法官行为、法官完成司法活动过程的考察与评价”[④]。其中的关键在于形成能够客观、全面反映法院与法官审判业绩以及体现审判价值内涵的指标，并要注意以审判工作实绩为核心确定考核指标。[⑤] 其二，改变评价主体单一化的状况，引

---

① 参见王海清：《司法管理新常态下完善审判绩效考核的思考》，载《人民法院报》2015 年 5 月 13 日。

② 参见何帆：《完善绩效考核办法 实现员额“有进有出”》，载《人民法院报》2017 年 5 月 26 日。

③ 对最高人民法院《关于加强和完善法官考核工作指导意见》相关内容的解读可参见叶健、侍东波、梁代杰：《〈关于加强和完善法官考核工作的指导意见〉的理解与适用》，载《人民司法》2021 年第 26 期。

④ 江苏省南京市中级人民法院课题组：《司法体制综合配套改革视野下法官业绩考核评价制度重构》，载《法律适用》2018 年第 7 期。

⑤ 参见王静：《法官绩效考核制度实证研究——基于地方性规则样本的分析》，载《中国应用法学》2018 年第 6 期。

入多方评价机制。[①] 从某种意义上讲，当前的审判绩效考评实际上是法院系统内部的“自娱自乐”，法院是唯一评价主体[②]，这使得评价对象往往只关注上级法院与法院管理层的反应，而忽视社会关切，造成审判管理“只唯上而不唯实”。因此，应当着力改变评价体系封闭化的状况，将社会主体尤其是当事人与律师纳入评价主体范围，注重当事人对司法审判工作的评价与感受，打破面向内部“自圆其说”的评价模式，增强绩效考评制度的开放性与回应性。其三，调整考核的具体方式，确保考评的科学性与合理性。既往的绩效考核重视数据，主要以客观考核为主。但审判活动的特性决定了法官的行为表现不可能完全客观化与数据化，即便勉强通过客观指标进行数据化“转译”，也可能会被扭曲、模糊甚至曲解，法官绩效之优劣无法在数据中得到完全体现。[③] 因此，审判绩效考核应该在坚持客观化考评的同时，适度吸收主观考评因素，最终形成主观考核与客观考核相结合的考核方式。

第四，强化审判信息平台建设，突出审判管理的服务与保障作用。从某种意义上讲，审判工作的相对独立性与个体性，决定了审判信息在审判主体与审判管理主体之间的分布存在天然的不对称。这突出表现为审判管理主体在很多时候并不了解审判信息尤其是具体个案的审判信息。原本为了实现审判信息对称而创设的审判流程管理，在实践中也因管理主体更为关注如何完成上级设定的绩效指标尤其是

---

① 很长一段时间以来，法院系统都认为外部评价不易操作，外部主体的评价能力有限，具体理由有四：第一，公众对审判专业工作质量的判断力有限；第二，公众所体验的情况、获知的信息有限；第三，败诉的主体基本不会满意法官的判决，形成评价立场对立；第四，外部评价的主观性强，导致参考价值有限。参见洪磊：《法官绩效考核指标体系面临的三重矛盾关系及其破解》，载《当代法官》2017 年第 5 期。

② 有调查显示，目前法院内部的考评主体主要由院领导及职能部门领导组成，普通法官绝大多数时候都被排除在外，部分法院正在通过改革吸纳法官参与，以增强考核的民主性。更为详细的介绍参见上海市第一中级人民法院课题组：《审判绩效考核与管理问题研究》，载《中国应用法学》2019 年第 3 期。

③ 参见上海市第一中级人民法院课题组：《审判绩效考核与管理问题研究》，载《中国应用法学》2019 年第 3 期。

与审限相关的指标而沦为"考核型管理"的工具,很难充分发挥审判信息的融通作用。在笔者看来,既往的审判管理之所以超出应有界限,甚至介入实体裁判领域,在很大程度上是因为审判管理主体尤其作为法院内部层级负责人的院、庭长并不全然了解个案审判的具体信息,只能以实时控制和亲自参与的方式弥补信息的不足。这就不可避免地造成审判管理不当扩张,很多管理乱象由此而生。另一方面,审判管理主体所拥有的很多与审判活动相关的信息,如类案信息、审判质效信息与审判运行态势信息等,审判主体很多时候自己也不知晓。这也是一种审判信息不对称。既往的审判管理在服务与保障审判活动上存在很多不足,很难说与这种意义上的审判信息不对称没有关系。有鉴于此,在构建科学化审判管理机制的过程中,如何通过相应机制与制度的构建强化信息化建设,在实现审判信息对称的同时,突出审判管理的服务与保障作用,是无法回避的现实问题。其实,在"互联网+"时代,审判管理的有效运行离不开信息技术的支持,法院信息化建设的持续发展也离不开审判管理的需求导向。最高人民法院院长周强也指出,"应该运用信息化思维和手段推动审判监督管理制度转型"①。最高人民法院在"五五纲要"中进一步提出:"加强智能辅助办案系统建设,完善类案推送、结果比对、数据分析、瑕疵提示等功能。"

应该说,目前所展开的"智慧法院"建设,包括司法大数据与法律人工智能的开发与运用,为法院系统的信息化建设,实现审判信息对称以及服务审判工作提供了很好的技术条件。具体来说,审判信息化建设,可以从以下几方面入手:第一,构建统一的审判信息平台。既有的审判流程管理在审判信息的汇聚、交换、统计等方面存在很多问题,

① 周强:《切实加强审判管理 确保完成审判执行工作任务》,载《人民法院报》2018 年 10 月 11 日。

尤其是相关数据的形成状况良莠不齐。[①] 这不仅导致数据信息的收集汇总效率低下,也使得深度利用审判信息面临诸多技术障碍。因此,应该以统一化与实时化为目标,构建融合了审判管理监督模块的网上智能办案系统,实现相关审判数据按照统一口径实时生成,并使之成为审判信息的汇集中心。第二,深入挖掘与分析审判信息。分散的审判信息经由统一的信息平台汇聚与集成后,形成了有关审判活动的"大数据",它们蕴藏着巨大的价值,特别是在服务与保障审判活动方面潜力巨大。这就需要充分利用现代信息技术与统计手段深度挖掘与分析相关数据,尤其要注意"从所有数据中分析相关关系,从而预测事物的内在规律与发展趋势"[②],最终促进服务保障型审判管理体系的构建。第三,促进审判信息在不同主体之间交流融通。强化审判信息化建设的重要目的在于推动审判信息在不同主体之间的交流融通,最终实现审判信息对称。因而,在审判信息生成、收集与分析的过程中,审判主体与审判管理主体应该围绕审判信息展开沟通,并通过专门的审判管理工作,形成审判运行态势分析报告、案件质量评查通报、类案审判指导意见、典型个案分析等信息成果,为院、庭长的审判管理决策提供信息资源,为法官的个案及类案审判提供参考。[③]

此外,在审判信息化建设中还要注意对现代信息技术的充分运用,促进信息技术与审判管理工作的深度融合。从实践来看,在"智慧法院"建设的总体规划与要求下,法院系统从上到下较为重视运用现代信息技术,特别是对一些具体技术的深度运用,如裁判文书云体检系统、智能审批电子印章技术、办案 APP、语音识别技术、专门的监管

---

① 参见易万云:《大数据语境下司法统计的实证分析与经验借鉴》,载《湖北警官学院学报》2017 年第 2 期。

② 李晓倩:《信息公开与审判流程管理的转型升级》,载《法律适用》2018 年第 17 期。

③ 参见龙宗智、孙海龙:《加强和改善审判监督管理》,载《现代法学》2019 年第 2 期。

平台等,并在一定程度上改变了审判权运行与审判管理的实际样态。[①]目前,部分法院甚至已开始主动运用一些法律大数据公司开发出来的专业性审判管理系统,对审判活动全过程进行全面的静默化监管。[②]尽管如此,相对于信息技术的发展以及构建服务保障型审判管理体系的要求,当前的信息化建设以及对信息技术的利用还远远不够,存在很多不足。有鉴于此,今后应该围绕服务法官审判工作、服务审判管理决策与服务司法公开,注重对新兴且相对成熟的信息技术的运用,全面拓展信息管理系统在审判管理中应用领域,在助推审判管理规范化、高效化的同时,促进审判管理体制与机制的转型升级。

### (四)责任制管理:行权责任的限制

从某种意义上讲,传统的审判管理之所以“大包大揽”,任意介入审判权运行过程,院、庭长随意发表有关案件实体处理的倾向性意见甚至是决定性意见,一个不容忽视的原因是没有为审判管理配置相应的责任机制,审判管理主体不会因为自己所施加的管理行为以及由此产生的管理结果承担责任,更不会因此而承受相应的不利后果。[③] 质言之,传统的审判管理实际上是一种权力与义务、责任与担当近乎完全失衡的模式,即无论何种情况,也不管产生何种结果,审判管理主体

---

① 关于法院系统运用信息技术的现状及相关效果的介绍可参见刘雁鹏:《审判管理信息化:路径、效果和展望》,载《中国应用法学》2017 年第 4 期。

② 比如,吉林省吉林市中级人民法院就在审判管理中运用华宇元典公司开发的庭审智能巡查系统与电子卷宗巡查系统,对庭审活动进行实时调控。参见吉林市中院审管办:《吉林市中级人民法院全面拓展审判管理与信息技术深度融合》,载吉林市中级人民法院网,http://jlzy. chinacourt. gov. cn/article/detail/2018/09/id/3513991. shtml,2019 年 8 月 2 日访问。

③ 目前,实践中对审判管理的考评主要体现在人事考评中并由“领导能力”一项指标承载审判管理责任的内容。但问题是人事考评主要集中在年底述职,根本不可能对审判管理权行使的科学性、合法性与合理性进行判定,更谈不上谴责与惩戒。这实际上意味着实践中并未形成专门针对审判管理权的系统化的监督与惩戒机制。参见彭春:《改革语境下审判管理权的演化逻辑——基于人民法院权力结构的实证研究》,载《中国法学会审判理论研究会 2014 年年会暨全面深化司法改革促进司法公正理论研讨会论文集》,2014 年,第 351 页。

一般不会遭受来自制度与规则的惩罚,更不会承担相应的不利后果。在这种管理模式下,审判管理不当扩张实乃必然,甚至出现损害审判权公正独立行使的管理行为也难以避免。既然审判管理是一种作用于审判活动的职权行为,其具体运用还会直接影响审判权的合理运行与当事人的程序与实体权利,审判管理主体自然应该承担相应的管理责任,尤其是对于不当管理与违法管理,以及该管的而不愿管或不敢管必须承担不利后果。相应地,在审判管理规制过程中,就需要构建“有权必有责、用权受监督、失职要问责、违法要追究”的管理责任体系,真正把权力关进制度的笼子里①,实现审判管理的责任化以及权力与责任高度统一,控制其触角的不当延伸。具体制度建构,分述如下:

第一,明确规定审判管理职权所应承担的责任与义务。通过审判权运行机制改革与司法责任制改革,审判管理的职责边界以及法院内部不同层级审判管理主体的职权范围在很大程度上已经较为明晰,尤其是部分法院推行的权力清单制度基本厘清了审判管理的职权范围,以往审判权与审判管理权在运行中所存在的权责不清、责任不明、职能交叉等问题已得到不同程度的解决。② 应该说,这为审判管理责任体系的构建奠定了较好的制度基础。同时,最高人民法院《关于完善人民法院司法责任制的若干意见》还规定,负有监督管理职责的人员因故意或者重大过失,怠于行使或者不当行使审判监督权与审判管理权导致裁判错误并造成严重后果的,依照有关规定应承担监督管理责任。③ 这一规定不仅明确了审判管理不再是不必承担责任的职权,而

① 参见林振通:《论司法改革背景下审判管理职能的创新》,载《人民法院报》2015 年 6 月 24 日。

② 参见刘敏:《论程序自治与审判权运行机制改革》,载《政法论丛》2017 年第 3 期。

③ 这一制度规定的精神在最高人民法院发布的“五五纲要”中得到重申,并进一步明确规定:院长、庭长在权力清单范围内,按程序履行监督管理职责的,不属于不当过问或干预案件;相反,院长、庭长该管的不会管、不愿管、不敢管,怠于行使监督管理权,造成严重后果的,应当追究其相应责任。参见何强:《最高法:院庭长按权力清单监管案件 不属不当过问或干预》,载《新京报》2019 年 2 月 27 日。

是行权必担责，也在相当程度上“明晰了院庭长党风廉政主体责任、监管责任”[①]。但也非常明显的是，目前的规定过于抽象、笼统，而且将承担责任的情形仅限于“导致裁判错误并造成严重后果”，难以完全覆盖所有审判管理主体的各种越界或不当管理行为。[②] 也就是说，根据现有制度规定，并不是所有违法与不当管理行为都需要承担后果责任，有权力而没有责任的情况依然存在。诚如诺思所言，“制度运行的关键在于犯规确有成本，并且惩罚也有轻重之分”[③]。没有责任与义务的审判管理，不仅会影响其功能与作用的发挥，也难以实现对审判管理行为的有效制约。因此，我们需要在明晰不同审判管理主体的管理职权的基础上，明确设定审判管理责任，具体规定不同审判管理主体越界或不当行使审判管理职权应承担的行政责任与法律责任。

第二，健全审判管理责任追究的程序机制。“组织不应该期待多数时间里多数参与者都能在没有其他激励的情况下，内化和自愿兑现对所分派任务的承诺。因此，组织为了支持规范准则、规章制度和指示命令的执行，需要有正式的结构机制分配奖励与惩罚。”[④]这意味着一个好的制度体系必须配置具体的追责机制，以便及时追责。尽管司法责任制改革明确了审判管理需要承担相应的责任，并以制度建构的方式明确了责任承担的大致结构框架，但包括责任构成要件、追责程序与责任形式等在内的很多具体问题尚不明确，甚至有些根本没有涉

---

① 孙养统：《健全审判监督管理机制 纵深落实司法责任制》，载《人民法院报》2018 年 5 月 23 日。

② 部分地方法院制定的类似规则中，没有要求必须“导致裁判错误”，而是宽泛地规定“造成严重后果”。比如广东省佛山市中级人民法院就只规定，院庭领导怠于履行审判管理监督职责或不当履职造成严重后果的，承担相应责任。参见广东省佛山市中级人民法院：《完善审判监督管理和廉政风险防控链条 全面落实司法责任制》，载《人民法院报》2018 年 7 月 19 日。

③ 〔美〕道格拉斯 · C. 诺思：《制度、制度变迁与经济绩效》，杭行译，格致出版社、上海人民出版社、上海三联书店 2014 年版，第 5 页。

④ 〔美〕W. 理查德 · 斯科特、杰拉尔德 · F. 戴维斯：《组织理论——理性、自然与开放系统的视角》，高俊山译，中国人民大学出版社 2011 年版，第 230 页。

及，以至于可以说目前并未形成有关审判管理责任追究的程序机制。针对这一问题，部分地方法院尤其是一些中级法院已在研究审判管理责任的定性、认定、内容与追责程序等问题，并制定了操作性相对较强的制度细则，从而在相当程度上解决了审判管理责任追究中的一些具体问题，如何时追究、由谁追究、怎么追究、追究多大责任等。[①] 然而，这些探索毕竟只是地方法院自发的改革行为，其他法院是否会主动效仿也未可知，况且相关制度规定的“地方性”色彩浓厚，并不具有普适性。

因此，这就需要从顶层设计层面推进审判管理责任追究制度的构建，围绕追责主体、责任事由、责任确定、责任性质、具体程序等要素的明晰化，构建细密化、操作性强且具有一定普适性的追责机制，从而使责任追究与责任承担落到实处，解决责任承担限度模糊的问题。

第三，按照公开化原则，实现管理行为的全程留痕。无论是从司法公开的角度，还是着眼于权力行使的原则，审判管理都应该公开、可见，至少应该能为承受具体管理行为所产生后果的相关主体所知晓。事实上，如前所述，这也是“四五纲要”实施以来的司法改革对司法公开原则的发展，更是其所确立的审判管理改革的着力点。既然审判流程管理与案件信息系统使得法官在审判过程中的每一个动作都为管理主体所见，并时刻接受来自管理主体的评估，那么管理主体的行为也应该为系统中的法官与当事人所见，并持续不断地接受法官与当事人评价。否则，仍难避免审判权运行的非规范化，也无法消除社会各

---

① 在这方面，较有影响的有广东省佛山市中级人民法院《关于规范院庭领导审判管理监督职责的若干规定（试行）》、广东省广州市中级人民法院《关于健全审判权运行机制完善审判责任制改革的实施意见》、上海市第二中级人民法院《关于院、庭长审判管理工作职责的规定（试行）》等。关于以上司法文件与相关改革探索的介绍分别参见《广东省佛山市中级人民法院——完善审判监督管理和廉政风险防控链条 全面落实司法责任制》，载《人民法院报》2018 年 7 月 19 日；林霞虹、马伟锋：《广州法院司法改革进入全面攻坚阶段》，载《广州日报》2016 年 7 月 27 日；孟伟阳：《研讨案件院庭长称呼变“法官”》，载《法制日报》2014 年 10 月 23 日。

界对审判过程与结果的各种疑虑，因为审判管理不仅会影响审判权的有序运行，还会直接影响当事人的权利。因此，从审判管理职权规范化与正当化行使的角度而言，审判管理必须公开进行，做到事前有痕必留、有迹可索、事后有据可查，管理全程透明、可视。具体可以按照以下两方面的要求构建公开化的审判管理机制：其一，审判管理主体对程序性事务的管理必须在案件管理系统与相应的办案平台上操作，管理过程与结果应由系统自动记录，全程留痕。其二，审判管理主体尤其是院、庭长对审判实体的介入，应通过法官专业会议与审判委员会这样的组织化机制，任何意见均要公开发表，并将“行权的过程和结果记录在纸质案卷中，留档备查，且还要全部体现在办案系统中”①，必要时还应该将相关纸质记录以及其他材料报送审判管理部门登记备案。

## 四、审判管理再造

自“一五纲要”正式提出审判管理以来，法院系统在极力维护与强力推行审判管理的过程中，也在不断改革审判管理的制度机制。但不得不承认的是，至少在司法责任制改革铺开之前，审判管理改革并未取得突破性进展，至多只是在局部制度与具体技术上有所改进。对此，有论者评论道：“无论怎么改革，审判管理在理念与方法上始终局限于对公共行政管理或企业管理的简单模仿与借鉴，是一种以限制法官的审判权为中心，以追求审判效率为目标的粗放式审判管理综合体系，与司法审判规律和法律法规存在明显张力。”②确实，在我国法院整体的权力结构以及各种现实制约条件没有发生根本转变的情况下，

---

① 蒋惠岭：《院庭长审判管理监督体系转型与规范》，载《法制日报》2017 年 3 月 8 日。

② 王晨编著：《审判管理体制机制创新研究》，知识产权出版社 2013 年版，第 20 页。

完全以司法逻辑来主导法院运行,进而引领审判管理机制改革,是存在相当难度的。但正如组织社会学理论所揭示出来的那样,组织存在于某一特定的环境之中,并且必须适应物质、科技、文化与社会环境,以维系自身的合法性。[①] 在审判权运行的外部与内部环境随着司法改革的不断推进而发生改变的情况下,审判管理需要顺应这些变化在管理的作用对象、职能范围、行权方式与管理模式等方面作出相应调整,从而在重构审判管理制度体系的基础上,推动审判管理转型发展。这其实也是审判管理受到合理规制之后,其应有的发展方向。

### (一)从管理法官走向管理案件

正如有论者所指出的那样,既往的审判管理归根到底是对人的管理,以"管人促管案"的思维为基础,提倡依靠科学、系统的审判管理,不断提高审判质效、缓解"案多人少"的矛盾。[②] 在理念上,"管人"与"管案"本应有机结合,两者同属审判管理不可分割的部分。然而,由于"管人"相对于"管案"更容易操作,也更能产生短期管理效益,因而实践中往往将两者割裂开来,审判管理在很大程度上蜕变成纯粹的"管人",更关注对法官审判行为的控制,而漠视法官在审判权运行中的主体地位。确实,实践中通行的很多管理手段与方式表面上似乎都针对案件,但实质上指向的却是法官,间接将法官作为管理客体,而那些以法官为作用对象的管理制度与机制更是直接将法官当作管理客体,以监控和处罚为主要内容。应该承认,以法官作为管理对象确实在一定程度上矫正了审判管理只管案件所带来的纯技术化倾向[③],也能在强化对法官行为控制的基础上提升个案的审判质效,但由此产生

---

① 参见〔法〕米歇尔·克罗齐耶、埃哈尔·费埃德伯格:《行动者与系统——集体行动的政治学》,张月等译,上海人民出版社 2007 年版,第 160—166 页。

② 参见钟小凯:《审判管理:从压制型向回应型转变》,载《人民司法》2012 年第 23 期。

③ 参见钱锋主编:《审判管理的理论与实践》,法律出版社 2012 年版,第 65 页。

的问题也非常明显，这集中体现在以下两方面：其一，容易陷入行政化管理的窠臼，违背审判管理规律。从本质上讲，审判管理以法官为管理对象意味着管理主体与法官的关系并不平等，两者之间存在单向的"命令—服从"关系，管理主体可以指挥甚至命令法官该怎么为或不该怎么为，而法官在很大程度上只能被动接受。一旦审判管理按此结构模式运行，必然陷入行政化管理的泥潭，甚至完全蜕变成一种以命令和服从为核心特质的行政管理活动。这显然违背了审判管理规律，颠倒了管理主体与客体的位置，也容易束缚法官的手脚，扼杀其创造性与能动性。其二，容易造成法官对审判管理的抵制，加剧审判权与审判管理权的内在冲突。从某种意义上讲，司法职业的特殊性使得法官天然追求独立与自治，这决定了他们会在不同程度上排斥审判管理。在此现实下，如果法官在审判管理中处于相对被动的地位，只能作为被规训与压制的对象，那么他们必然会更加抵制审判管理，从而引发管理主体与法官之间的摩擦甚至是冲突，加剧审判权与审判管理权之间的内在张力。

作为"以审判为主业"的专业化组织，法官自然应该是法院的主体与核心，也是审判权行使的当然主体①，法院内部的一切管理、指导与监督活动，都应该服务并服从于法官的审判工作，不能凌驾于审判权之上而对法官发号施令。即便是对法官审判行为的监督，也只能采取不影响审判权独立行使的方式进行，或者督促法官改变自身行为。②如果说既往法院运行与内部管理受制于司法体制与权力构造的行政化而没有真正确立起法官与审判权的中心地位，审判管理将法官作为管理客体尚情有可原的话，在以"让审理者裁判、由裁判者负责"为目

---

① 正是在此意义上，德沃金指出："在法律铸造的帝国里，法院是法律帝国的首都，法官是帝国的王侯。"参见〔美〕罗纳德·德沃金：《法律帝国》，李常青译，中国大百科全书出版社 1996 年版，第 361 页。

② 参见宋冰编：《程序、正义与现代化——外国法学家在华演讲录》，中国政法大学出版社 1998 年版，第 18—19 页。

标的审判权运行机制改革与司法责任制改革深入推进的背景下,若审判管理仍然着力于对法官审判行为的控制,依然把法官作为管理的客体、约束的对象与控制的目标,则明显不合时宜。因此,审判管理应该将重点转向对案件的管理,侧重于提供人性化的审判服务,并明确法官与审判权不是管理的客体与对象,即使是对审判权的制约也只限于非规范化的审判行为。为此,一方面,必须废止那些专门以法官为作用对象的管理制度,确立法官在审判管理中的主导地位,并强化法官对案件与当事人的管理,以突出其主体地位,实现审判管理的动力由“外部推动”向“自觉自律”转变。① 即便要对“人”进行监督,也要侧重于对审判长、承办法官、参审法官和司法辅助人员行为的监督。② 另一方面,转变传统的以提升个案质效指标数据为目的的管理思路,利用案件管理平台,借助信息技术手段,逐步建立规范化、标准化的办案标准体系,使法官在证据采信、庭审程序、裁判思路、文书写作等方面都有相应的规范作为参照,最终实现裁判标准的统一与案件质效的提高。③

### (二)从审判事务的全方位控制走向非核心审判事务的调节

纵观审判管理的发展历程不难发现,审判管理的范围经历了一个不断扩张的过程。在“一五纲要”之前,审判管理在很大程度上只是由院、庭长以行政审批的方式控制裁判结果。此后,案件的审判流程被纳入管理范围,成为调控对象。随着“二五纲要”的实施,审判管理的范围进一步扩大,形成了以案件质量评估为核心、以审判流程管理为基础、以案件质量评查为重点的管理体系。在“三五纲要”强化审判管

---

① 参见祖鹏:《基层法院审判体系的转型重构》,载《人民法院报》2017 年 1 月 4 日。

② 参见孙辙、张龚:《审判监督管理结构与过程双闭环体系之建构》,载《人民司法》2021 年第 28 期。

③ 参见徐军:《司法改革背景下法院管理的“四个转变”》,载《人民法院报》2016 年 10 月 19 日。

理的基调下，审判管理获得了前所未有的发展，管理体系与制度设置更为细密，管理的对象范围更是急剧扩张，一张立足于审判权控制的立体化、细密化的“监控之网”完全形成，审判活动的各个环节与法官行为的方方面面都进入了审判管理的射程。① 当然，这本身也是符合审判管理一以贯之的理念与所欲实现的目标，即尽可能管理与控制审判权运行中的所有事务与行为。但既往的实践表明，这种全覆盖、“加码”式的管理却并未带来预期的审判质效全面提升以及相应的司法公信与权威，反而还滋生了很多始料未及的问题。首先，挤占审判资源。随着管理范围的扩张，审判管理的工作负担不可避免地加重，法院不得不将本就有限的人力资源更多投放于审判管理之中，而院、庭长与法官也需要腾出时间应付增多的管理事务，这势必导致宝贵的审判资源被审判管理挤占。其次，管理中的服务意识淡薄。审判管理本应服务于法官，为审判工作“保驾护航”。然而，审判管理的扩张不可避免地“加剧法院内部分工和人员的专业化、技术化，进而导致工作人员将更多的精力投注到内部信息的传导、理解、执行上”②。受制于“注意力的瓶颈”③，单位时间内对内责任的强化意味着对外责任的减弱，审判管理的服务功能必然出现不同程度的弱化，并造成管理主体与一线法官的关系紧张。最后，降低管理的整体效能。由于审判管理范围不

① 审判管理办公室职能的扩大很能说明审判管理范围的扩张。在成立之初，审判管理办公室共承担七项职能，即案件信息管理、审判流程管理、案件质效评估、案件质量评查、审判运行态势分析、审判绩效考核、审判委员会事务管理，后来其职能迅速扩张至十八项，包括司法统计，审判运行态势分析，案件质量评估，案件质量评查，案件信息管理，审限变更与扎口，结案扎口，裁判文书上网，审判流程监控与公开，每庭必录、庭审亲历与评查，审委会会务服务，敏感案件（事件）管理与协调，业务庭及法官绩效管理，案件质量综合考核，精品文书评选，联系上、下及同级单位对口部门，未结、诉、访案件的跟踪管理，领导交办的其他工作。

② 刘澍：《审管分离：我国法院审判管理制度的现代化转型》，载《学习与实践》2016 年第 5 期。

③ 在西蒙看来，人类同多数复杂生物一样，一次只能自觉地处理一件或几件事，人类面临着“注意力的瓶颈”问题。参见〔美〕赫伯特 · A. 西蒙：《管理行为》，詹正茂译，机械工业出版社 2014 年版，第 85 页。

断扩张,很多可能属于“不该管的”也被纳入管理的范畴,而“该管的”却因为资源的有限与管理的分散并未得到有效的管理,导致管理的“错位”与“缺位”并存。这必然降低审判管理的整体效能,法院因此又反过来进一步强化审判管理,从而使法院陷入了“管不好就加强审判管理”的恶性循环。

有论者指出,当前的审判管理实际上处于“上不来、下不去”的状态,“上不来”主要表现为审判管理主要关注一些具体、碎片、随机性的问题,“下不去”主要体现在规划、保障与促进审判的职能作用发挥不足。① 尽管造成此状况的原因是多方面的,但其中一个不可忽视的原因是有关审判管理的范围并未得到合理确定,以至于应该管理什么、管多宽、管到何种程度等一些事关审判管理正当性的问题尚未厘清,而这又与法院内部各层级主体的职权模糊以及审判权与审判管理权的边界不清存在密切关系。在司法责任制改革还权于法官之后,审判管理显然不应延续既往“什么都管、全面发力”的策略,而是应该主动收缩管理范围,从审判事务的全方位细微控制转向核心审判事务的宏观调节。其实,在案件数量持续上升而司法资源相对有限的现实下,即使撇开司法审判规律对审判管理的制约不谈,审判管理也根本不可能对每一个案件“如何审理、怎么裁判”实现全面监管。较为理性的选择或许是“有所为,有所不为”,从“无限管理”走向“有限管理”。具体而言,审判管理应当从微观个案层面转向宏观整体层面,管理内容应限于审核批准程序性事项、综合指导审判工作、细化统一裁判标准与整体把握审判质效等方面;管理重点应置于统筹审判工作、监控审判流程、规范司法行为以及考评审判绩效等之上;在工作方法上,应通过运用信息化技术与司法大数据着力于事中和事后的节点控制,重点关注审判权运

① 参见黑龙江省高级人民法院课题组:《司法改革背景下的审判管理职能范式转型研究》,载最高人民法院审判管理办公室、中国审判理论研究会审判管理理论专业委员会编:《审判管理研究与参考》(第3辑),法律出版社2015年版,第212页。

行中的突出与现实问题。在审判管理的范围收缩之后，管理主体可以从繁杂且繁重的管理工作中抽身出来，将更多精力用于案件质量评查分析、总结审判经验、统一司法尺度、促进法官职业发展等深层次的服务工作，从而使审判管理真正成为“以服务为核心理念的管理平台”[①]。

### （三）从行政化管理走向专业性管理

从组织管理的角度而言，由于不同的组织往往具有不同的结构与属性，因而每一种组织都有与其内部构造和专业属性相适应的管理模式与手段。对于复杂程度较高、专业分工较细、规范化程度较高且人员知识水平较高、工作独立性较强的组织，一般都采用体现其专业性质的管理模式与手段[②]，这也是现代组织管理的基本原理与一般规律。对此，佐藤庆幸指出，“无论是何种组织，组织越大，各种职务的功能越分化，关于管理的知识也就会越来越高度化、专业化，相应的组织管理也就愈发凸显专业性”[③]。布劳和斯科特更是直接强调，专业组织具有自己独特的管理和控制结构，这个结构更多体现了专业人员自我施加的标准和同业集体的监督和控制，组织中的成员应当由有资格的同业人员作出判断。[④] 现代法院作为由职业法官所组成的复杂程度较高的专业组织，其内部管理也应采用专业化的管理模式，而不能采用行政化的等级控制结构。具体到审判管理，由于现代审判活动的专业性极强，且复杂程度较高，再加之作为审判活动主体的法官一般也具备较高的法律专业素养与审判技能，因而它更需要采用体现审判活动与审判权专业特点的管理模式与手段。这种专业化用布劳和斯科特的

---

① 胡昌明、杨兵、王耀承：《构建科学的审判管理机制》，载《人民司法》2011 年第 1 期。

② 参见杨洪兰、张晓蓉编著：《现代组织学》，复旦大学出版社 1997 年版，第 98 页。

③ 〔日〕佐藤庆幸：《官僚制社会学》，朴玉、苏东花、金洪云译，生活 · 读书 · 新知三联书店 2009 年版，第 282 页。

④ 参见〔美〕彼得 · M. 布劳、W. 理查德 · 斯科特：《正规组织：一种比较方法》，夏明忠译，东方出版社 2006 年版，第 41 页。

话说就是“专业性的同业化管理”,即由有资格的同业人员按照专业标准进行管理。[①] 正是在这一意义上,有论者指出,“由于审判权的行使具有复杂性和专业性,对审判权行使管理权的主体也应当具有相应的专业性,而且这种专业性理应也要具备相当程度的司法属性,而非单纯的管理属性”[②]。

正如我们所知,既往的审判管理在很大程度上是一种以等级化控制为主要手段、以官僚支配为基本特征的行政化管理。尽管这样的管理能以较低的成本实现法院内部行政科层对审判活动的控制与监督,也可以在个案管理层面产生较好的管理实效,但由于它明显忽视了现代法院组织的特殊性与审判活动的特有规律,因而它是一种专业化色彩较弱的管理,甚至可以说都不是一种契合于现代组织管理基本原理的专业化管理。更为重要的是,这种管理不仅不能持续性地实质提升审判质效,反而还可能损害独立审判,降低审判质效,并还会导致社会各界以“行政化”“外行管理内行”等借口质疑审判管理。因此,审判管理需要从目前的行政化管理全面转向专业化管理。这除了要构建前文所提到的民主化与参与性的管理机制与调整管理方式,还需要在以下几方面有所作为:第一,改变审判管理部门的人员构成。“专业化体现了司法这种活动以及这种活动中的人的专业化要求。”[③]这就决定了对审判活动的管理与对审判权的监督必然是同业性质的管理与监督,即管理与监督主体与法官具有同质性。质言之,审判管理部门的人员应具有法官的属性,至少应该熟悉司法规律,了解审判权运行原理。据此,需要将不具备这些条件的人员调整出审判管理部门,在不影响审判资源供给的条件下,补充一些具有司法经验的人员。第

---

① 参见〔美〕彼得 · M. 布劳、W. 理查德 · 斯科特:《正规组织:一种比较方法》,夏明忠译,东方出版社 2006 年版,第 72 页。

② 杨知文:《法院组织管理与中国审判管理体制的建构》,载《河北法学》2014 年第 10 期。

③ 刘作翔:《司法规律及其相关问题》,载《河北法学》2011 年第 12 期。

二,建立法官主导的案件质量评查机制。作为审判管理重要手段的案件质量评查,是"同业判断"最应该发挥作用的领域,因为"对于专业领域的事项,只有通过专业内部的同行评议和专业从事者的自主判断,才能保证有适当的安排和处理"①。因此,应建立以法官为主导的案件质量评查机制。第三,以专业知识作为审判管理制度构建的技术标准。审判管理的专业化与"同业化",不仅要求管理主体具有司法专业属性,还要求管理制度也能体现这样的属性。这就需要以司法专业知识为标准修正、制定审判管理的相关制度,使其体现出符合司法规律、专业化运作的特点。

### (四)从粗放型管理走向精准化管理

如前所述,自审判管理被正式提出以来,法院系统从上到下一直在改革探索,试图构建合理化的审判管理机制。然而,这些改革并未有效解决审判管理管什么、如何管等一些事关审判管理形态的基础性问题,更遑论形成细致化、统一性与系统化的制度规范。至于相关的理论研究也没有形成通说性的观点,很难为实践提供成熟的方法论指导。因此,实践中的审判管理基本上依靠管理主体尤其是院、庭长的实践经验、上级法院的工作安排与指导以及互相模仿、借鉴来展开。这使得既往的审判管理在很大程度上处于一种粗放型管理的状态,远远谈不上精细化管理。② 这主要体现在以下几方面:其一,没有区分特殊案件与一般案件。从管理策略上讲,对不同的案件应该采用不同的管理机制。然而,既往的审判管理基本没有区分案件类型,对所有案件实行同样的管理模式、管理手段与管理策略。由此造成的结果是应该重点关注与强化管理监督的案件,并没有得到匹配于其重要性的管

---

① 张志铭:《法理思考的印迹》,中国政法大学出版社 2003 年版,第 321 页。

② 参见胡昌明:《中国智慧法院建设的成就与展望——以审判管理的信息化建设为视角》,载《中国应用法学》2018 年第 2 期。

理资源，而原本不应投入过多注意力的案件却在某种程度上被过度管理，审判管理的整体水平与层次较低。其二，审判管理的对象范围过于宽泛。正如前文多次提到的那样，随着审判管理职权的不断扩张，管理的对象范围也急剧扩张，实践中几乎与审判相关的所有活动甚至包括法官本身都处于审判管理覆盖的范围之内。这样的管理看起来严丝合缝、滴水不漏，对审判活动形成了一种全方位的监管，但由于什么都管，缺乏问题意识与管理重点，实际的结果往往是什么都管不好，管理的整体效能较差。其三，具体管理手段与技术的运用流于表面。虽然审判管理在过往的发展过程中形成了院庭长个案监督、审判流程管理、案件质量评查、审判绩效评估等主要管理技术与手段，基本覆盖了审判管理监督的方方面面，但这些技术与手段在具体运用中多数时候都流于形式，甚至完全是为了应付上级的要求，很少会根据具体情况与实际存在的问题作出相应的调整，没有形成差别化管理。这既限制了审判管理预设功能的充分发挥，也导致审判管理的一些重要职能被遗漏，从而难以真正发现审判权运行的痛点与堵点。

正如有论者所指出的那样，"审判管理事务繁杂，应当树立精准思维，通过靶向施策提升管理实效"①。确实，在审判管理逐步从无限管理转向有限管理的过程中，延续既往的粗放型管理，不注重管理实效，只强调管理形式，显然已不符合新时期审判管理改革转型的总体要求。审判管理需要在改革管理技术手段的同时，注重管理水平的提高，实现精细化管理。具体而言，精细化的审判管理可以围绕以下几方面展开：其一，准确界定审判管理的事项范围与案件类型。明确审判管理的内容事项与案件范围，既可以突出管理重点，使应该管理的事项得到应有管理，还能防止对审判活动的不当干预，避免审判管理步入行政化管理的老路。其二，加强对审判信息与相关数据的分析利

① 周陈华、仇军：《院庭长如何开展审判管理》，载《人民法院报》2018 年 8 月 22 日。

用。“精细管理需要以审判数据的充分运用为基础。”[①]在审判信息平台积存了巨量信息与数据的条件下，应该加强对数据的深度分析，实时掌控审判工作的总体态势，及时发现可能存在的问题与需要注意的事项，为法院的审判管理决策提供精确的数据支撑。其三，充分掌握法院审判资源与审判水平，以及案件的总体情况。只有事先充分了解与审判工作相关的具体情况，才可能实施精准化的审判管理。因此，审判管理主体需要全盘掌握所属法官的审判能力与审判业绩以及受理案件的大体情况，并进行动态跟踪，从而形成符合客观情况的“体检表”，使审判管理在源头上就建立在情况明了的基础上。其四，完善审判管理主要技术手段。从既有实践来看，审判管理很多技术手段的运用都存在明显的表面化与应付的问题，没有注意到法院不同层级、案件类型与体量、审判主体条件、客观条件与环境等对审判管理的影响。[②] 有鉴于此，应该根据法院的实际情况，在总结既往经验的基础上，从精准性与细致化的角度完善主要的审判管理技术手段，从而在方便操作的同时，实现审判管理制度的精细化。

## 五、结语

应该说，通过审判管理提高审判质效，进而促进审判权高效合理运行，是较为符合我国现实司法条件的理性选择，至少是一种相对次优的选择，这也是审判管理作为法院内部一种新型管理形态所欲实现的目标。然而，由于审判管理实际上是在审判权运行的程序链条中人为嵌入的一种监督与制约机制，因而不管怎么强调尊重司法审判规

① 王贺：《依托“三十条”要点提示 不断推进庭级审判管理精细化》，载《人民法院报》2017年9月6日。

② 参见龙宗智、孙海龙：《加强和改善审判监督管理》，载《现代法学》2019年第2期。

律,如何以审判权为中心,它在具体运行中还是有可能侵入审判权运行领域,进而破坏审判活动的独立性与自治性。这正如费斯所言:"管理制度对法院的影响体现在它可能削弱作为司法权合法性根源的保证法官进行独立判断的程序。"[①]因此,明确划定审判管理的职权范围并限制其具体运用,对于维持审判管理与审判权的合理平衡以及发挥审判管理的积极效用,就显得异常关键。然而,在日渐增大的内部治理与外部合法性获取的压力下,法院系统一再强化审判管理尤其是院、庭长的层级管理,从而使得审判管理范围不断扩张,管理职权明显增容,最终超出了其应有界限,审判管理与审判权之间的平衡完全被打破。更为重要的是,受制于已呈固化趋势的行政式司法体制与结构、法院内部司法逻辑与行政逻辑的实质混同,审判管理固有的一些结构性缺陷在此过程中被无限放大,原本作为问题解决手段的审判管理在某种程度上变成了问题,"俨然成为深化司法改革尤其是司法去行政化的障碍"[②]。也因此,一时间社会各界质疑甚至否定审判管理的声音此起彼伏,审判管理甚至一度被视为冲击审判的"洪水猛兽"。在司法责任制改革全面展开之后,很多人更是认为审判管理在很大程度上与"让审理者裁判,由裁判者负责"的改革导向相悖,已无存在的必要。[③]

"四五纲要"实施所开启的司法改革试图打破由科层结构造成的思维约束,并以责任制的模型规划赋予办案者更大的自主性。[④] 在此背景下,延续以全面控制审判权行使为目标的强势化与行政化的审判

---

① 〔美〕欧文·费斯:《如法所能》,师帅译,中国政法大学出版社 2008 年版,第 85 页。

② 重庆市高级人民法院课题组:《审判管理制度转型研究》,载《中国法学》2014 年第 4 期。

③ 参见田永德:《审判管理监督如何转型》,载《人民法院报》2017 年 2 月 21 日。需要指出的是,正是基于这样的认识,有些地方法院审判管理松弛,甚至部分院、庭长主动放弃必要的管理监督。

④ 参见邹伟、陈菲、罗沙:《改到深处如何攻坚——全面深化司法体制改革述评》,载《新华每日电讯》2016 年 7 月 28 日。

管理模式已显得非常不合时宜,审判管理必须在独立审判的制度架构下展开运行,并接受审判权的制约。就此而言,审判管理转型重构刻不容缓。根据审判管理既有实践所呈现出来的问题,其转型重构的关键在于从制度层面合理规制审判管理,使之回归服务与保障审判活动、促进审判权合理运行的应然状态,并在此基础上按照独立审判的要求对审判管理的对象范围、行权方式与制度机制等进行改革,从而实现审判管理的再造。当然,在此过程中不能放松审判管理,更不能放任审判权自由驰骋,而是应该改善与加强审判管理,保持对审判活动必要的监督。诺思曾言:“制度变迁最重要的一点是必须要掌握的,那就是制度变迁绝大部分是渐进的。”①审判管理转型重构同样具有渐进性,需要经过长期的摸索与反复的调适,其中必然充满了曲折与反复。从这一点来看,合理化的审判管理机制的形成不可能一蹴而就,我们需要根据法院运行内部与外部环境的变化及其自身所存在的问题,不断推动审判管理改革发展。在此过程中,既要尊重司法审判规律,也要考虑客观现实情况尤其是制约改革展开的现实条件,还要兼顾改革转型的平滑性,使改革过程始终处于“纳什均衡”状态。

---

① 〔美〕道格拉斯·C.诺思:《制度、制度变迁与经济绩效》,杭行译,格致出版社、上海人民出版社、上海三联书店 2014 年版,第 119 页。

# 第五章　审判权与审判管理权、审判监督权的关系构建

## 导　论

从党的十五大首次提出“推进司法改革”到十九大要求“深化司法体制综合配套改革，全面落实司法责任制”，建立具有中国特色的审判权运行体系一直是司法改革的重要目标。其中，恰当配置法院内部各层级、各主体的职权，合理确定它们在审判权运行中的角色与作用，则是改革的重中之重。相应地，合理构建审判权与审判管理权、审判监督权的关系①，自然就成了司法改革的一项重大

---

① 在 2013 年以前，审判监督与审判管理并无实质区别，法院对审判监督管理的工作内容，基本使用“审判管理”这一概念；在 2013 年以后，由于审判管理带有较强的行政属性，法院系统开始将“审判监督”与“审判管理”区别开来，最高人民法院发布的“四五纲要”将审判监督与审判管理并列，而且在要求“健全院、庭长审判管理机制”的同时，还要求“健全院、庭长审判监督机制”，提出“规范院、庭长对重大、疑难、复杂案件的监督机制”等。但是，在“五五纲要”中，最高人民法院将审判管理与审判监督合并表述为“审判监督管理”。在笔者看来，这并不意味着最高人民法院已将这两种在理论上有不同性质的职权合二为一。事实上，检索“五五纲要”颁布之后来自法院的作者所著的文献可以发现，审判管理(权)与审判监督(权)仍被分开使用，两者的区分仍被承认。也有论者指出，在目前的工作实践中，审判管理与审判监督并无明确区分，其本身也没有界分的必要。相关观点参见龙宗智、孙海龙：《加强和改善审判监督管理》，载《现代法学》2019 年第 2 期。

任务。[①] 事实上,法院内部的很多主体之所以能够参与审判活动或介入审判权运行,在很大程度上就是因为有审判管理权和审判监督权作为制度依据;而实践也表明,审判管理权与审判监督权已对审判权的合理运行产生了重要影响,尤其是它们对审判权运行所施加的层层监控,已然导致审判权在很大程度上附属于法院内部的行政科层。因此,司法改革确实不能回避审判权与审判管理权、审判监督权的关系问题。当然,审判管理改革不仅不能回避此问题,反而需要作出积极的回应。自司法责任制改革以来,审判权正在获得核心/中心地位,审判管理权与审判监督权则处于保障审判权运行的从属位置。[②] 这是目前改革政策对审判权与审判管理权、审判监督权关系的基本定位,法院系统在制度层面所推行的改革举措也基本是在此框架下展开的。

然而,相对于审判权运行过程的复杂性与丰富性,上述政策定位无疑过于原则,可能难以起到有效指导与规范实践的作用,而改革实践所进行的制度建构也显得较为粗疏,它们并未细化到审判权与审判管理权、审判监督权关系的各个方面与所有环节,特别是很多可能影响审判权合理运行的关键问题并未得到彻底厘清。同时,在司法责任制改革之后,审判权与审判管理权、审判监督权的关系在实践中

---

① 需要指出的是,这里所说的审判监督指涉的是法院内部对审判过程及审判结果的监督,不涉及人大、检察机关等外部主体对审判工作以及个案的监督。在这个意义上,本书所称的审判监督权,是指法院内部相关主体对审判活动与审判结果进行监督的职权。按照最高人民法院的解释,审判监督权是司法改革的重要内容,它是为了解决程序与实体事项而设定的与审判权相互制约、彼此独立的权力,审判权作为审判权力运行体系中的核心,不能直接被审判监督权改变,但要受审判监督权的制约。相关论述可参见最高人民法院司法改革领导小组办公室编著:《〈最高人民法院关于完善人民法院司法责任制的若干意见〉读本》,人民法院出版社 2015 年版,第 21 页。

② 最高人民法院在"四五纲要"中明确提出:"完善以审判权为核心、以审判监督权和审判管理权为保障的审判权力运行机制,落实审判责任制,做到让审理者裁判,由裁判者负责。"此后,最高人民法院《关于完善人民法院司法责任制的若干意见》再次强调司法责任改革要"以审判权为核心,以审判监督权和审判管理权为保障"。2019 年发布的"五五纲要"虽然强调"审判管理监督",但这仍然以"全面贯彻'让审理者裁判,由裁判者负责',强化独任庭、合议庭的法定审判组织地位"作为前提。

又出现了一些新情况，主要表现为对审判活动“不敢管”“不愿管”“不会管”，必要的审判管理监督出现了不同程度的弱化。① 不仅如此，一直困扰法院制度改革尤其是审判权运行机制改革的很多理念与实践层面的争议和是非也并未得到充分讨论与彻底澄清，这也阻碍与影响着审判权与审判管理权、审判监督权关系的合理构建。从既有研究来看，很多论者虽然意识到合理的审判权运行机制的形成需要重构审判权与审判监督权、审判管理权的关系，但他们更关注审判权运行机制改革本身以及审判管理监督的实践转型，很少对此问题展开具体、系统的分析与研究，即便是涉及它们关系的研究也只是提出了一些原则性的主张与倡议，很少提出具体制度建构方面的建议。②

鉴于审判权与审判管理权、审判监督权的关系在审判权运行机制改革中的重要性，并考虑到目前的改革实践与理论研究确实存在相当的不足，笔者在本章深入研究了审判权与审判管理权、审判监督权的关系构建。为了明确其中的重点问题，并准确把握问题的症结，本章首先根据审判权运行的实践状况，结合既有相关研究，系统分析当前审判权运行存在的问题，然后再对审判权、审判管理权与审判监督权实际运作所处场域的关系结构和制度配置进行反思性讨论，并对其中蕴含的问题作出具体回应。通过对上述两方面问题的分析与讨论，最后提出合理构建审判权与审判管理权、审判监督权关系的路径选择与具体对策。

---

① 具体可参见白泉民：《正确把握当前审判工作中的五个关系》，载《人民法院报》2016 年 5 月 11 日；赵雪雁、周晓：《放权之后院庭长的审判监督管理角色定位》，载《人民司法》2020 年第 13 期。

② 有论者提出，司法责任制改革要求理顺审判权和审判管理权、监督权的关系，要求解决审判权与审判管理权、监督权之间的矛盾与冲突，要求明确三者之间的界限。参见黄顺祥：《司法改革背景下如何有效发挥院庭长职能作用》，载《江苏法制报》2018 年 1 月 9 日。

## 一、审判权运行机制存在的问题

从目前的讨论来看,社会各界几乎众口一词地认为,当前审判权运行存在的主要问题是审判过程与决策方式的"行政化"。在这种判断之下,论者们甚至包括改革决策者纷纷将"去行政化"作为审判权运行机制乃至法院制度改革的基本靶标[①],主张应该弱化或消除一切可能造成审判权运行行政化的因素,从而彻底实现法官自主判案。[②] 但正如顾培东所言,"审判权行使的'行政化'确实是人民法院审判工作中的一个弊端,解决'行政化'所带来的一些问题也确实应当成为改革的重要内容,但'行政化'并不是人民法院审判权运行存在的主要问题,至少不是全部问题所在"[③]。笔者甚至还认为,"行政化"可能只是审判权运行所存在的问题在某些方面的集中体现,即它只是问题的表征,不是问题本身,更不是问题的本质。在下文,笔者根据对实践的观察,并结合既有研究,系统分析我国审判权运行存在的问题。

### (一)参与审判权运行主体的多样化及实际地位不平等

与法官独立模式下仅有法官或合议庭参与并主导审判权运行不

---

① 代表性讨论可参见龙宗智、袁坚:《深化改革背景下对司法行政化的遏制》,载《法学研究》2014 年第 1 期;最高人民法院中国特色社会主义法治理论研究中心编著:《法治中国——学习习近平总书记关于法治的重要论述》,人民法院出版社 2014 年版,第 214 页。最高人民法院在 2013 年下发的《关于审判权运行机制改革试点方案》中将"严格落实相关诉讼法的规定,建立符合司法规律的审判权运行机制,消除审判权运行机制的行政化问题",作为审判权运行机制改革试点的具体目标之一。

② 代表性论述可参见陈瑞华:《司法体制改革导论》,法律出版社 2018 年版,第 164 页以下;周长军:《司法责任制改革中的法官问责——兼评〈关于完善人民法院司法责任制的若干意见〉》,载《法学家》2016 年第 3 期。

③ 顾培东:《再论人民法院审判权运行机制的构建》,载《中国法学》2014 年第 5 期。

同,我国参与审判活动的主体呈明显的多样化特征,亦即法院内部有多种主体可以介入审判权运行。具体来讲,这些主体包括承办法官、审判长、副庭长、庭长、副院长、院长、审判委员会等。更为重要的是,这些主体的参与在很多时候并非形式化的参与,而是可以依据正式制度对案件审理的程序进程与实体结果产生不同程度的影响,甚至是决定性的影响。顾培东将这种多主体参与审判活动并影响审判决策的现象概括为“多主体、层级化、复合式”的定案方式。[①] 即便是在审判权运行机制改革如火如荼的当下,多种主体参与审判活动的情况依然没有彻底禁绝,因为相关主体尤其是院长、副院长、庭长、审判委员会仍能以履行审判管理和监督职责的名义,通过召开专业法官会议或提交审委会讨论的方式,介入少部分案件的审判过程[②],甚至还可以“旁听合议、口头指导”等方式变相干预个案审理[③]。就此来看,某种“行政化”的权力依然能以某种方式影响案件的实体结果,既往多主体参与案件处理并决策的审判模式并未彻底消失,改变的只是参与的范围、程度与方式。这就意味着,“在各级法院内部,法院的院长、副院长、庭长、副庭长会借助于司法行政管理权,来影响合议庭或独任法官的裁判活动”[④]。事实上,有调查发现,有些法院规定“院庭长对重大案件评议结果有异议的可要求合

---

① 参见顾培东:《人民法院内部审判运行机制的构建》,载《法学研究》2011 年第 4 期。

② 参见吴英姿:《论保障型审判管理机制——以“四类案件”的审判管理为焦点》,载《法律适用》2019 年第 19 期。

③ 根据最高人民法院《关于完善人民法院司法责任制的若干意见》第 24 条的规定,对于“涉及群体性纠纷,可能影响社会稳定的”“疑难、复杂且在社会上有重大影响的”等四类案件,院长、副院长、庭长不仅有权要求独任法官或合议庭报告案件进展和评议结果,还可以在对上述案件的审理过程或评议结果有异议的情况下,决定将案件提交专业法官会议、审判委员会进行讨论。这其实意味着院长、副院长、庭长可以介入这四类案件的处理。这表明,院长、副院长、庭长等主体介入案件审理的空间仍然较大。还需要指出的是,正是因为如此,部分论者认为,本轮的司法改革在“去行政化”方面并不彻底,法官独立审判的改革目标还远未实现。代表性讨论可参见陈瑞华:《司法改革的理论反思》,载《苏州大学学报(哲学社会科学版)》2016 年第 1 期。

④ 陈瑞华:《法院改革的中国经验》,载《政法论坛》2016 年第 4 期。

议庭复议一次,必须在网上办案系统中经庭长审批同意后方可结案,院庭长可以列席合议庭评议和审阅备阅裁判文书"①,甚至"院庭长指示案件裁判的现象还在一定程度上存在"②。显而易见,参与主体的多元化导致案件在法院内部流转的程序环节增多,审判权运行的链条由此拉长,这在造成审判决策分散化的同时,还会降低审判效率,增加司法成本。不仅如此,由于介入其中的各主体都可以依据相应的职权表达自己对案件事实与证据评价的看法,审判权运行过程与结果的不确定性程度由此增加,有违司法对于确定性与可预测性的要求。更为重要的是,这种不确定性不仅会损害法官的办案积极性与司法自信力,也会强化当事人与社会大众对司法公信力的质疑,进而损害司法权威。③

更值得注意的是,这些主体在审判权运行中的实际地位并不平等。在我国法院科层等级化的组织结构下,位于不同层级与职位上的主体在法院内部的管理(行政)系统与技术(司法)系统中拥有与之匹配的权力。由于权力被视为调控社会单位活动的能力,其既涉及普通行动者的活动受其他行动者控制和调节的程度,也涉及控制和调节在行动者之间的分布状况④,因而层级/职位更高的主体对下往往可以产生明显的支配力与影响力。在审判权运行中具体体现为,院长、副院长、庭长、副庭长等能依次影响与改变下层权力位阶主体对案件的看法与判断。这就形成了"在法院内部,法官办理案

① 肖瑶:《中基层法院院庭长监督指导大案件的实践运行与机制完善》,载《法律适用》2019 年第 13 期。

② 赵雪雁、周晓:《放权之后院庭长的审判监督管理角色定位》,载《人民司法》2020 年第 13 期。

③ 参见江西省高级人民法院课题组:《人民法院司法公信现状的实证研究》,载《中国法学》2014 年第 2 期。

④ 参见〔美〕乔纳森·H. 特纳:《社会宏观动力学:探求人类组织的理论》,林聚任、葛忠明等译,北京大学出版社 2006 年版,第 52 页。

件需要服从法院整体领导”的局面①,“最终把平行的案件运转流程变成自下而上的申报审核流程,办案法官实质上必然要考虑处在后续流程中的高层级的法官的意见”②。因此,这些主体对审判过程与结果的走向实际所起的作用并不一样,存在明显的大小之别。这意味着在法院内部,不同主体所行使的审判权存在纵向结构上的不平等,审判权在不同主体之间似乎是按权力位阶关系配置,而不是依横向平权结构分配。换言之,法官在法院内部实际享有审判权的“大小”在很大程度上取决于其行政科层序列上的职位高低。这倒是暗合了法院组织等级结构所预设的审判权的顺位性,但产生的问题也相当明显:一方面,由于相关主体影响或改变下层主体对案件事实的看法并不是因为自己具备知识与信息上的优势,而是由于自身在法院权力结构中所拥有的优位职权,这势必会强化审判权运行中各组织要素与制度逻辑的行政化元素,从而弱化法院作为一种专业组织所应具备的同等与平权的结构属性。另一方面,不同主体所对应审判权的不平等实际上销蚀着专业判断与职业伦理在法院运行与审判活动中应有的作用,这为那些苟且营私者利用自己所掌握的审判权或实际的影响力进行权力寻租提供了机会与条件,不同程度的审判不公与司法腐败恐难避免。

### (二)调控审判权运行规则的模糊性及具体适用的弹性化

为了规范审判权运行,并使各程序参与者“在角色就位之后能各司其职,互相之间既配合又牵制”③,从最高人民法院到基层法院各层

---

① 参见陈卫东:《司法机关依法独立行使职权研究》,载《中国法学》2014 年第 2 期。

② 蒋惠岭:《“法院独立”与“法官独立”之辩——一个中式命题的终结》,载《法律科学(西北政法大学学报)》2015 年第 1 期。

③ 季卫东:《法治秩序的建构》,中国政法大学出版社 1999 年版,第 17 页。

级法院都制定了大量调控审判权运行的制度规则。[①] 这些制度规则涉及审判活动的方方面面，既有审判权运行的一般性规定，也有具体事务处理的细则性规定；既规定了不同主体的行为方式与标准，还规定了相关主体的职权与责任。表面上，法院系统似乎形成了一套有关审判权运行的严密规则体系，建立在公开性、可预期性与明确性规则基础上的审判活动的"规则之治"有望形成。但检视这些规则也不难发现，其中很多规定在表述上较为模糊，规则的边界并不清晰，尤其是一些规定还设置了"弹性条款"或"兜底条款"。[②] 显然，这样的规定本身就意味着制度规则欠缺必要的明确性，规则的边界模糊，实施中的可操作性必然存在不足，难以为相关主体的行为选择提供明确指引，其规范意义与实际作用势必大打折扣。由此造成的结果可能是，审判权运行的实际样态会因人而异、因地而异，难以形成规范、统一的形态。更严重的问题在于，类似这样的规定在实践中不仅会瓦解制度规则的行为限制与秩序整合意义，无法保证其刚性作用的发挥，还为相关主

① 根据笔者的粗略统计，从2000年至"四五纲要"所开启的司法改革之前，仅最高人民法院制定的司法解释与司法文件就有近30件，较为重要的有《人民法院审判长选任办法（试行）》《加强法官队伍职业化建设的若干意见》《关于切实践行司法为民大力加强公正司法不断提高司法公信力的若干意见》《关于新形势下进一步加强人民法院队伍建设的若干意见》《关于改革和完善人民法院审判委员会制度的实施意见》《关于人民法院合议庭工作的若干规定》《关于进一步加强合议庭职责的若干规定》《关于进一步加强刑事审判工作的决定》《关于改革和完善人民法院审判委员会制度的实施意见》《关于加强人民法院审判管理工作的若干意见》等。

② 比如，根据最高人民法院《关于人民法院合议庭工作的若干规定》第12条的规定，对于"疑难、复杂、重大或者新类型的案件，合议庭认为有必要提交审判委员会讨论决定的"以及"合议庭认为需要提请审判委员会讨论决定的其他案件，或者本院审判委员会确定的应当由审判委员会讨论决定的案件"，应提交审委会讨论。根据该规定第16条的规定，院长、庭长可以对合议庭的评议意见和制作的裁判文书进行审核。这两条规定就是较为典型的弹性条款，其行为限定意义有限。再比如，最高人民法院《关于健全完善人民法院主审法官会议工作机制的指导意见（试行）》第4条规定，对于"属于新类型、疑难、复杂、社会影响重大的""裁判规则、尺度有待统一或者在法律适用方面具有普遍指导意义的""其他需要提交讨论的"案件，合议庭或独任法官可以提交主审法官会议讨论。本条还规定，"根据审判监督管理相关规定，院长、副院长、庭长可以决定将《最高人民法院关于完善人民法院司法责任制的若干意见》第二十四条规定的四类案件提交主审法官会议讨论"。

体的策略行为选择提供了较大的制度空间,各种僭越行为由此而生。这势必“导致审判权运行机制的无序、失范,以及审判运行基本秩序的缺失,而且还因此会为其他法外因素进入司法裁判大开方便之门,进而加重审判运行的这种无序与失范”①。不仅如此,这还意味着审判权运行秩序的失范在很多时候往往是内生的、自然而然的,并不完全是不同主体故意而为的结果。甚至从某种意义上讲,在这些确定性不足的制度规则之下,审判权运行秩序出现不同程度的失范似乎早已注定。正是因为如此,一种具有稳定性的、可反复操作的、能预期的审判权运行模式在实践中始终难以形成,而审判权运行的不确定性程度必然升高,审判结果的形成更容易受到诟病。

不仅如此,这些本身就不甚明确的制度规则在具体适用中还表现出了极大的弹性,即相关主体不是在普遍主义精神下理解与适用制度规则,而是对其进行情境化与个案化地解释与运用,特殊主义倾向较为明显。例如,根据最高人民法院《关于落实司法责任制完善审判监督管理机制的意见(试行)》的相关规定,院、庭长有权要求合议庭或独任法官报告“四类案件”的审理进度与评议结果,但在实践中,院、庭长要求报告案件存在“强势主动”与“谨小慎微”并存的情况,具体操作缺乏统一标准,在不同案件中有不同选择,随意性较强。② 这意味着正式规则在不同情境下有着不同解释与适用,甚至还可能出现例外情况。这种适用上的弹性化虽然与制度规则本身的不明确特质有着一定关系,但根本原因在于法院内部并未形成现代科层法治所要求的规则至上的意识。与社会转型时期其他公共组织类似,我国法院也存在“表层结构与潜层结构并存的二元性或异质性”③。表面上看,我国法

① 方乐:《审判权内部运行机制改革的制度资源与模式选择》,载《法学》2015 年第 3 期。

② 参见肖瑶:《中基层法院院庭长监督指导重大案件的实践运行与机制完善》,载《法律适用》2019 年第 13 期。

③ 李金:《中国社会组织的二元性及其问题》,载《改革》1991 年第 6 期。

院在很多方面都具有现代科层制的特点,但在潜层结构中,却依然关注人际关系与等级权力,更多体现的是特殊主义。这在法院运行层面往往表现为制度规则的约束力不强,随时可能会被相关主体的策略行为所"软化"。[①] 就此而言,有关审判权运行的制度规则被弹性化适用,在很大程度上不可避免。这意味着相关主体的行为其实很难被有效限制在制度的"铁笼"之中,从而也就难以保证主体行为的一致性与审判权运行秩序的稳定性。如此一来,制度规则应有的行为规范与秩序形成功能不仅没有实现,反而给了相关主体在其"掩护"下任意行为的机会。对此,有论者就以最高人民法院《关于完善人民法院司法责任制的若干意见》中没有明确"重大、疑难、复杂、新类型案件"的发现程序与认定标准为例指出,"模糊的监管界限可能导致行政管理权对审判权的'入侵',不利于法官把握院庭长发出'建议'和'指令'的区别和边界,造成对案件的变相干预"[②]。从这一点来看,相关主体行为的自由化与恣意化所导致的审判权运行秩序失范甚至是司法腐败实属必然。学界所猛烈批判的审判权运行过程中主体责任不明、行为失范与权力失控等问题与此也不无关系。

### (三) 支配审判权运行逻辑的多重性及作用发挥的混同化

作为政治系统功能分化的结果,现代法院的核心功能被定位为根据法律规则裁断争议,因此法院组织的运行就不能不基于法院作为裁

---

① 比如,有研究发现,实践中对最高人民法院制定的"院庭长办案分配规则"理解得较为灵活,指定分案实际上形成了一种"潜规则",即"简案分配规则",让领导办案"过得去",避免"啃硬骨头"。这种做法显然有违规则的本意。具体介绍可参见龙宗智、孙海龙、张琼:《落实院庭长办案制度》,载《四川大学学报(哲学社会科学版)》2018 年第 4 期。

② 朱春涛等:《完善院庭长审判监督管理职能 全面落实司法责任制改革——北京怀柔法院关于院庭长如何发挥好审判监督管理职能的调研报告》,载《人民法院报》2019 年 2 月 21 日。

判机构本身的性质与职能目标而展开。[①] 因此,现代法院不仅形成了满足裁判功能有效实现的以审判权为核心的权力结构,更是锻造出了支持审判权作为一种裁判权自主运行的独特制度逻辑。这种逻辑就是司法逻辑/裁判逻辑,即审判权行使主体在没有外界影响与压力的情况下独立对提交解决的争议作出公正、合理的裁决。[②] 就我国目前的情况而言,支配审判权运行的逻辑却并不完全如此。正如翟小波所言:"中国当下的公共权力实践并无实质分工,各种职能遵循同一逻辑,有着同一表现形式,法院自然亦被此同一性吞没。"[③]受此影响,审判权与行政权的作用领域与界限在我国法院内部并未严格划定,审判权与行政权的边界模糊,审判职能与行政职能运行于一个交叉的制度空间内。虽然现代法院内部事务的复杂性决定了它必然存在相应的行政管理,法院运行兼有司法逻辑与行政逻辑,但我国的问题在于这两种逻辑并没有形成明确的界限,司法审判常常被越界的行政科层笼罩甚至覆盖。这就导致在审判权运行中不仅存在与审判活动和审判权构造特点相适应的司法逻辑,还存在契合于行政事务处理与行政权运行的行政逻辑。质言之,审判权运行既受司法逻辑的支配,也受行政逻辑的影响,甚至在某些时候行政逻辑会超越司法逻辑而成为主导性逻辑。[④] 饱受社会各界诟病的院、庭长利用审判管理职权干预案件处理或利用审判监督职权审批案件的现象,就是行政逻辑主导审判权运行的典型例证。一旦行政逻辑渗入审判权运行场域或行政逻辑可

---

① 参见杨知文:《法院组织管理与中国审判管理体制的建构》,载《河北法学》2014 年第 10 期。

② 参见龙宗智:《审判管理:功效、局限及界限把握》,载《法学研究》2011 年第 4 期。

③ 翟小波:《法院体制自主性建构之反思》,载《中外法学》2001 年第 3 期。

④ 从某种意义上讲,这一状况并没有因所谓的"去行政化"改革而得到彻底改观。比如最高人民法院《关于完善人民法院司法责任制的若干意见》第 24 条明确规定,对于"四类案件",院长、副院长、庭长"有权要求"独任法官或者合议庭报告案件进展与评议结果。最高人民法院《关于落实司法责任制完善审判监督管理机制的意见(试行)》重申这一要求,并进一步强调法官应主动报告。据此规定,法官向院长、副院长、庭长报告案件审理情况是其义务,所遵循的实际上是行政逻辑。

以作用于审判权,必然使得现实中的审判活动呈现出复杂化的面向,审判权运行的应有秩序和固有特质完全可能因此被瓦解与销蚀。这就是实践中的审判不像“审判”、法官不像“法官”,或者说与人们所想象的“审判”与“法官”存在较大差距的重要原因。

问题还不仅限于此,更为要紧的还在于这两种逻辑在某些时候交织在一起混同作用于审判权的运行。如前所述,在我国法院内部从普通法官到院长各层级主体都可以介入审判活动,而这些主体大多兼具法官与行政官员的角色,同时拥有审判职权与管理监督职能,他们既能以审判者的身份行使审判权,也能以管理者的身份履行审判管理与审判监督职责。至于到底以何种身份行使何种职权,这些主体在多数时候并未有意识地对其进行区分,当然其本身也难以清晰界分。总之,他们介入审判活动的身份可以高度模糊化,所行使的具体权力更是处于流动、不确定的状态。对此,有论者指出,“按照现行的法官管理制度,副庭长、庭长、副院长、院长乃至审判委员会的大多数委员等都同时兼具法官与行政官员的双重角色,他们在案件处理中对案件所发表的看法究竟是一种法律上的判断还是行政性的决策或命令,往往难以清晰地区分开来”①。质言之,审判者与管理者以及审判权与审判管理监督职权在实践中更多时候是混合在一起的,边界较为模糊。这就使得审判与行政在功能上不可避免地发生交错,司法逻辑与行政逻辑应有的区隔与界限也由此而模糊,并交织在一起共同作用于审判权运行。一旦司法逻辑与行政逻辑在审判权运行中自然而然地混合起来,那么审判权运行应有的司法专业属性将被稀释,同时也为行政意志更为便捷地进入审判领域进而作用于审判权提供了更多的条件与可能。从这一点来看,审判权运行中一直存在的主体职责不清、权责不明与职权交叉等问题,其实质是司法逻辑与行政逻辑混同在审判

① 方乐:《审判权内部运行机制改革的制度资源与模式选择》,载《法学》2015 年第 3 期。

权运行领域的自然反映,也是法院内部固有的权力结构在审判活动中最深刻的体现。一旦意识到了这一点,就能知晓审判权运行一直以来被认为具有行政化特征且几经改革其行政化色彩始终难以褪去反而还不同程度增强的内在原因。难怪有论者发出如下感慨:“司法逻辑与行政逻辑的矛盾,正是法院工作的基本矛盾,也是落实司法责任制遇到的主要矛盾。”①

## 二、审判权与审判管理权、审判监督权关系重塑的几个理论问题

合理构建审判权与审判管理权、审判监督权的关系,除了要明确审判权运行存在的问题,还要关注这三种权力实际运行所处场域的关系结构与制度配置,并对其蕴含的问题从理论、制度与实践等层面作出回应。因为无论是它们的关系形态,还是各自的运行,都不仅仅受相关制度结构内在因素的影响,还会为更大场域中的外部结构力量所制约。这意味着我们很难脱离具体的场域环境抽象地讨论审判权与审判监督权、审判监督权的关系建构,而是要对它们所处场域结构中的制约性因素进行合理评估并作出稳健而积极的回应。事实上,此前很多涉及法院内部权力配置的改革之所以没有取得应有的成效,甚至在改革过程中还浮现出了新的问题,在很大程度上就是因为改革决策者只依托于制度建构方面的“单兵突进”,忽视了更为宏观的制度环境中某些结构性因素对改革的制约作用。

### (一)法院科层化的组织构造

讨论审判权与审判管理权、审判监督权的关系构建,首先必须面

---

① 龙宗智、孙海龙:《加强和改善审判监督管理》,载《现代法学》2019 年第 2 期。

对我国法院科层化的组织构造。正如我们所知，学界大部分论者对其都持否定态度，并认为审判权运行所表现出来的种种行政化问题在很大程度上都根源于法院组织构造的科层化。① 基于这样的判断，这些论者主张司法改革必须改造法院的内部组织构造，推动其从科层化向平权化结构转变。这样的主张在实践层面产生了较大回响。在“四五纲要”开启的司法改革中，很多法院都把改革矛头指向法院固有的组织结构，纷纷探索扁平化的组织架构与管理模式，缩短案件在法院内部流转的链条，限缩院、庭长的审判管理监督职权，部分法院甚至还取消了庭长、副庭长的设置，主审法官和合议庭成为最主要的审判单元。② 在理论层面受到质疑、实践层面又成为改革对象的背景下，法院的科层化组织结构似乎走到了一个不知何去何从的十字路口，从而需要我们作出相应的抉择。

从权力属性的角度而言，法院组织所行使的审判权使得它与讲究等级与效率的科层制确实存在诸多不甚协调之处，因为审判权追求自治与公平，并在很大程度上排斥服从与效率。在西方现代法院制度的早期，尽管科层制作为一种高度理性化的组织形式而被认为“在明确性、稳定性、纪律的严格性及可信赖性诸方面，都比其他形式的组织优越”③，但人们并不认为法院也适合采用科层制。这是因为“法官与公务员的地位完全不同。他们被任命担任特别重要和有尊严的职位。他们在国家的政治体制中占据了关键的位置。他们平等站在国王与

① 代表性讨论可参见张卫平：《体制、观念与司法改革》，载《中国法学》2003 年第 1 期；刘练军：《法院科层化的多米诺效应》，载《法律科学(西北政法大学学报)》2015 年第 3 期。

② 参见蒋惠岭：《精英化法官专业化审判扁平化管理》，载《法制日报》2017 年 2 月 22 日。还需要指出的是，2018 年修订后的《人民法院组织法》第 27 条规定，法官员额较少的中级法院、基层法院可以不再设置审判庭。这似乎也表明，改革决策者可能确实有意取消审判业务庭的行政建制，从而减少法院内部的管理层级，推行“去行政化”的扁平化管理模式。

③ 〔德〕施路赫特：《理性化与官僚化：对韦伯之研究与诠释》，顾忠华译，广西师范大学出版社 2004 年版，第 178 页。

行政机关之间,同样平等站在行政机关与人民之间”①。然而,随着科层制被各类组织广泛采用,西方国家的法院也不同程度地卷入了科层官僚制的进程,“从而具有现代官僚制的属性和特点,出现司法的官僚化倾向”②。对此,费斯感叹道:“正如我们对这个词的定义,官僚制度是必然的并且可能是值得推崇的。法院的官僚化,像世界上任何机构的官僚化一样,不可避免。”③因此,“问题不在于我们是否可以完全消除官僚制度,而是我们能否控制病态的官僚制度”,以“保护司法程序的完整性”④。其实,法院官僚科层化的过程在很大程度上是司法理性主义发展的必然结果⑤,现代司法的很多方面本身就是在理性化的科层制架构内展开和运行的,它所强调的形式理性、专业化与分权原则、规则的清晰性与刚性约束力等都是现代司法的价值诉求与运行原理。正因如此,现代各国的司法都在不同程度上呈现出“科层司法”的面相。应该说,法院组织的科层化并不必然导致审判权运行的“行政化”,它们之间并不存在逻辑上的因果关系,甚至本身就不是一个逻辑层面的问题。“审判的行政化”毋宁说是审判活动与法官职业的特殊性并未得到充分尊重,以致完全将科层制的管理模式与运行方式套用在法院的运行与管理之中。事实上,现代西方法院在向科层制靠拢的过程中,始终恪持司法职业与法官职位高度分殊于行政职能与行政职位的认知。用拉特纳夫(Ratnavel Pandian. J)法官的话说就是,“被任命担任法官与被任命担任行政或其他职务是不一样的。法官职务不是‘雇佣’意义上的职务;也就是说,法官不是雇员。作为司法机关的成员,法官独立行使国家的司法权”⑥。

---

① 怀效锋主编:《法院与法官》,法律出版社 2006 年版,第 166 页。
② 马长山:《新一轮司法改革的可能与限度》,载《政法论坛》2015 年第 5 期。
③ [美]欧文·费斯:《如法所能》,师帅译,中国政法大学出版社 2008 年版,第 93 页。
④ [美]欧文·费斯:《如法所能》,师帅译,中国政法大学出版社 2008 年版,第 110 页。
⑤ 参见王申:《科层行政化管理下的司法独立》,载《法学》2012 年第 11 期。
⑥ 怀效锋主编:《法院与法官》,法律出版社 2006 年版,第 166 页。

正如福山所言："一个社会之所以需要官僚制，原因是社会无法信任任何成员在任何时候都会遵循内化的伦理规范，并尽自己身为社会成员的一份力量。"①葛德塞尔也指出，"好的官僚体系仍是一个自由社会、民主政治和市场经济所必不可少的"②。当我国法院内部各主体还不能主动接受规则约束的时候，在审判权运行仍然欠缺足够形式理性的背景下，彻底颠覆法院的科层制结构及其运行原理，结果可能适得其反。换言之，我国法院科层等级化的组织结构确实诱发了一些有违审判规律的行为，进而导致审判权运行秩序紊乱，但科层化同时又有助于审判权运行在某些方面的理性化。因此，合理的策略应该是适度改造法院目前的组织结构。在具体操作层面，可以按照如下进路展开：其一，在不改变法院整体科层制结构的基础上，在审判权运行领域嵌入同等结构模式作为审判权运行的组织架构，即以专业知识、职能身份与分权协作原则安排相关主体在审判活动中的位置与权力，改变审判场域固有的"金字塔型权力分配结构"③。这种安排并不会与整体上的科层制结构矛盾，因为任何组织的结构都由两部分构成，即科层结构和同等结构。④ 这样的处理在很大程度上既可以容纳需要搭载在科层制架构上的院、庭长的审判管理权与审判监督权，也能让审判权运行在一个适应于其自身规律与特点的非行政化的结构框架之下。此外，适度科层制的保留还能满足法官需要某种晋升机制进行自我确认的内在需求，从而激励法官努力工作。⑤ 其二，合理配置法院内

---

① 〔美〕弗兰西斯·福山：《信任——社会道德与繁荣的创造》，李宛蓉译，远方出版社1998年版，第34页。

② 〔美〕查尔斯·T. 葛德塞尔：《为官僚制正名——一场公共行政的辩论》，张怡译，复旦大学出版社2007年版，第243页。

③ 〔美〕切斯特·I. 巴纳德：《组织与管理》，杜建芳译，北京理工大学出版社2014年版，第152页。

④ 参见〔英〕M. J. C. 维尔：《宪政与分权》，苏力译，生活·读书·新知三联书店1997年版，第322页。

⑤ 参见〔美〕理查德·波斯纳：《各行其是：法学与司法》，苏力、邱遥堃译，中国政法大学出版社2017年版，译序第6页。

部各主体与审判活动相关的权力，着力构建以审判权为中心的权力格局。这就要求明确赋予合议庭与独任法官直接裁决绝大数案件的权力，确定需要提交专业法官会议与审委会讨论的案件范围，并严格限制院、庭长以职位或等级性身份为基础所衍生出来的各种显性与隐性权力。

### （二）法院内部的权力结构

审判权与审判管理权、审判监督权的关系构建也无法回避法院内部的权力结构。所谓法院内部权力结构，是指法院内部的权力配置状况以及不同权力之间的关系格局。从某种意义上讲，法院内部权力结构既决定法院运行与管理的模式，也塑造着不同主体在法院运行中的关系形态，还影响作为法院核心职能的审判功能的实现。[①] 观察我国法院的运行不难发现，在审判活动中存在三种具有相应制度依据的权力，即审判权、审判管理权与审判监督权，它们在运行中彼此联系，相互作用，从而在法院内部型构出了一种复合化的权力结构。这种权力结构的最终形成可能与三方面的因素相关。第一，正如前文所言，我国法院的组织结构实际上是按科层制原理构建，法院内部设有从普通法官到院长的等级有序的职位，每一种职位还具有不同的身份定位。这种组织结构不仅可以容纳不同形式与性质的权力，还能将这些权力按照不同的身份定位赋予不同主体。质言之，法院科层化的等级结构为复合化权力结构的生成提供了相应的组织基础。第二，现实原因的促成。自 20 世纪 90 年代中后期以来，法院所处的组织环境经历了巨大变化：一方面，案件数量持续增加，且纠纷形态日趋复杂，法院承受着繁重的解纷压力；另一方面，因司法腐败所带来的司法公信力下降以及法院外部责任的增大，法院面临着不同程度的合法性危机。这些

① 参见左卫民等：《法院内部权力结构论》，载《四川大学学报（哲学社会科学版）》1999 年第 2 期。

变化迫使法院尤其是院、庭长不得不关注案件处理的过程与结果，并开始频繁介入审判活动，各种内控制度得到空前强化，审判管理与审判监督作为正式职权由此不断生长，最终成为法院内部正式的权力系统。第三，司法改革的推动。在我国法院内部，其实从来就不存在以审判权为本位的单一化权力结构，而是运行着可以影响与控制审判权并在很大程度上与其交织在一起的其他权力——尽管其名称与性质并不明确。从“二五纲要”开始，这些权力在分化过程中被确定为审判管理权与审判监督权，通过“优化法院职权配置”的改革，它们与审判权的关系结构与制度安排逐渐清晰起来。就此而言，多轮的司法改革其实是法院内部复合化权力结构形成的重要推手。

确实，我国法院内部这种复合化权力结构明显迥异于西方国家法院以审判权为本位的单一制权力结构。而且也必须承认，这种权力结构在一定程度上导致审判权被分割与限制，并弱化了审判组织在裁判生成中的作用。正是因为如此，很多论者都认为我国应该改革法院内部的权力结构，主张按照西方国家的经验与模式构建以审判权为本位的单一制权力结构。① 但笔者想指出的是，这种单一制权力结构是否适用于我国，判断的关键不在于其可以产生何种司法效果，也不在于其在理论上是否具有普适性，更不在于其与复合化权力结构孰优孰劣，而在于我国是否具有适用这种权力结构的现实条件与制度基础。正如达玛什卡所言：“在考虑移植某一外国规则的时候，当务之急是首先仔细考察在本国的制度背景中是否存在使此项外国规则有可能发挥实际效用的先决条件。”②正如我们所知，西方国家法院以审判权为本位的单一制权力结构是在特定政治结构、司法文化与社会背景下历

① 代表性讨论可参见张卫平：《论我国法院体制的非行政化——法院体制改革的一种基本思路》，载《法商研究》2000 年第 3 期；陈卫东：《司法机关依法独立行使职权研究》，载《中国法学》2014 年第 2 期。

② 〔美〕米尔伊安 · R. 达玛什卡：《司法和国家权力的多种面孔——比较视野中的法律程序》，郑戈译，中国政法大学出版社 2004 年版，序言第 3 页。

经数百年而形成的,是西方独特“政治—社会—法治”框架下的产物,尤其是西方特定的政治制度安排所起的形塑作用不容忽视。“就我国的情况而言,前述这些因素中,有些在一定的情况下或许会与西方趋同,有些则需要很长时间的发展与积累,而涉及政治建构以及文化取向等深层次的因素,则无法期待与西方相同。”[①]因此,我国其实并不具备采用以审判权为本位的单一制权力结构的条件与基础,如果脱离具体制度语境,并超越允许的边界,简单、武断地以比较法作为论据而强行改革,可能是无视树干之别而强求枝叶一致[②],其最终结果很可能是南辕北辙,适得其反。美国学者绍尔也曾指出,那些与国家政治建构紧密关联的法律制度或法律理念,很难通过法律移植的方式从他国引入,政治、社会和文化因素在决定与宪制和人权相关的法律、理念和制度的移植模式中的重要性,要远甚于它们在决定与商业、贸易和经济相关的法律、理念和制度移植模式中的重要性。[③] 其实,复合化权力结构与单一制权力结构的本质区别在于制约审判权的方式不同:前者是通过法院内部分权,以“权力制约权力”;后者则依靠审判权自身的制度构设来实现对审判权的制约,这在很大程度上是一种权力的自我限制与内在约束。就此而言,我们不能期待不同体制采用相同的审判权制约机制。对此,波斯纳曾指出:“在不同司法体制中,施加的外在约束会有一些重要差别,因此我们可以预期不同司法体制中法官的司法行为会有不同;并且这些体制对不同层级的法官也会有不同约束。”[④]

---

① 顾培东:《人民法院内部审判运行机制的构建》,载《法学研究》2011 年第 4 期。

② 参见樊传明:《追究法官审判责任的限度——现行责任制体系内的解释学研究》,载《法制与社会发展》2018 年第 1 期。

③ 参见〔美〕弗雷德里克·绍尔:《法律移植的政治学与动机》,彭小龙译,载〔意〕简玛利亚·阿雅尼、魏磊杰编:《转型时期的法律变革与法律文化——后苏联国家法律移植的审视》,魏磊杰、彭小龙译,清华大学出版社 2011 年版,第 41—42 页。

④ 〔美〕理查德·波斯纳:《法官如何思考》,苏力译,北京大学出版社 2009 年版,第 118 页。

必须指出的是,不主张构建以审判权为本位的单一制权力结构,并不意味着否定审判权在法院内部权力架构与法院运行中的核心地位。一方面,无论是审判管理权还是审判监督权都衍生并服务于审判权,它们对审判权的监督与制约在很大程度上服从于审判权的合理运行。另一方面,审判权、审判管理权与审判监督权各有其运行逻辑、作用空间与职能界限,不能越界行使,尤其是审判管理权与审判监督权不能无端侵入审判权领域,更不能取代审判权。其实,笔者上述讨论的本意在于以下两方面:其一,以审判权为本位的单一制权力结构可能并不具有普适性与绝对性,对之需要进行语境化的理解。法院内部权力结构并不存在某种始终如一的单一制度选项,而是可以有多种形式的制度设置,至于选择何种形式在很大程度上取决于历史背景、现实条件与政治体制能够支持何种权力结构。其二,在审判权运行机制改革中,不能绝对排斥审判管理与审判监督的存在,也不能对审判权独立行使作教条化理解①,更不能完全否定审判管理权与审判监督权对审判权运行所起的作用,这种作用既包括为审判活动提供服务与指导,又包括对审判权施以必要的制约。从某种意义上讲,只有明确了这两点,才有可能、有必要对法院内部各种权力之间的关系作出合理界定。

### (三)院长、庭长的职权配置

"近年来,法院院长在某种意义上成为中国司法国情、现象及问题的缩影。"②其实,不只是院长,庭长也是这方面的一个缩影,只不过由于庭长对法院运行的影响没有院长那样深刻,因而相对不那么引人注

---

① 西方也有学者也主张,对司法独立的理解不能过于浪漫,司法独立在很大程度是相对、有限的独立,是一种恰当尺度上的"平衡摆轮"。参见〔美〕亨利·J. 亚伯拉罕:《司法的过程》,泮伟江、宦盛奎、韩阳译,北京大学出版社 2009 年版,第 444 页。

② 高翔:《法院院长职权结构优化论——基于〈法院组织法〉与〈民事诉讼法〉衔接的考量》,载《现代法学》2017 年第 2 期。

目。但事实上,无论是院长还是庭长,他们在法院运行中的角色定位不仅涉及审判权运行机制改革的一些深层次问题,更是直接影响审判权与审判管理权、审判监督权关系的构建。这一切都指向了院、庭长职权配置此一更为本质的问题。难怪有论者发出这样的议论:“司法责任制改革对于法院内部院长、副院长、庭长、副庭长的职权配置提出了挑战,也使人们对这些司法行政职务设置的正当性提出了质疑。”①

对于院、庭长的职权配置,必须明确院、庭长在法院运行中的属性与角色。② 从法律规定来看,院、庭长首先是法官,可以参加合议庭或担任独任法官审理案件,因而他们必然享有审判权。值得注意的是,司法责任制改革在强化院、庭长法官角色的同时,还对其审判权行使方式作了倾向性规定,即按照让“让审理者裁判,由裁判者负责”的要求,院、庭长需以审判长或合议庭成员的身份行使审判权。③ 质言之,当下的改革实际上强调了院、庭长行使审判权的“亲历性”。从这一点来看,院、庭长对审判活动的指导监督,甚至包括参与或主持审委会讨论,似乎就不属于行使审判权的范畴,更非严格意义上的“审理案件”。院、庭长除了是法官,还是事实上的管理者与监督者。应该说,院、庭长的这一角色定位并没有明确的法律依据,而是源于最高人民法院所

---

① 陈瑞华:《法院改革的中国经验》,载《政法论坛》2016 年第 4 期。

② 对于法院院长实际承担的角色,目前主流的看法是,他们既是管理家,也是政治家,还是法律家。左卫民的实证研究则揭示出,在法院院长的多元角色中,管理家角色扮演最为充分、重要,政治家角色次之,而法律家角色则强调不多。参见左卫民:《中国法院院长角色的实证研究》,载《中国法学》2014 年第 1 期。

③ 最高人民法院《关于审判权运行机制改革试点方案》第 2 条规定,“将副院长、审判委员会委员、庭长、副庭长直接编入合议庭并担任审判长。”最高人民法院《关于完善人民法院司法责任制的若干意见》进一步强调,“进入法官员额的院长、副院长、审判委员会专职委员、庭长、副庭长应当办理案件”。“五五纲要”则进一步强调:“坚持法官入额必须办案原则……促进院长、庭长办案常态化。”时任中央政法委书记的孟建柱在 2015 年 4 月 17 日召开的研究司法体制试点改革专题会上强调,院长进入员额必须依照统一标准和程序进行遴选并亲自办案,不能进入员额又不办案或少办案、挂名办案。这些改革政策无疑都在强调院、庭长作为法官应当亲历庭审,亲自听审案件。参见桂田田:《孟建柱:“员额制”关系到司法体制改革成败》,载《北京青年报》2015 年 4 月 18 日。

制定的一些司法文件与司法解释。① 或许正是因为法律根据的不足，院、庭长管理者与监督者的角色在理论与实践层面都充满了争议。在司法责任制改革之后，有人甚至发出如下疑问：在“审理者裁判”的审判模式下，院、庭长的审判管理与审判监督还有无存在的必要与价值？② 不过，从比较法的角度而言，并非只有我国才赋予院、庭长尤其是院长管理者与监督者的角色，欧陆很多国家的法院院长也具备监督者与管理者的身份，并具有相应的司法行政监督职权。③ 虽然不能简单地将欧陆国家法院的情况套用在我国法院之上，但它们的相关规定至少能证明赋予院、庭长管理者与监督者的角色并非异端之举。既然如此，那么院、庭长还应享有相应的管理权与监督权。由于法院事务复杂，我们需要在区分事务性质的基础上，进一步厘定院、庭长的管理权与监督权。具体来说，管理权可以分为对一般性行政事务的管理权以及对与审判活动相关事务的管理权，前者即通常意义上的司法行政事务管理权，它并不涉及审判事务，后者即本书所说的审判管理权④；至于监督权则指对审判过程与结果的监督职权，不涉及法官考评、奖惩这类事务。之所以不把审判监督权归入审判管理权的范畴，是因为后者在性质上完全属于行政权，而审判监督权虽然与严格意义上的“审判权”存在较大差异，但也不能认为其权属性质就是行政权。不过，虽然审判监督权不同于审判权与审判管理权，但与这两者又有一

---

① 《法官法》第 9 条只是笼统地规定，院长、副院长、审判委员会委员除履行审判职责外，还应当履行与其职务适应的职责。值得注意的是，虽然《法官法》《法院组织法》赋予了法院院长一定的人事权、监察权与行政管理权，但这些权力指向的都是法院内部的司法行政事务，没有涉及对审判活动的管理与监督。

② 参见贺小荣：《如何牵住司法责任制这个牛鼻子》，载《人民法院报》2015 年 9 月 23 日。

③ 参见高翔：《法院院长职权结构优化论——基于〈法院组织法〉与〈民事诉讼法〉衔接的考量》，载《现代法学》2017 年第 2 期。

④ 需要注意的是，我国诉讼法赋予了法院院长对回避、采取强制措施、适用妨害诉讼强制措施、先予执行、延长审限等程序性事项的决定与审批权。最高人民法院的相关司法文件则把这些权限明确界定为审判管理权。不过，在大陆法系的一些国家，类似程序性事项的决定权属于审判职权范围，由合议庭或审判长行使，院、庭长无权染指。

定的重叠关系。[①]

院、庭长角色的多元性决定了他们职权的多重化。但当多重角色集于一身时，任一角色均可能对其他角色形成挤出效应，以致陷入角色超载、角色冲突的困境[②]，进而还可能导致多重职权的混同甚至是冲突。在法院内部行政逻辑与司法逻辑以及审判事务与行政事务尚未得到明确区分的情况下，这种职权上的混同与冲突将不可避免地被加剧。实践中存在的审判管理权与审判权关系紧张、审判监督权异化为审判权等现象就是这一问题的典型表现。这不仅是院、庭长职权在实践层面存在的突出问题，也是其为社会各界所诟病进而强烈要求改革的重要原因。在笔者看来，解决此类问题的关键不在于纯化院庭长的职权或减少他们的角色担当（当然，这在事实上也不可能），而在于如何厘清进而分离法院内部的审判事务与非审判事务，并在此基础上按照不同事务所应遵循的不同逻辑，从制度层面明确各种职权的界限范围、行使条件与行权方式。还有一个与此相关且必须提及的问题是，院、庭长在审判权运行中的作用。在本轮司法改革之前，相关制度就已赋予院、庭长以监督者与管理者身份介入审判活动的权力，并规定了相应的介入方式。目前的改革政策也认可院、庭长对于特定案件有权"过问"，甚至可以"干预"办案流程。[③] 但正如前文提到的那样，由于此政策缺乏细致的制度设计与程序规定，既往院庭长不规范介入审判活动的问题仍然难以完全避免。在法院内部与外部各种约束条件尚未发生实质改变的情况下，彻底禁止院、庭长介入审判活动并不现实，完全依靠程序法上的监督机制来制约较之以往权力更大的法官也不现实，甚至法官个体都可能不习惯院、庭长完全退出审判领域。毕

---

① 参见李桂红：《科学配置审判权力 切实提升司法公信》，载《人民法院报》2019 年 11 月 9 日。

② 参见江国华、韩玉亭：《论法官的角色困境》，载《法制与社会发展》2015 年第 2 期。

③ 参见最高人民法院《关于完善人民法院司法责任制的若干意见》第 24 条。

竟现实中的法官“不可能超越社会现状而完全摆脱这种生存秩序的惯性”[①],他们在某些时候还需要院、庭长的知识权威与身份权威作为自己案件裁判的“安全阀”。更为可行的解决之道在于进一步细化院、庭长介入审判活动的方式、范围与效力等,防止其重新陷入行政化干预与决策的窠臼。

## 三、重塑审判权与审判管理权、审判监督权关系的进路

多年的司法改革实践证明,要形成合理、有序的审判权运行机制,必须重构法院内部的权力格局,而其中的关键就是要优化审判权与审判管理权、审判监督权的关系。为此,必须确立“以审判权为中心的科学理念,树立审判权应有的权威,不能不适当地压缩审判权的运行空间”[②]。在此思路之下,我们需要根据当前审判权运行存在的问题,以及司法责任制改革的要求,在客观评价法院科层化的组织构造与法院内部复合化的权力结构以及院、庭长的职权配置的基础上,严格区分法院组织的行政逻辑与司法逻辑,并从制度层面进一步明确审判管理权与审判监督权的权限定位,完善其职权界分范围与行使程序,构建审判权反向制约审判管理权与审判监督权的相关机制。唯有如此,才可能形成合理的审判权与审判管理权、审判监督权的关系,进而审判权运行机制才可能合理。

### (一)明确区分司法逻辑与行政逻辑,防止行政逻辑越界

“一个法院的组织结构、职责实现、操作运行,均应以审判模式主

① 孙皓:《司法文牍主义与开庭日——关于刑事办案模式的实验性研究》,载《环球法律评论》2018 年第 2 期。

② 张文显:《法治中国建设的前沿问题》,载《中共中央党校学报》2014 年第 5 期。

导,而非以行政模式主导。”①因此,即便是对审判活动的管理与监督也必须保证审判权有足够的空间按照自身逻辑运行,“原则上不适用命令服从规则,更不能就案件如何裁判直接发号施令”②。但遗憾的是,由于法院组织体内司法逻辑与行政逻辑长期混同,院、庭长所代表的科层权力很容易借助审判管理与审判监督而侵入审判权领域,甚至出现审判管理权与审判监督权凌驾于审判权之上进而宰制审判权的情形,而本应对审判管理权进行必要监督制约的审判监督权也缺位于审判管理的运行实践。在笔者看来,这正是审判权与审判管理权、审判监督权关系长期失衡的根本原因。因此,必须明确区分法院组织体内的司法逻辑与行政逻辑,划定行政逻辑在法院运行中的边界。具体举措,分述如下:

在宏观制度层面,重构法院的制度逻辑,理顺法院的运行秩序。现代法院在机构设置和运作机制上遵循以审判权为主要权力性质所要求的非行政化的结构模式③,法院职能履行和程序运行上的裁判属性也使其有着不同于行政组织的制度逻辑。然而,由于司法与行政两分的制度结构与运行逻辑在我国法院内部并未实质确立,因而很难从制度上“以法院对其所在社会的基本功能或宪法职能为中心实现法院诸多功能分工和剥离”④,最终造成行政逻辑严重侵蚀、同化法院的其他制度逻辑。自然而然,审判权难以独立、自治地运行,审判管理权与审判监督权也容易越界行使。因此,从法院内部权力分离与功能分化的角度推进法院制度改革非常必要。为此,应进行以下两方面的改革:其一,重塑法院功能,确立法院作为审判机关的应有逻辑。“法院的基本逻辑,或可被察觉到的合法性,依赖于争议双方把争议提交第

① 蒋惠岭:《审判管理制度的“三要素”》,载《法制资讯》2013 年第 1 期。

② 江必新:《审判管理与审判规律抉微》,载《法学杂志》2011 年第 5 期。

③ 参见杨知文:《法院组织管理与中国审判管理体制的建构》,载《河北法学》2014 年第 10 期。

④ 苏力:《论法院的审判职能与行政管理》,载《中外法学》1999 年第 5 期。

三方解决达成一致。"[①]质言之,法院的实质是国家设立的纠纷解决机构,审判属性是法院的本质。鉴于我国法院目前既是纠纷解决层面上的"审判机关",还是社会治理意义上的"国家机构",实际上承担了过多的政治治理职能,以致法院在社会治理中功能明显超越司法与法律的自身特点,因此应在制度层面强调法院只从事"恰且专属于司法领域"的工作[②],尽可能剥离其纠纷裁决之外的功能,以形成法院作为审判机关的应有逻辑,并摆脱行政逻辑对审判权运行的影响。其二,重建法院运行秩序,理顺法院运行逻辑。从某种意义上讲,我国法院运行秩序之所以失范,在很大程度上是因为司法逻辑在多数时候在法院的运行中缺位。因此,重建法院运行秩序的基本策略是让司法逻辑主导法院运行,这就要求从制度层面构建起支持法院按照司法目的、构造与机理运行的保障机制,从而使审判活动符合司法规律、充分体现司法逻辑,最终实现司法责任制改革意图,达到"法院像法院,法官像法官"的目标。[③] 同时,还要沿着司法责任制改革所确定的界分法院内部各主体职权范围的思路,继续推进法院内部司法逻辑与行政逻辑的区分,在坚持审判权主导地位的同时,抑制审判活动行政化的倾向,保障审判权的核心价值和基本范围不受行政逻辑的损害。

在微观制度层面,严格区分法院内部的审判事务与司法行政事务,推进审判权与司法行政事务管理权的分离。[④] 法院内部行政逻辑

---

① 〔美〕马丁·夏皮罗:《法院:比较法上和政治学上的分析》,张生、李彤译,中国政法大学出版社 2005 年版,第 52 页。

② 参见〔美〕基斯·威廷顿:《司法至上的政治基础:美国历史上的总统、最高法院及宪政领导权》,牛悦译,北京大学出版社 2010 年版,第 87 页。

③ 参见龙宗智、孙海龙:《加强和改善审判监督管理》,载《现代法学》2019 年第 2 期。

④ 目前,社会各界对于司法行政事务管理权并未形成统一的认识,有广义说与狭义说之分:广义说认为凡围绕司法权行使而展开的各项非诉讼性制度安排和相关活动,均属于司法行政事务管理权的范畴;狭义说则认为司法行政事务管理主要是指司法机关内部的行政管理,与"内务管理"似乎相通。关于这方面更为详细的讨论可参见徐汉明:《论司法权和司法行政事务管理权的分离》,载《中国法学》2015 年第 4 期。笔者以为,所谓司法行政事务管理权,是指与审判权相对应的,涉及对法院人事、财务、技术装备以及其他行政事务管理的职权。

与司法逻辑的区分，必须以审判事务与司法行政事务的界分为前提，并明确对不同事务的处理遵循不同逻辑。从某种意义上讲，我国法院内部行政逻辑与司法逻辑混同的制度根源即在于审判事务与司法行政事务的交叉与混同。这种混同进一步导致审判主体与管理主体混同，法官与行政人员的身份混同以及审判权与司法行政事务管理权的职能交织，最终造成司法行政事务管理权严重侵蚀审判权。① 其实，审判事务与司法行政事务在法院内部彻底分离，并按照不同逻辑处理，是法治发达国家法院的普遍特征。② 正是因为如此，法治发达国家法院内部的审判权与司法行政事务管理权才得以区分开来，形成了流行的"两权"分离管理模式。③ 这也是其法院内部行政逻辑与司法逻辑能有效区隔进而各守其道、各安其分的重要原因。因此，无论是着眼于我国法院的现实问题，还是基于比较法经验，都需要在制度层面明确区分法院内部的审判事务与司法行政事务，进而推动审判权与司法行政事务管理权的分离，最终实现司法逻辑与行政逻辑的有效界分。在这方面，最高人民法院所制定的"四五纲要"和《关于完善人民法院司法责任制的若干意见》已有所部署。④ 现在的问题是要按照既定改革思路，在"管理—审判"的二元架构下严格区隔不同性质的法院事务，在明确审判

① 参见曹红军：《法院审判权与司法行政事务管理权分离模式研究》，载《法律适用》2018 年第 9 期。

② 参见高翔：《法院院长职权结构优化论——基于〈法院组织法〉与〈民事诉讼法〉衔接的考量》，载《现代法学》2017 年第 2 期。

③ 参见韩春晖：《域外"两权分离"的基本模式及启示》，载《国家行政学院学报》2016 年第 3 期。

④ 最高人民法院制定的"四五纲要"提出，"理顺法院司法行政事务管理关系。科学设置人民法院的司法行政事务管理机构，规范和统一管理职责，探索实行法院司法行政事务管理权和审判权的相对分离"。最高人民法院《关于完善人民法院司法责任制的若干意见》第 7 条则进一步强调："按照审判权与行政管理权相分离的原则，试点法院可以探索实行人事、经费、政务等行政事务集中管理制度，必要时可以指定一名副院长专门协助院长管理行政事务。"党的十八届四中全会也提出，"改革司法机关人财物管理体制，探索实行法院、检察院司法行政事务管理权和审判权、检察权相分离"。这一权威的表述实际上已经确定了司法行政事务管理权与审判权分离的改革目标。

事务由法定审判组织独立行使的前提下，采取适应其内在逻辑的处理方式，从而为法院内部行政逻辑与司法逻辑的分离奠定制度基础①，既不能以行政方式处理审判事务，也不能以司法方式处理司法行政事务。

除此之外，具体的制度建构还需要在以下方面着力：其一，探索建立专门的司法行政事务管理机构。这方面的总体原则是，整合现有司法行政事务管理部门和权能，按照司法行政事务“一条边、扁平化”模式构建司法行政事务管理机构②，由其专门处理后勤保障、组织人事、财务管理、宣传教培等司法行政事务。具体到不同层级的法院，可以根据实际工作情况与司法行政事务的类型，设立专业化或综合性的司法行政事务管理机构。其二，推进司法人员分类管理制度改革。以审判为中心，将司法人员分为三类：审判人员、审判辅助人员与司法政务人员，对他们按照不同逻辑分别进行管理，“对法官及主要从事与审判直接相关工作的人员的管理以司法化管理要素为主，对行政化管理人员的管理以行政化管理要素为主”③。所有这些制度改革都需要明确，司法行政作为审判活动的辅助性与服务性功能必须服从于审判，必须以审判权的独立运行为目标和前提，但司法行政事务管理权本身可以按照行政逻辑运行，这并不意味着法院运行的行政化。正如高翔所言：“回避法院内部存在司法行政职能进而一味强调法院内部去行政化，实际是对审判机关属性的误读，难以想象一个法院以行政管理方式裁判案件，同样也难以想象一个法院以审判组织的形式决定和执

---

① 值得注意的是，实践中可能还存在一些介于司法审判事务与行政管理事务之间的司法政务工作，如审判团队的组建和运行、各类人员的分工与调配、案件的分配与调整，考虑到这些事务与审判活动紧密相关，可以由院、庭长对其行使管理权。

② 参见徐汉明：《论司法权和司法行政事务管理权的分离》，载《中国法学》2015 年第 4 期。

③ 董治良：《司法审判与司法行政的冲突与整合》，载《人民法院报》2016 年 1 月 27 日。

行司法行政事务。"[①]事实上，法院内部甚至是在审判权运行领域并非只能存在或容纳一种权力，应当认可法院内部存在的行政权并非洪水猛兽，问题的关键在于必须按照司法逻辑与行政逻辑区分不同类型的权力，并使其对应不同性质的法院事务，即"审判的归审判、管理的归管理、监督的归监督"。

### （二）明晰审判管理权与审判监督权在审判权运行中的权限定位

我国法院内部审判权与审判管理权、审判监督权的关系之所以混乱，主要在于审判管理权与审判监督权在审判权运行中的权限定位不明。一方面，审判管理权与审判监督权是仅指向审判活动的程序过程还是可以作用于实体裁判，其实并不确定，在具体实践中，其偶然性与随机性较强，很多时候甚至取决于相关主体个人意愿，这种自我选择程序的控制很容易滑向对实体裁判的"干预"。[②] 另一方面，审判管理权与审判监督权介入审判活动尤其是参与案件实体裁判后是否需要承担责任以及承担何种责任，也不明确。因此，要消除这种不确定性，需要明确审判管理权与审判监督权在审判权运行中的权限定位。

应该说，"四五纲要"所开启的司法改革尤其是司法责任制改革在这方面已作了不少努力。比如，按照司法责任制改革的要求，院、庭长只能通过参与合议庭的法庭审理来行使审判权，对其他法官审理的案件不再进行干预，也不再审核签发自己没有参与审理的案件的法律文书；同时，院、庭长对个案的监督仅限于特定案件，而且在监督过程中，院、庭长不能改变法官（合议庭）的意见，更不能指令法官（合议庭）按自己的意见审理，只能要求法官（合议庭）报告案件进展和评议结果，

① 高翔：《我国高级人民法院司法管理职能的改革——以法院院长会议运行状况为实践观察点》，载《法商研究》2017 年第 4 期。

② 参见顾培东：《人民法院内部审判运行机制的构建》，载《法学研究》2011 年第 4 期。

当存在不同意见时，应将案件提交专业法官会议、审委会讨论决定，严格禁止院、庭长“以口头指示、旁听合议、文书送阅”等方式变相审批案件。[①] 也就是说，院、庭长的审判监督仅限于启动相关程序，不能决定案件处理结果，更不能直接作出实体处分。另外，根据司法责任制改革要求，院、庭长利用审判管理权干预审判活动不再具有正当性，他们只能依据既定权限决定审判活动中的程序事项和履行综合型管理职责，“核心应当是实现个案信息、类案信息、整体审判信息等案件信息对称，而不是替代和影响合议庭独立作出裁判”[②]。这意味着审判管理不是对案件审理过程与结果的全面性、随意性管理，更不能触及案件实体裁判。

客观而言，这些改革通过制度建构的方式对审判管理权与审判监督权的权限范围与行使方式作出了相对明确的规定，从而为界定它们在审判权运行中的权限地位奠定了较好的制度基础。未来应该沿着这一改革思路，进一步在制度层面确定审判管理权与审判监督权的职责定位与运行轨道，以形成“稳定的、受珍重的和周期性发生的行为模式”[③]。具体而言，对于审判管理权，需要明确“它是一种程序性权力，是一种辅助性、运转性的权力”[④]，审判管理权对个案的管理不能针对案件的事实认定与法律适用，只能在不侵害独立审判的前提下对程序实施控制、引导和调配；在宏观管理层面只负责审判质效把控、法官业绩考评、管理制度制定与裁判尺度统一等综合性、统筹性事务。对于审判监督权，应明确其应该从行政命令式转向正当程序型，其对个案

---

① 这些改革举措集中体现在最高人民法院制定的一系列有关司法责任制改革的文件中，较为重要的除了《关于完善人民法院司法责任制的若干意见》《关于落实司法责任制完善审判监督管理机制的意见（试行）》，还有《关于进一步全面落实司法责任制的实施意见》。

② 赵瑞罡：《关于院庭长审判监督管理机制重构的思考》，载《人民法院报》2016 年 7 月 20 日。

③ 〔美〕塞缪尔·P. 亨廷顿：《变化社会中的政治秩序》，王冠华、刘为等译，上海人民出版社 2015 年版，第 89 页。

④ 丁晓雨、候华北：《论内设机构改革背景下审判管理权的重塑》，载《法律适用》2018 年第 19 期。

的监督是一种程序启动权，而非实体处分权[①]，最终的实体决定权在法官专业会议与审判委员会；对整体审判工作的监督只能在事后通过分析审判运行态势、常规抽查、重点评查与专项评查等方式进行，同样不能涉及裁判实体问题。但必须强调的是，明确审判管理权与审判监督权在审判权运行中的权限定位，并不意味着审判活动可以不受相应的管理与监督，更不代表审判管理权与审判监督权不负有保障审判质量与效率的义务。按照司法责任制改革的要求，有效保障审判权行使、确保案件的审判质效，始终是审判管理与审判监督需要重视的问题。

此外，还需要明确审判管理权与审判监督权不仅是院、庭长享有的职权，更是他们作为法院内部层级负责者应承担的责任。[②] 因为责任界定与责任追究的合理设定与实施，是构建任何权力运行机制都须考虑的问题。在传统的审判权运行模式下，审判监督与审判管理更多是院、庭长单向行使的权力，其是否行使以及如何行使，几乎完全取决于个人意志。而且，院、庭长在多数时候也不需要为自己的监督与管理职权的行使承担责任。这不仅导致院、庭长履行审判管理与审判监督职责松懈，也使得具体的管理与监督行为失序，院、庭长的审判管理和监督始终无法保持在合理、必要的限度之内。有鉴于此，最高人民法院《关于完善人民法院司法责任制的若干意见》明确规定，负有监督管理职责的院、庭长因故意或者重大过失，怠于行使或不当行使审判监督权和审判管理权导致裁判错误并造成严重后果的，依照有关规定应承担监督管理责任。另外，根据司法责任制改革的相关规定，院、庭

---

① 其实，最高人民法院《关于完善人民法院司法责任制的若干意见》第 24 条对此已明确规定，院、庭长有权要求独任法官或合议庭报告案件进展和评议结果；院、庭长对相关案件审理过程或者评议结果有异议的，不得直接改变合议庭的意见，可以决定将案件提交专业法官会议、审判委员会进行讨论。2021 年 11 月最高人民法院《关于进一步完善"四类案件"监督管理工作机制的指导意见》则进一步重申与细化了前述规定。

② 值得注意的是，"五五纲要"在"完善审判监督管理机制"部分提到，要"明确院长、庭长的权力清单和监督管理职责"。这似乎表明，法院系统已经意识到审判管理是院、庭长的职责，而不只是他们的权力。

长的个案监督仅限于“四类案件”[①],其他案件皆由法官(合议庭)独立办理,独立定案,院、庭长不能以审判监督之名不当介入,否则将构成审判监督权的不当行使而要承担相应责任。这些规定的存在意味着审判管理与监督不再是没有责任的职权,而是“行权必有责,失职要担责”。最高人民法院《关于进一步完善“四类案件”监督管理工作机制的指导意见》进一步指出:“院庭长因故意或者重大过失,对本人依职权发现、承办审判组织主动报告、有关职能部门告知或者系统自动推送提示的“四类案件”,怠于或者不当行使监督管理职责,导致裁判错误造成严重后果的……依照干部管理有关规定和程序承担监督管理责任。”毫无疑问,这在赋予审判管理权与审判监督权全新内涵的同时,也有助于明确它们在审判权运行中的职权定位。但是,目前的规定过于抽象、笼统,很多具体问题尚未明确,需要在制度层面作进一步细化,主要包括责任构成要件、追究事由、追责程序与责任形式等。[②]尤其是对上述院、庭长可以介入的“四类案件”,应该明确区分法官责

---

① 值得注意的是,实践中已有法院通过对“四类案件”作扩大解释,拓展了院、庭长可以介入的案件范围。这种做法在某种程度上还为最高人民法院所认可。比如,四川省宜宾市筠连县法院的相关做法就被最高人民法院以《完善“四类案件”监管制度做到“放权不放任”》的标题收录于《人民法院司法改革典型案例选编(二)》,并向全国推广。参见筠连县人民法院:《完善“四类案件”监管制度　做到“放权不放任”》,载《人民法院报》2018 年 1 月 24 日。另外,四川省高级人民法院《关于落实司法责任制的实施方案》将最高人民法院所规定的“四类案件”扩张为“五类案件”,增加了“法官在办案过程中有违反法官职业道德行为的案件”。参见周磊:《院庭长应全面履行审判监督管理职责》,载《中国审判》2018 年第 10 期。在 2021 年 11 月印发的最高人民法院《关于进一步完善“四类案件”监督管理工作机制的指导意见》中,已正式将“四类案件”的范围扩大。

② 在目前的改革实践中,有些法院通过制定文件细化了责任追究的相关问题。比如,吉林省高级人民法院《关于规范院庭长审判监督管理职责的办法(试行)》,将院庭长承担责任的情形规定为七种:一是违反规定或超越授权行使审判监督管理权;二是违反规定对案件处理作出批示或提出具体处理意见;三是违反规定程序变更案件的审理程序、审理期限;四是违反规定程序对审判、执行工作中的相关程序性事项作出决定;五是违反规定直接改变独任法官或合议庭对案件的裁判结论;六是违反规定对未参加审理案件的裁判文书进行签发;七是其他违反法律、纪律规定,干扰、过问独任法官或合议庭依法独立审理案件的行为。参见王洁瑜、常非凡:《吉林高院规范院庭长审判监督管理职责》,载《人民法院报》2019 年 4 月 29 日。

任与院、庭长的审判管理监督责任,只要院、庭长提出处理意见和建议的,就必须承担相应的管理与监督责任;在院、庭长所提出的处理意见或建议不当的情况下,还需承担相应的审判责任,因为此时的审判管理与监督已不是一般意义上的外部管理与监督,而是实质性介入了审判活动,会影响乃至决定案件的处理结果。此外,鉴于司法责任制改革后部分院、庭长“不愿管、不敢管”,要旗帜鲜明地强调,对确实需要管理监督的案件必须进行有效的监管,不能放任不管。否则,可能要承担怠于履行管理监督职责的责任。

### (三)明确审判管理权与审判监督权的职权范围与行使程序

正如前文多次提到的那样,我国法院内部审判权运行秩序之所以紊乱,在很大程度上是因为介入审判活动的各种主体的职权不清、权责不明,以致“各主体都可能依据自己不同的身份、以不同的方式、通过不同的途径和渠道,或明或暗地对案件的审理或裁判产生不同程度的影响,同时也可以以多种方式和理由推卸对案件审理或管理监督的责任”①。针对这一突出问题,本轮司法改革的一个重要努力方向就是将审判权重心下移的同时,在制度层面厘清不同主体的职权范围与行为边界,尤其是着力明确院、庭长审判管理与审判监督的职权范围与行使方式。这一改革努力集中体现在最高人民法院《关于完善人民法院司法责任制的若干意见》《关于审判权运行机制改革试点方案》等相关规定之中。应该说,这些规定的出台不仅进一步明晰了审判管理权与审判监督权的边界范围及其与审判权的界限,也为合理构建审判权与审判管理权、审判监督权的关系聚集了相当的制度资源。

然而,由于法院内部事务众多,审判权运行过程复杂,再加上受法院内部审判事务与司法行政事务长期混同所造成的“路径依赖”效应

---

① 顾培东:《完善中国特色司法审判制度的重大步骤》,载《人民法院报》2015 年 9 月 22 日。

的影响[①]，现有制度规定在应对具体问题时仍显粗糙，很多关键性问题并未得到彻底厘清，这集中体现在两方面：一是审判管理权与审判监督权的覆盖范围较宽，且职权界限尚未完全厘清。比如，最高人民法院《关于完善人民法院司法责任制的若干意见》在列举院、庭长具体管理与监督职权的同时，还规定他们要“履行其他必要的审判管理和监督职责”。这样的表述其实意味着院、庭长的审判管理与审判监督的职权范围并不确定，涵盖范围较大。再比如，根据最高人民法院《关于完善人民法院司法责任制的若干意见》第 24 条的规定，院、庭长有权要求法官或合议庭报告“疑难、复杂且在社会上有重大影响”案件的审理进展与评议结果，但到底何谓“疑难、复杂且在社会上有重大影响”，却语焉不详。事实上，有调查表明，即便是在司法责任制改革的当下，“院庭长监督管理的内容可谓无所不包，涵盖审判管理、人事管理和司法政务管理的各个方面，非但审判监督权与审判权之间的界限不清，审判管理权与人事管理、司法管理的各个权限之间，也难以界清”[②]。一旦审判管理与审判监督的职权范围不明，必然造成它们与审判权之间的界限模糊，也可能导致其职权扩张而妨害审判权的独立运行。[③]二是审判监督权与审判管理权行使的程序与方式仍不明晰，尤其缺乏对职权行使启动、推进与结束等具体程序的明确规定。比如，院、庭长以何种方式介入审判活动？审判监督如何展开？再比如，案件提交专业法官会议的条件为何，如何提交讨论，特别是院、庭长对一般、常规性个案进行事前、事中监督管理时，其监管职责如何行使，监管边界如

---

① 关于法院内部司法事务与司法行政事务混同以及由此所产生的影响的详细讨论可参见徐汉明：《论司法权和司法行政事务管理权的分离》，载《中国法学》2015 年第 4 期。

② 东营市中级人民法院课题组：《司法改革背景下完善院庭长监督管理职责的调研报告》，载《山东审判》2017 年第 2 期。

③ 从目前的改革实践来看，包括最高人民法院在内的很多法院多以“打包处理”的方式笼统规定院、庭长的审判管理和审判监督职权。严格地讲，这种操作实际上混同了审判管理权与审判监督权，不仅不利于合理界分法院内部的多种权力构成，反而可能造成院、庭长职权的边界模糊与权责的不匹配。

何确定，目前仍存在较大争议。① 诸如此类的操作性规定在目前的制度规则中都付之阙如，各地法院的实际操作也不一致。这必然会对审判监督管理的转型造成阻碍，也不利于审判管理与审判监督职权的规范化行使，最终影响审判权与审判管理权、审判监督权关系的合理构建。

针对上述问题，首先应在制度层面进一步厘定审判管理与审判监督的职权范围，彻底剥离审判权运行中某些异质化的权能。具体策略可采用目前已被很多地方法院试行的权力清单制度②，即在清理与分解法院内部不同主体审判管理与审判监督职权事项的基础上，按照司法逻辑与行政逻辑分离的标准，并参考最高人民法院关于司法责任制和审判监督管理文件的相关规定③，明确列出审判管理与审判监督能为与不能为的事项。④ 同时，还应重构院、庭长的程序性事项管理权。

---

① 参见朱春涛等：《完善院庭长审判监督管理职能 全面落实司法责任制改革——北京怀柔法院关于院庭长如何发挥好审判监督管理职能的调研报告》，载《人民法院报》2019年2月21日。

② 比如，海南省海口市中级人民法院就通过正式文件明确规定院庭长审判监督管理的权力清单（8项）和负面权力清单（7项），权力清单包括直接参与重大、疑难、复杂案件的审理，发挥院庭长作为资深法官的示范、引领和指导作用等，负面权力清单包括院庭长不得过问其管理部门以外的案件，院庭长不得以监督管理之名干预法官办案等。详细介绍可参见邢东伟、翟小功：《探索司法改革后院庭长审判监督管理新模式 海口中院找到充分放权与有效监督平衡点》，载《法制日报》2018年10月10日。另外，“权力清单制度”已经被“五五纲要”明确规定，其提出要“明确院长、庭长的权力清单”。

③ 在这些文件中，有必要特别提到的是2017年4月制定的最高人民法院《关于落实司法责任制完善审判监督管理机制的意见（试行）》，这份文件的第2条规定，院庭长审判监督管理职责主要体现为对程序事项的审核批准、对审判工作的综合指导、对裁判标准的督促统一、对审判质效的全程监管和排除案外因素对审判活动的干扰等方面。院庭长可以根据职责权限，对审判流程运行情况进行查看、操作和监控，分析审判运行态势，提示纠正不当行为，督促案件审理进度，统筹安排整改措施。这一规定大致明确了院庭长审判管理与审判监督的权限范围。

④ 值得注意的是，最高人民法院《关于进一步全面落实司法责任制的实施意见》列举了院、庭长审判监督管理权责清单，但是规定得较为宏观，也没有区分法院内部不同主体，更未列出审判监督管理不能为的负面清单。从实践来看，吉林省高级人民法院制定的《吉林省高级人民法院审判人员及相关司法人员权责负面清单》就规定了院、庭长“不得为”的具体情形，其中就涉及审判监督管理的负面清单，参见朱超峰、梁天兰：《吉林高院审委会审议通过四项制度规定》，载《人民法院报》2020年5月14日。

按照目前的制度规定，案件审理过程中几乎所有程序性事项都属于审判管理的范围，实际决定权都在院、庭长尤其是院长手中。[①]“此制度设置实际赋予院长在程序性事项决定上享有高于法官的权力，与院长在审判上与法官同权的原理不符，尽管有利于诉讼效率提升，但院长的决定实系具有判断性的裁判过程，却以非审理的行政批准方式做出决定，有违程序保障原则。”[②]不仅如此，由于有些程序性事项会影响案件的实体裁判，因而这种不对程序性事项作具体区分而完全交由院、庭长审批的做法，有侵犯法官或合议庭审判权的嫌疑，也容易造成院、庭长的审判管理权对审判权的不当干预。因此，在厘定审判管理职权范围的过程中，应该适当改造院、庭长的程序性事项审批权，将那些直接影响当事人实体权利的程序性事项剥离出来纳入审判权范畴。此外，还需要完善审判管理权与审判监督权行使的方法与步骤。在这方面，可以考虑根据不同事项，以可操作为目标细化审判管理与审判监督行权的具体方法与程序步骤，并明确规定审判监督与审判管理所使用的法律文书，如审判管理监督流程登记表、案件监督管理登记表等，所有监督与管理行为包括时间、内容、节点、处理结果等，要么以相关法律文书体现，要么在专业的办案平台上操作，要么通过专业法官会议、审委会等形式展开，坚决摒除任何口头化隐秘化、非正式化的管理与监督行为，从而实现管理与监督的真正“全程留痕”与合理有序。最后，还需要完善院、庭长审判监督管理的启动机制。根据目前的改革政策，院、庭长对个案的监督是一种针对前文多次提到的“四类案件”的选择监督，需要识别才能

---

① 有调查表明，目前实践中由院、庭长审批的程序性事项冗杂，有部分法官甚至直接指出，院、庭长审批的程序性事项过多，以致影响了对实体性事项的监管。参见冯俊海：《院庭长审判监督管理职能下审批权运用研究——以审批内容为视角》，载《山东法官培训学院学报》2021 年第 4 期。

② 高翔：《法院院长职权结构优化论——基于〈法院组织法〉与〈民事诉讼法〉衔接的考量》，载《现代法学》2017 年第 2 期。

启动。但目前相关识别标准却付之阙如，从而很难适时启动监督机制。因此，需要进一步细化“四类案件”的类型及认定标准，这既可以防止“四类案件”的范围被不当扩大，也有利于院、庭长和法官及时发现“四类案件”，启动监督程序。①

### （四）构建审判权反向制约审判管理权与审判监督权的制度机制

长期以来，以院、庭长为代表的法院内部各层级负责者主导着法院的运行。即便是在强调独立与自治的审判领域，院、庭长的审判管理与审判监督职权也深嵌其中，在某些时候甚至可以单方面支配审判权运行。也就是说，审判权作为法院运行中的核心权力，对审判管理权与审判监督权并不能形成牵制与制约，更不存在相应的程序安排和制度设计。“实践中对审判管理权、审判监督权的制约，只能寻求更高位阶的权力，而审判权、审判管理权与审判监督权的所对应的权力主体的行政位阶不同，以及科层属性与平权属性的固有差别，导致权力的制约呈现单向性。”②“四五纲要”所开启的司法改革开始重视对院、庭长的审判管理与审判监督职权的制约，并在制度建构层面取得了一些实质性突破，累积了一定的制度经验，如划定审判管理与审判监督的职权范围、设定其行权的方式与底线、调整院、庭长在审判权运行中

---

① 参见高一飞、赵毅城：《院庭长审判监督管理机制的当前改革》，载《湖南社会科学》2018 年第 6 期。值得注意的是，有些地方法院已开始尝试将最高人民法院所规定的四类案件“具体化、清单化”。比如，四川省成都市中级人民法院就将院、庭长应该履行审判管理监督职权的刑事案件细化为九类：死刑案件、无罪案件、被上级法院二审发回重审的案件、被纳入督办的大要案、新类型案件、拟发回重审或改判的案件、社会影响重大的（含舆情）的案件、与上级法院的裁判或本院已经形成的类案指导意见不一致的案件、可能引发信访维稳的案件，其中前七类是“硬标准”，后两类是“软标准”。参见周磊：《院庭长应全面履行审判监督管理职责》，载《中国审判》2018 年第 10 期。值得注意的是，2021 年 11 月最高人民法院《关于进一步完善“四类案件”监督管理工作机制的指导意见》对“四类案件”的具体含义进行了解释。这有助于实践中明确“四类案件”的范围，但它并未完全将“四类案件”界定清楚。

② 丁晓雨、候华北：《论内设机构改革背景下审判管理权的重塑》，载《法律适用》2018 年第 19 期。

的岗位职责等。但必须指出，这些制度规定在很大程度上都着眼于如何规范权力本身的行使，并不是在权力外部构建制衡机制。因此，即使认为它们构成了一种制约，这也是一种制度结构性制约，而非功能性权力制约，后者是指通过不同部门与群体掌握不同的权力，彼此之间形成制约与协调。① 既然法院内部已形成了复合化的权力结构，而且审判管理权与审判监督权可以制约审判权，那么依据党的十八届四中全会所确定的“明确司法机关内部各层级权限，健全内部监督制约机制”的司法改革要求，审判权应该能够反向制约审判管理权与审判监督权。这种制约本身也应该成为审判权与审判管理权、审判监督权关系构建的重要内容。

至于具体的实现路径，可以从以下两方面着手相关制度建设：其一，在组织层面，可以考虑借鉴国外法院的经验，成立法官委员会。为了制衡院长的司法行政管理权、维护法官的独立地位，国外很多法院都成立了法官委员会，并赋予其一定的司法行政管理权，可以参与或独立对法院内部的司法行政事务进行管理甚至还能就如何管理进行决策。其实，早在2004年四川省成都市中级人民法院就开始酝酿成立法官委员会，准备由其对法院的司法行政事务和法官事务进行管理。② 在“四五纲要”所开启的司法改革中，我国一些地方法院又开始实质性探索这方面的制度，如北京市第四中级人民法院就成立了由入额法官组成的法官委员会③，上海市第二中级人民法院成立了“法官

① 参见唐亚林：《权力分工制度与权力清单制度：当代中国特色权力运行机制的建构》，载《理论探讨》2015年第3期。

② 参见四川省成都市中级人民法院研究室：《关于法官委员会的构建》，载《法律适用》2004年第8期。

③ 参见李铁柱：《北京法院成立首个法官委员会》，载《北京青年报》2016年3月24日。另外，值得注意的是，2017年2月下发的最高人民法院《人民法院落实〈保护司法人员依法履行法定职责规定〉的实施办法》要求，各级人民法院应当设立法官权益保障委员会，并明确规定了其具体职能。此后，很多地方法院都成立了法官权益保障委员会。

自主管理委员会”[①]，北京市房山区人民法院成立了法官自治委员会[②]。从这些探索来看，法官委员会/法官自主管理委员会的主要职能在于对法官遴选、考评、惩戒提出意见与建议，深度参与案件质量评查、审判绩效考核、维护法官权益、纪律作风检查等，并不直接享有管理法院内部司法行政事务的权力，至多可以参与管理。在此情况下，法官委员会能否真正对院、庭长的职权形成制衡，令人生疑。既然法官的管理主体地位已被承认，我们完全可以明确规定法官委员会所享有的司法行政管理职权、权力行使的方式以及与院、庭长的关系等，尤其应该明确法官或法官委员会有权管理法院内部的司法行政事务，以实现法官所代表的审判权对审判管理权与审判监督权的反向制约，促使其谦抑行使，并改变它们之间的单向关系，实现权力的有效互动。其二，在制度层面，应明确审判权与审判管理权、审判监督权是“为解决程序与实体事项而设定的一种相互制约、彼此独立的平行关系”[③]，并在此基础上规定法官所代表的审判权可以对超出审判管理监督权力清单之外以及违反特定程序的审判管理与审判监督行为说“不”。为了保障这种说“不”的权力落到实处，使法官具备实质的制约与监督能力，还应构建相应的投诉与制裁机制，对违规与违法的审判管理监督主体进行制裁，让其承担相应的不利后果。此外，还可以考虑在目前已有的考核评价院、庭长审判管理监督履职情况的制度基础上[④]，引

---

① 参见王烨捷：《上海二中院成立“法官自主管理委员会”》，载《中国青年报》2019 年 4 月 9 日。

② 参见唐芹：《我院成立法官自治委员会》，载北京市房山区人民法院网，http://fsqfy.chinacourt.gov.cn/article/detail/2019/01/id/3653330.shtml，2019 年 7 月 6 日访问。

③ 贺小荣：《如何牵住司法责任制这个牛鼻子》，载《人民法院报》2015 年 9 月 23 日。

④ 吉林省高级人民法院是全国最早探索建立院、庭长监督管理履职评价工作机制的法院，目前其他法院也建立了类似机制。参见王洁瑜、常非凡：《“三维”叠加发力，职责落地落实——吉林法院院庭长审判监督管理的创新之道》，载《人民法院报》2020 年 7 月 13 日。2020 年 8 月最高人民法院《关于深化司法责任制综合配套改革的实施意见》正式提出：“各级人民法院应当将履行审判监督管理职责情况、分管领域审判质效总体情况，作为院庭长综合考核评价的重要内容。”这意味着这一制度已得到最高人民法院的认可。

入国外司法质量评估中的同事评价制度，由法官对审判管理与审判监督行使的公开性、合法性与合理性进行评估并形成报告，作为评价审判管理与审判监督职权行使状况的依据，甚至还可以作为岗位目标考核的根据。

## 四、结语

正如卢曼所言："一般系统论思考以及经验研究都证明了以下假说：一个系统的分立要求有一个同时发展的内部区分。"[①]我国法院内部的权力系统在分化的同时，却并未形成相应的职能区分与职权界限，反而是各种职权高度混同、实质交叉。这反映在审判权与审判管理权、审判监督权的关系上便是没有厘清它们各自的权力边界与职责范围：要么是审判权被审判管理权与审判监督权所侵蚀甚至直接替代，以致沦为其附庸；要么是审判管理权与审判监督权无法有效、合理地监督与规范审判权，从而被边缘化。近十年来，我国司法改革虽然不同程度地触及这一现象，但由于其涉及如何理解我国司法权的独立行使以及司法权的行使方式等深层次问题，因而对此不仅认识上分歧较大，同时在实践上也几经反复。[②] 可以说，自"一五纲要"实施以来法院内部的权力结构虽然历经调整，但始终没有形成合理的权力关系结构，法官的审判权与管理层的审判管理权、审判监督权的博弈从未停止。在笔者看来，我国法院内部审判权运行存在的很多问题，在很大程度上都与此现象紧密相关。"四五纲要"实施开启的司法改革在进一步确立审判权中心地位、下放审判权的同时，试图通过制度建构的方式明确审判权、审判管理权与审判监督权各自的职责定位、权限

---

① 〔德〕卢曼：《社会的法律》，郑伊倩译，人民出版社 2009 年版，第 156 页。

② 参见顾培东：《能动司法若干问题研究》，载《中国法学》2010 年第 4 期。

范围与行为边界。这些改革举措不仅为完善法院内部权力结构与健全内部监督制约机制奠定了坚实的制度基础,也为合理构建审判权与审判管理权、审判监督权的关系聚集了相当的制度资源。然而,由于法院内部的司法逻辑与行政逻辑并未得到明确区分,审判事务与司法行政事务高度混同,再加上本轮司法改革所推行的具体改革举措在制度的细密性与完备性上存在一定的缺憾,很多体制难题与制度困扰并未得到破解。这些不足其实就是审判权与审判管理权、审判监督权关系构建进一步努力的方向。

在我国目前的制度条件下,重塑审判权与审判管理权、审判监督权的关系远不仅是就事论事的孤立与简单的制度建构问题,它牵涉审判权运行与法院制度改革的很多方面,各种影响它们之间关系的体制与机制因素更是彼此勾连、错综复杂。这使得审判权与审判管理权、审判监督权的关系构建具有很强的复杂性甚至是不确定性,需要其他改革如法官管理制度改革、审判权运行机制改革、审判委员会制度改革、法院的人财物改革等协同推进,甚至某些时候需要以这些改革作为支持或前提。这意味着构建审判权与审判管理权、审判监督权的关系会受其他相关改革的展开进程与实际效果的影响,从而也就决定了审判权与审判管理权、审判监督权合理关系的形成必然是一个长期的过程,未来很长的一段时间我们都将处于"改革的路上"。最后,笔者还想指出的是,尽管包括改革决策者在内的社会各界都支持审判权应该处于主体地位,并主张充分释放审判权的自主空间,但在目前法官数量庞大、各种制度规范对机会主义司法约束有限的现实下,无论社会各界有着何种主观愿望,也不管法官独立在理论上多么绚丽,审判管理与审判监督的具体实践很难完全甚或根本不可能放弃对审判权的不同程度的控制与制约。这种矛盾是在处理审判权与审判管理权、审判监督权关系时无法回避的。正如络德睦所言:"法律仅仅存在于具体的历史与政治情形中,不可能脱离它们而对其进行独立的评估。"[①]因此，立足于现有制度条件以及对审判独立/法官独立的本源性解释，增强法院内部权力配置的合理性以及不同权力运行的明确性可以作为审判权与审判管理权、审判监督权关系构建的短期妥协性方案。但即便如此，也需要重申，审判管理权与审判监督权是衍生于、从属于审判权的辅助权能，不能因为需要对审判活动进行管理与监督而妨碍审判权的独立行使，更不能超越审判权或取代审判权。

---

① 〔美〕络德睦:《法律东方主义:中国、美国与现代法》,魏磊杰译,中国政法大学出版社 2016 年版,第 21 页。

# 结 束 语

任何制度都不是凭空产生的,即便是一个存在很多问题的制度也有其存在的空间,而非毫无根据地、长期稳定地运行的。事实上,如果一种制度一旦出现了弊端就意味着必须被废除,那恐怕任何制度都没有存在的理由。[①] 就审判管理而言,它确实存在很多问题,尤其是对审判权的合理运行乃至法院的整体运行造成了较为严重的负面影响,但这并不意味着审判管理完全没有存在的必要而需要将其废除。“存在的东西都有发生的原因和存在的背景,它能一直存在,就说明它能够发挥某种特定的社会功能。而如果一个制度或一种现象存在的根据和理由没有了,这个事物自然就消失了。”[②]因此,我们无须有意识地去主动废除审判管理或者从制度层面寻找替代机制,而是应该关注审判管理实践呈现出来的问题以及现实提出的变革要求,通过相应的改革实现审判管理运行的理性化。然而,审判管理改革却并不容易,相关制度变革更不会当然或自动发生。这不仅是因为审判管理具有任何制度都有的抗拒变迁的内倾性[③],还源于审判管理所依存的体制结

---

① 参见苏力:《送法下乡——中国基层司法制度研究》,中国政法大学出版社 2000 年版,第 92 页。

② 陈瑞华:《论法学研究方法》,北京大学出版社 2009 年版,第 34 页。

③ 参见李汉林:《中国单位社会:议论、思考与研究》,上海人民出版社 2004 年版,第 100—125 页。

构也会抵制改革的发生。[①] 这意味着即便改革决策者具有改革愿望，甚至制度环境也要求采用更能支持其合法性的管理技术与制度，法院系统却不一定会作出最有效率的制度选择，即使在制度层面作出改革，也可能将之束之高阁而并不要求真正实施。况且法院系统本身构成复杂，不同层级的法院有着各自的利益偏好与目标选择，各种形态的投机行为与策略行为更难避免。事实上，既往的审判管理改革并不缺少制度创新，但这些改革很多都未真正落实，多数时候仅仅是树立了一套制度，根本没有对实践产生实质影响。这正是审判管理改革始终未能取得突破性进展以及很多具体改革最后都不了了之的重要原因。更进一步而言，无论是制度惯性的作用，还是体制结构的制约，归根结底还是因为法院内部固有的利益阶层愿意维持能够为他们带来各种"好处"与利益的管理制度。从这一点来看，我们必须意识到，改革决策者与法院系统的决心与动力对审判管理的改革转型具有举足轻重的作用。[②] 从"四五纲要"所开启的司法改革指向的问题、改革所确定的目标以及具体制度规划来看，我们可以感受到决策层推进司法体制改革以及法院系统自我革命的决心。毫无疑问，这为审判管理转型奠定了坚实的行动基础，并集聚了相当的改革能量，从而使得从制度层面进一步推进审判管理改革不仅变得可能而且可欲。

正如我们所看到的那样，审判管理所根植的制度场域异常复杂，并牵涉审判权运行与法官管理制度的诸多方面，审判管理在实践中也因受到这些因素的作用而被反向建构。从某种意义上讲，审判管理实践所存在的很多问题其实就内生于此，在很大程度上由其所决定。这

---

① 参见〔法〕E. 迪尔凯姆：《社会学方法的准则》，狄玉明译，商务印书馆 1995 年版，第 59 页。

② 著名经济学家道格拉斯·诺斯的制度变迁理论也强调，由于制度变迁比技术演进更为复杂，所以行为者的观念以及由此而形成的主观抉择在制度变迁中起着更为关键的作用。详细论述参见〔美〕道格拉斯·诺斯：《制度变迁理论纲要——在北京大学中国经济研究中心成立大会上的演讲》，载北京大学中国经济研究中心编：《经济学与中国经济改革》，上海人民出版社 1995 年版，第 21 页。

意味着审判管理本身已缺乏足够的制度能力来处理好其所显现出来的在结构取向与功能要求上互相羁绊的问题,甚至更为宏观的审判权运行机制改革也难以有效处理这些意涵深远的问题。就此而言,在推进审判管理改革转型的过程中,我们不能认为提出了相关改革设计与具体制度方案,审判管理所面临的诸多问题就能迎刃而解,还要注意到制度建构中结构与功能的关系,以及审判管理与外部环境互动的复杂性。因此,要彻底实现审判管理转型,就不仅要对制度内在的“结构—功能性”矛盾予以恰当定位,充分发挥现有制度的能力,还要对制度运行场域的逻辑构成作出稳健与积极的回应,适当拓展改革所需的资源和空间。① 换言之,审判管理改革并不能仅仅局限在改革审判管理本身,而需要将改革触角延伸至那些影响和决定审判管理运行的法院内部权力构造、组织运行逻辑以及法院所处的整体环境。事实上,既往的审判管理改革之所以没有取得实质性突破,在很大程度上是因为改革者将改革重心仅置于审判管理制度本身,并未从根本上触及其运行所处制度场域中深层而又相对稳定的逻辑构成。这其实也向我们昭示,只有审判管理所根植的内部制度结构与外部场域环境发生改变,它才有可能实现真正转型。从近期尤其是党的十八届三中全会以来法院系统司法改革的举措来看,审判管理似乎正在迎来这样的契机。无论是体制层面的员额制与省级统管地方法院人财物改革,还是机制层面的审判权运行机制与司法责任制改革,实际上都直指那些真正决定审判管理运行形态的深层结构要素。这些改革为审判管理转型拓展了制度空间,累积了制度资源。

“从‘文化大革命’后期法院恢复到现在,法院权力不断扩容,社会治理的功能日益持重,但法院内部治理问题也随即凸显,为实现法院内部秩序而不断强化内部控制,使学界所定义的‘法治化’内涵中心

---

① 参见方乐:《审判权内部运行机制改革的制度资源与模式选择》,载《法学》2015 年第 3 期。

的法官裁判自主,又被尽弃。”[①]当司法改革再次转向以实现法官独立裁判为目标之时,法院内部各种以支配和控制为导向的治理机制与秩序模式成为各界批判的焦点与改革的矛头所指。在给定的制度条件与现实的司法生态下,法院内部既有的各种内控机制在短时间内不可能完全消失,即使是改革决策者主动废除,实践中还是可能会自动生发出新的内部控制秩序,或者是旧体制的某些方面在新的制度条件下以另外的形式复归。这与法院组织结构的科层化、审判权运行的行政化等那些为学界所猛烈批判的问题没有必然关系。其实,无论是审判权运行中的种种乱象,还是审判管理本身所存在的问题,其根源都在于现代科层法治所蕴含的职权分工与理性规则对法院内部的权力主体无法形成有效的制约,从而导致法院内部不同权力之间的界限模糊、权力行使主体的重合以及法院运行逻辑的混乱。此时,法院内部不同层级的领导不仅可以凭借不同的权力介入审判权运行,也能通过各种方式对审判活动施以正当或不正当的干预。主动干预与被动服从必然成为法院运行的基本底色,审判管理不过是充当了这种底色形成的器物与工具。从这一点来看,司法改革也好,审判管理改革也罢,改革的实效性最终都决定于司法权能否实现实质分化,以及能否构筑起服从规则而不是权力的合法性体系,而这显然有赖于国家权力结构的分工与治理体系的完善。用改革开放总设计师邓小平的话来说就是,“我们所有的改革最终能不能成功,还是决定于政治体制的改革”[②]。跃出宏大叙事,仅就法院制度改革而言,当务之急可能是要明确法院内部各种主体在法院不同活动中的地位与作用,确保彼此间在审判上的平等以及审判管理监督的合理合规,其中的关键在于从规范层面清晰划定审判权、审判管理权与审判监督权的作用范围,并形成

---

① 刘忠:《格、职、级与竞争上岗——法院内部秩序的深层结构》,载《清华法学》2014年第2期。

② 邓小平:《邓小平文选》(第3卷),人民出版社1993年版,第164页。

明确的行权规则。在法院内部的行政逻辑与司法逻辑高度混同、科层法治所追求的“规则之治”尚未成为权力运行基本法则的背景下，这样的改革显然不是一朝一夕就能完成的。最后，还要指出的是，由于改革直指法院内部的权力结构与关系，因而必然带来不同程度的失序甚至震荡。所以，在推进改革的过程中，“需要将这种失序与震荡尽可能降低至可控的范围内，使其所释放的负能量不至于消解掉改革带来的正能量，并通过有效的制度供给使这些关系能够平稳过渡到一种新的平衡状态”①。

---

① 吴洪淇：《司法改革转型期的失序困境及其克服——以司法员额制和司法责任制为考察对象》，载《四川大学学报（哲学社会科学版）》2017年第3期。

# 参 考 文 献

## 一、专著

1.〔美〕汉密尔顿、杰伊、麦迪逊:《联邦党人文集》,程逢如等译,商务印书馆 1980 年版。

2.〔美〕鲍勃·伍德沃德、斯科特·阿姆斯特朗:《美国最高法院内幕》,熊必俊、虞孝淮、李士培译,广西人民出版社 1982 年版。

3.〔意〕贝奈戴托·克罗齐:《历史学的理论和实际》,傅任敢译,商务印书馆 1982 年版。

4.〔英〕丹宁勋爵:《法律的正当程序》,李克强、杨百揆、刘庸安译,群众出版社 1984 年版。

5. 邓小平:《邓小平文选》(第 3 卷),人民出版社 1993 年版。

6.〔美〕理查德·波斯纳:《法理学问题》,苏力译,中国政法大学出版社 1994 年版。

7.《人民法院年鉴》编辑部编:《人民法院年鉴(1991)》,人民法院出版社 1994 年版。

8.〔法〕E. 迪尔凯姆:《社会学方法的准则》,狄玉明译,商务印书馆 1995 年版。

9. 北京大学中国经济研究中心编:《经济学与中国经济改革》,上海人民出版社 1995 年版。

10.〔美〕罗纳德·德沃金:《法律帝国》,李常青译,中国大百科全书出版社 1996 年版。

11. 陈瑞华:《刑事审判原理论》,北京大学出版社 1997 年版。

12. 杨洪兰、张晓蓉编著:《现代组织学》,复旦大学出版社 1997 年版。

13.〔英〕M. J. C. 维尔:《宪政与分权》,苏力译,生活·读书·新知三联书店 1997 年版。

14. 宋冰编:《程序、正义与现代化——外国法学家在华演讲录》,中国政法大学出版社 1998 年版。

15.〔美〕弗兰西斯·福山:《信任——社会道德与繁荣的创造》,李宛蓉译,远方出版社 1998 年版。

16. 张慜、蒋惠岭:《法院独立审判问题研究》,人民法院出版社 1998 年版。

17.〔美〕E. 博登海默:《法理学:法律哲学与法律方法》,邓正来译,中国政法大学出版社 1999 年版。

18. 季卫东:《法治秩序的建构》,中国政法大学出版社 1999 年版。

19. 苏力:《送法下乡——中国基层司法制度研究》,中国政法大学出版社 2000 年版。

20.〔美〕杜拉克:《杜拉克管理思想全书》,苏伟伦编译,九州出版社 2001 年版。

21. 程竹汝:《司法改革与政治发展》,中国社会科学出版社 2001 年版。

22.〔美〕彼得·布劳、马歇尔·梅耶:《现代社会中的科层制》,马戎、时宪民、邱泽奇译,学林出版社 2001 年版。

23.〔美〕理查德·波斯纳:《超越法律》,苏力译,中国政法大学出版社 2001 年版。

24.〔美〕理查德·波斯纳:《联邦法院:挑战与改革》,邓海平译,中国政法大学出版社 2002 年版。

25.〔美〕海尔·G. 瑞尼:《理解和管理公共组织》,王孙禺、达飞译,清华大学出版社 2002 年版。

26. 宋英辉、郭成伟主编:《当代司法体制研究》,中国政法大学出版社 2002 年版。

27.〔英〕齐格蒙·鲍曼:《现代性与大屠杀》,杨渝东、史建华译,译林出版社 2002 年版。

28. 刘祖云等:《组织社会学》,中国时代经济出版社 2002 年版。

29. 周雪光:《组织社会学十讲》,社会科学文献出版社 2003 年版。

30. 张志铭:《法理思考的印迹》,中国政法大学出版社 2003 年版。

31.〔英〕安东尼·吉登斯:《社会理论与现代社会学》,文军、赵勇译,社会科学文献出版社 2003 年版。

32.〔美〕罗伯特·B. 登哈特:《公共组织理论》,扶松茂、丁力译,中国人民大学出版社 2003 年版。

33. 李汉林:《中国单位社会:议论、思考与研究》,上海人民出版社 2004 年版。

34.〔美〕米尔伊安·R. 达玛什卡:《司法和国家权力的多种面孔——比较视野中的法律程序》,郑戈译,中国政法大学出版社 2004 年版。

35.〔德〕马克斯·韦伯:《支配社会学》,康乐、简惠美译,广西师范大学出版社 2004 年版。

36.〔德〕乌尔里希·贝克:《风险社会》,何博闻译,译林出版社 2004 年版。

37.〔德〕乌尔里希·贝克:《世界风险社会》,吴英姿、孙淑敏译,南京大学出版社 2004 年版。

38.〔德〕施路赫特:《理性化与官僚化:对韦伯之研究与诠释》,顾忠华译,广西师范大学出版社 2004 年版。

39. 鲁千晓、吴新梅:《诉讼程序公正论》,人民法院出版社 2004 年版。

40. 任建新:《政法工作五十年——任建新文选》,人民法院出版社 2005 年版。

41. 〔美〕西奥多·H. 波伊斯特:《公共与非营利组织绩效考评:方法与应用》,肖鸣政等译,中国人民大学出版社 2005 年版。

42. 苏国勋、刘小枫主编:《社会理论的诸理论》,上海三联书店、华东师范大学出版社 2005 年版。

43. 薛晓源、周战超主编:《全球化与风险社会》,社会科学文献出版社 2005 年版。

44. 孔祥俊:《司法理念与裁判方法》,法律出版社 2005 年版。

45. 〔美〕马丁·夏皮罗:《法院:比较法上和政治学上的分析》,张生、李彤译,中国政法大学出版社 2006 年版。

46. 〔美〕安东尼·唐斯:《官僚制内幕》,郭小聪等译,中国人民大学出版社 2006 年版。

47. 〔美〕彼得·M. 布劳、W. 理查德·斯科特:《正规组织——一种比较方法》,夏明忠译,东方出版社 2006 年版。

48. 〔美〕菲利普·J. 库珀等:《二十一世纪的公共行政:挑战与改革》,王巧玲、李文钊译,中国人民大学出版社 2006 年版。

49. 〔美〕彼得·德鲁克:《管理前沿》,闾佳译,机械工业出版社 2006 年版。

50. 〔美〕詹姆斯·Q. 威尔逊:《官僚机构:政府机构的作为及其原因》,孙艳等译,生活·读书·新知三联书店 2006 年版。

51. 〔美〕乔纳森·H. 特纳:《社会宏观动力学:探求人类组织的理论》,林聚任、葛忠明等译,北京大学出版社 2006 年版。

52. 怀效锋主编:《法官行为与职业伦理》,法律出版社 2006 年版。

53. 怀效锋主编:《法院与法官》,法律出版社 2006 年版。

54.〔美〕杰罗姆·弗兰克:《初审法院——美国司法中的神话与现实》,赵承寿译,中国政法大学出版社2007年版。

55.〔美〕查尔斯·T.葛德塞尔:《为官僚制正名——一场公共行政的辩论》,张怡译,复旦大学出版社2007年版。

56.〔美〕贾恩弗朗哥·波齐:《国家:本质、发展与前景》,陈尧译,上海人民出版社2007年版。

57.〔美〕彼得·德鲁克:《德鲁克管理思想精要》,李维安等译,机械工业出版社2007年版。

58.〔法〕米歇尔·克罗齐耶、埃哈尔·费埃德伯格:《行动者与系统——集体行动的政治学》,张月等译,上海人民出版社2007年版。

59.陈林林:《裁判的进路与方法——司法论证理论导论》,中国政法大学出版社2007年版。

60.何俊志、任军锋、朱德米编译:《新制度主义政治学译文精选》,天津人民出版社2007年版。

61.〔美〕欧文·费斯:《如法所能》,师帅译,中国政法大学出版社2008年版。

62.〔美〕彼得·德鲁克:《管理:任务、责任和实践》(第1部),余向华、陈雪娟、张正平译,华夏出版社2008年版。

63.〔美〕罗伯特·K.默顿:《社会理论和社会结构》,唐少杰、齐心等译,译林出版社2008年版。

64.周黎安:《转型中的地方政府:官员激励与治理》,格致出版社、上海人民出版社2008年版。

65.何永军:《断裂与延续:人民法院建设(1978—2005)》,中国社会科学出版社2008年版。

66.刘晓兵:《刑事程序价值论》,中国检察出版社2009年版。

67.陈瑞华:《论法学研究方法》,北京大学出版社2009年版。

68.〔日〕佐藤庆幸:《官僚制社会学》,朴玉、苏东花、金洪云译,生活·读书·新知三联书店2009年版。

69.〔德〕卢曼:《社会的法律》,郑伊倩译,人民出版社2009年版。

70.张成福、唐钧、谢一帆:《公共危机管理:理论与实务》,中国人民大学出版社2009年版。

71.〔美〕理查德·波斯纳:《法官如何思考》,苏力译,北京大学出版社2009年版。

72.毕玉谦主编:《司法公信力研究》,中国法制出版社2009年版。

73.〔美〕亨利·J.亚伯拉罕:《司法的过程》,泮伟江、宦盛奎、韩阳译,北京大学出版社2009年版。

74.陆而启:《法官角色论——从社会、组织和诉讼场域的审视》,法律出版社2009年版。

75.万鄂湘主编:《司法体制改革与刑事法律适用研究:全国法院第二十一届学术讨论会论文集》,人民法院出版社2009年版。

76.〔美〕玛丽·安·格伦顿:《法律人统治下的国度——法律职业危机如何改变美国社会》,沈国琴、胡鸿雁译,中国政法大学出版社2010年版。

77.〔美〕基斯·威廷顿:《司法至上的政治基础:美国历史上的总统、最高法院及宪政领导权》,牛悦译,北京大学出版社2010年版。

78.公丕祥主编:《审判管理理论与实务》,法律出版社2010年版。

79.最高人民法院办公厅编:《最高人民法院重要司法文献选编》,人民法院出版社2010年版。

80.姜世明:《法院组织法》,新学林出版股份有限公司2010年版。

81.〔意〕简玛利亚·阿雅尼、魏磊杰编:《转型时期的法律变革与法律文化——后苏联国家法律移植的审视》,魏磊杰、彭小龙译,清华大学出版社2011年版。

82.〔美〕詹姆斯·G.马奇、〔挪〕约翰·P.奥尔森:《重新发现制度:政治的组织基础》,张伟译,生活·读书·新知三联书店2011

年版。

83. 张军主编、最高人民法院研究室编著:《人民法院案件质量评估体系理解与适用》,人民法院出版社 2011 年版。

84. 最高人民法院办公厅编:《大法官论审判管理》,法律出版社 2011 年版。

85. 尚洪立主编:《司法改革前沿问题研究》,人民法院出版社 2011 年版。

86. 万鄂湘主编:《探索社会主义司法规律与完善民商事法律制度研究——全国法院第 23 届学术讨论会获奖论文集》(上),人民法院出版社 2011 年版。

87. 〔美〕W. 理查德 · 斯科特、杰拉尔德 · F. 戴维斯:《组织理论——理性、自然与开放系统的视角》,高俊山译,中国人民大学出版社 2011 年版。

88. 郑天翔:《郑天翔司法文存》,人民法院出版社 2012 年版。

89. 钱锋主编:《审判管理的理论与实践》,法律出版社 2012 年版。

90. 周泽民主编:《国外法官管理制度观察》,人民法院出版社 2012 年版。

91. 牛敏主编:《人民法院审判运行机制构建——成都法院的探索与实践》,人民法院出版社 2012 年版。

92. 孙海龙编著:《深化审判管理》,人民法院出版社 2013 年版。

93. 钱锋:《社会转型时期司法运行规律探索》,法律出版社 2013 年版。

94. 王晨编著:《审判管理体制机制创新研究》,知识产权出版社 2013 年版。

95. 沈志先主编:《法院管理》,法律出版社 2013 年版。

96. 〔美〕G. 沙布尔 · 吉玛、丹尼斯 · A. 荣迪内利编:《分权化治理——新概念与新实践》,唐贤兴、张进军等译,格致出版社、上海人民出版社 2013 年版。

97.〔美〕赫伯特 · A. 西蒙:《管理行为》,詹正茂译,机械工业出版社 2014 年版。

98.〔美〕道格拉斯 · C. 诺思:《制度、制度变迁与经济绩效》,杭行译,格致出版社、上海人民出版社、上海三联书店 2014 年版。

99. 最高人民法院中国特色社会主义法治理论研究中心编著:《法治中国——学习习近平总书记关于法治的重要论述》,人民法院出版社 2014 年版。

100. 高权:《审判管理学原理》,人民法院出版社 2014 年版。

101.〔美〕切斯特 · I. 巴纳德:《组织与管理》,杜建芳译,北京理工大学出版社 2014 年版。

102.〔美〕哈罗德 · 孔茨、海因茨 · 韦里克:《管理学:国际化与领导力的视角》(精要版第 9 版),马春光译,中国人民大学出版社 2014 年版。

103.〔美〕曼瑟尔 · 奥尔森:《集体行动的逻辑》,陈郁、郭宇峰、李崇新译,格致出版社、上海三联书店、上海人民出版社 2014 年版。

104. 最高人民法院司法改革领导小组办公室编著:《〈最高人民法院关于全面深化人民法院改革的意见〉读本》,人民法院出版社 2015 年版。

105. 最高人民法院司法改革领导小组办公室编著:《〈最高人民法院关于完善人民法院司法责任制的若干意见〉读本》,人民法院出版社 2015 年版。

106.〔美〕塞缪尔 · P. 亨廷顿:《变化社会中的政治秩序》,王冠华、刘为等译,上海人民出版社 2015 年版。

107.〔英〕戴维 · 毕瑟姆:《马克斯 · 韦伯与现代政治理论》,徐鸿宾、徐京辉、康立伟译,吉林出版集团有限责任公司 2015 年版。

108. 贺荣主编:《司法体制改革与民商事法律适用问题研究——

全国法院第26届学术讨论会获奖论文集》,人民法院出版社2015年版。

109. 崔永东主编:《审判管理研究》,人民出版社2015年版。

110. 宋远升:《法院论》,中国政法大学出版社2016年版。

111. 倪寿明主编:《让正义经得起"围观"——司法公开数字信息三大平台建设:审判流程—裁判文书—执行信息》,人民法院出版社2016年版。

112. 贺荣主编:《尊重司法规律与刑事法律适用研究——全国法院第27届学术讨论会获奖论文集》(上),人民法院出版社2016年版。

113. 董开军主编:《司法改革形势下审判管理基本理论与实践研究》,法律出版社2016年版。

114.〔美〕络德睦:《法律东方主义:中国、美国与现代法》,魏磊杰译,中国政法大学出版社2016年版

115. 周雪光:《中国国家治理的制度逻辑:一个组织学研究》,生活·读书·新知三联书店2017年版。

116.〔美〕理查德·波斯纳:《各行其是:法学与司法》,苏力、邱遥堃译,中国政法大学出版社2017年版。

117.〔德〕托马斯·达恩史戴特:《失灵的司法:德国冤错案启示录》,郑惠芬译,法律出版社2017年版。

118. 陈瑞华:《司法体制改革导论》,法律出版社2018年版。

119. 梁启超:《梁启超全集》,汤志钧、汤仁泽编,中国人民大学出版社2018年版。

## 二、论文

1. 李金:《中国社会组织的二元性及其问题》,载《改革》1991年第

6 期。

2.〔美〕道·诺斯:《制度变迁理论纲要》,张帆译,载《改革》1995 年第 3 期。

3. 左卫民等:《法院内部权力结构论》,载《四川大学学报(哲学社会科学版)》,1999 年第 2 期。

4. 苏力:《论法院的审判职能与行政管理》,载《中外法学》1999 年第 5 期。

5. 任鸣:《人民法院改革:世纪之交绘蓝图》,载《法律适用》1999 年第 9 期。

6.〔法〕皮埃尔·布迪厄:《法律的力量——迈向司法场域的社会学》,强世功译,载《北大法律评论》编委会编:《北大法律评论》(第 2 卷第 2 辑),法律出版社 2000 年版。

7. 陈旭:《审判管理新模式初探》,载《上海市政法管理干部学院学报》2000 年第 1 期。

8. 张卫平:《论我国法院体制的非行政化——法院体制改革的一种基本思路》,载《法商研究》2000 年第 3 期。

9. 王锡锌:《行政程序理性原则论要》,载《法商研究》2000 年第 4 期。

10. 张卫平:《体制、观念与司法改革》,载《中国法学》2003 年第 1 期。

11. 翟小波:《法院体制自主性建构之反思》,载《中外法学》2001 年第 3 期。

12. 赵孟营:《论组织理性》,载《社会学研究》2002 年第 4 期。

13. 干朝端、郭珣:《论我国法官豁免制度的建立》,载《法律适用》2003 年第 5 期。

14. 石晓波:《论审判权中的行政权扩张》,载《广西政法管理干部学院学报》2004 年第 1 期。

15. 任鸣:《法院管理研究和实践必定大有作为——最高法院召开“法院管理制度改革比较研讨会”》,载《法律适用》2004 年第 3 期。

16. 朱海英:《论程序理性的政治意蕴》,载《探索》2004 年第 5 期。

17. 蒋惠岭:《论法院的管理职能》,载《法律适用》2004 年第 8 期。

18. 四川省成都市中级人民法院研究室:《关于法官委员会的构建》,载《法律适用》2004 年第 8 期。

19. 张建伟:《等级制与法官》,载中华人民共和国最高人民法院政治部编:《法官职业化建设指导与研究》(2004 年第 2 辑),人民法院出版社 2004 年版。

20. 江苏省高级人民法院审判监督庭:《案件质量监督评查的理论基础与制度构建》,载《人民司法》2005 年第 1 期。

21. 万毅:《历史与现实交困中的案件请示制度》,载《法学》2005 年第 2 期。

22. 赵孟营:《组织合法性:在组织理性与事实的社会组织之间》,载《北京师范大学学报(社会科学版)》2005 年第 2 期。

23. 谭世贵、翁凌峰:《科层制司法管理的问题与出路》,载《云南大学学报(法学版)》2005 年第 4 期。

24. 孙业群:《论司法行政权(上)》,载《中国司法》2005 年第 10 期。

25. 姚正陆、刘云:《审判管理若干问题构想》,载《人民司法》2005 年第 12 期。

26. 季卫东:《法律程序的形式性与实质性——以对程序理论的批判和批判理论的程序化为线索》,载《北京大学学报(哲学社会科学版)》2006 年第 1 期。

27. 王亚明、杜万松:《案件质量评查工作的现状及完善对策》,载《内蒙古社会科学》2006 年第 4 期。

28. 肖宏:《中国司法转型期的法院管理转型——兼对司法行政权

与司法审判权在法院内部分离管理的论证》,载《法律适用》2006 年第 8 期。

29. 方乐:《转型中国的司法策略》,载《法制与社会发展》2007 年第 2 期。

30. 梁三利:《论法院的组织属性》,载《边缘法学论坛》2007 年第 2 期。

31. 陈文兴:《司法权配置的两个基本问题》,载《法学杂志》2007 年第 5 期。

32. 陈瑞华:《刑事程序失灵问题的初步研究》,载《中国法学》2007 年第 6 期。

33. 钱颖萍:《对我国法院行政事务管理体制改革的思考》,载《重庆工商大学学报(社会科学版)》2007 年第 6 期。

34. 梁三利:《法院管理模式研究》,南京理工大学 2008 年博士学位论文。

35. 王福华:《民事案件管理制度评析》,载《法学论坛》2008 年第 2 期。

36. 马剑银:《现代法治、科层官僚制与“理性铁笼”——从韦伯的社会理论之法出发》,载《清华法学》2008 年第 2 期。

37. 艾佳慧:《中国法院绩效考评制度研究——“同构性”和“双轨制”的逻辑及其问题》,载《法制与社会发展》2008 年第 5 期

38. 左卫民:《十字路口的中国司法改革:反思与前瞻》,载《现代法学》2008 年第 6 期。

39. 胡志斌:《关于法院审判管理机制的探讨》,载《法治研究》2008 年第 9 期。

40. 胡夏冰:《审判管理制度改革:回顾与展望》,载《法律适用》2008 年第 10 期。

41. 孙英:《关于审判管理改革的思考》,载《山东审判》2009 年第

3 期。

42. 谭世贵、梁三利:《构建自治型司法管理体制的思考——我国地方化司法管理的问题与出路》,载《北方法学》2009 年第 3 期。

43. 李莉:《民主政治发展进程中的中国非政府组织理性化建构》,载《武汉科技大学学报(社会科学版)》2009 年第 4 期。

44. 钱宁峰:《宪法文本上的“报告工作”问题论析——兼评法院工作报告通不过事件》,载《甘肃政法学院学报》2009 年第 3 期。

45. 何菊花:《法院审判质效评查工作引入管理理念之思考》,载《宁波大学学报(人文科学版)》2009 年第 5 期。

46. 许建兵:《中国特色审判管理机制构建之构想》,载《法律适用》2009 年第 9 期。

47. 顾建新、龚立琼:《基层法院庭级审判质效管理机制初探——构建以庭级审判质效评估体系为中心的审判管理机制》,载《法治论丛(上海政法学院学报)》2009 年第 6 期。

48. 张洪涛:《司法之所以为司法的组织结构依据——论中国法院改革的核心问题之所在》,载《现代法学》2010 年第 1 期。

49. 魏胜强:《法官能动与法院克制——关于我国审判管理体制的思考》,载《法学》2010 年第 1 期。

50. 季卫东:《依法风险管理论》,载《山东社会科学》2011 年第 1 期。

51. 龙宗智:《论建立以一审庭审为中心的事实认定机制》,载《中国法学》2010 年第 2 期。

52. 李生龙、贾科:《反思与重塑:法院系统内部审判管理机制研究》,载《西南政法大学学报》2010 年第 4 期。

53. 顾培东:《能动司法若干问题研究》,载《中国法学》2010 年第 4 期。

54. 周雪光、艾云:《多重逻辑下的制度变迁:一个分析框架》,载

《中国社会科学》2010年第4期。

55. 蒋超:《三十年来中国法官违法犯罪问题:一个统计分析》,载《宁夏社会科学》2010年第4期。

56. 吕雪峰:《人民法院审判管理机制创新的有益探索——以安徽省宁国市人民法院“3+1”管理模式为视角》,载《中国审判》2010年第5期。

57. 苏力:《审判管理与社会管理——法院如何有效回应“案多人少”》,载《中国法学》2010年第6期。

58. 孙海龙、高翔:《审判事务管理权的回归》,载《人民司法》2010年第9期。

59. 蒋安杰:《“两权”改革:中国审判运行机制的微观样本》,载《法制资讯》2010年第12期。

60. 王胜俊:《创新和加强审判管理 确保司法公正高效——在全国大法官专题研讨班上的讲话》,载《人民司法》2010年17期。

61. 公丕祥:《能动司法与审判管理》,载《人民司法》2010年第19期。

62. 张俊文、王红君:《人性化专业管理:审判管理的前行之路》,载《全国法院系统第二十二届学术讨论会论文集》,2011年。

63. 余静:《权力制衡:论审判权与审判管理权运行机制的完善——以S省法院审判管理为样本》,西南财经大学2011年硕士学位论文。

64. 胡昌明、杨兵、王耀承:《构建科学的审判管理机制》,载《人民司法》2011年第1期。

65. 车红蕾:《以信息化促进审判管理科学化》,载《人民司法》2011年第1期。

66. 韩波:《审限制度:“二十周岁”后的挑战》,载《当代法学》2011年第1期。

67. 徐昊:《案件质量监督评查制度改革与探索》,载《人民司法》2011 年第 1 期。

68. 张康之、张乾友:《论权力分化的启、承、转、合》,载《学海》2011 年第 2 期。

69. 龙宗智:《审判管理:功效、局限及界限把握》,载《法学研究》2011 年第 4 期。

70. 顾培东:《人民法院内部审判运行机制的构建》,载《法学研究》2011 年第 4 期。

71. 孙辙、朱千里:《积极主动或谦抑克制:"审判管理权"的正确定位与行使》,载《法律适用》2011 年第 4 期。

72. 兰荣杰:《把法官当"人"看——兼论程序失灵现象及其补救》,载《法制与社会发展》2011 年第 5 期。

73. 江必新:《审判管理与审判规律抉微》,载《法学杂志》2011 年第 5 期。

74. 左卫民:《信息化与我国司法——基于四川省各级人民法院审判管理创新的解读》,载《清华法学》2011 年第 4 期。

75. 吴海琳:《意识形态研究的组织论视角初探》,载《吉林大学社会科学学报》2011 年第 5 期。

76. 郝红鹰:《我国法院审判管理的去行政化研究》,载《理论与现代化》2011 年第 6 期。

77. 济南市中级人民法院课题组:《科学有效审判管理体系的构建与完善》,载《山东审判》2011 年第 6 期。

78. 宋长琴、徐俊华:《论审判管理实践中的三大矛盾》,载《审判研究》编辑委员会编:《审判研究》(2011 年第 6 辑),法律出版社 2012 年版。

79. 刘作翔:《司法规律及其相关问题》,载《河北法学》2011 年第 12 期。

80. 王琦:《民事审判管理研究》,南京理工大学 2011 年博士学位论文。

81. 翁秀明:《审判管理权与审判权的冲突与协调——兼论审判管理体系的建构》,山东大学 2011 年硕士学位论文。

82. 李浩:《理性地对待调解优先——以法院调解为对象的分析》,载《国家检察官学院学报》2012 年第 1 期。

83. 翁秀明、邵金芳:《审判管理权与审判权的冲突与协调——兼论审判管理体系的建构》,载《山东审判》2012 年第 4 期。

84. 刘练军:《如何控制法官》,载《东方法学》2012 年第 4 期。

85. 孙增芹、徐月峰:《中国法院审判质量效率评估指标体系研究》,载《中国石油大学学报(社会科学版)》2012 年第 4 期。

86. 奚玮、宋士月:《"管理型司法":审判管理办公室的发展趋势》,载《安徽师范大学学报(人文社会科学版)》2012 年第 3 期。

87. 刘忠:《规模与内部治理——中国法院编制变迁三十年(1978—2008)》,载《法制与社会发展》2012 年第 5 期。

88. 周业安等:《具有社会偏好个体的风险厌恶的实验研究》,载《管理世界》2012 年第 6 期。

89. 黄晓云:《脚踏实地 总结提高 努力推进人民法院审判管理再上新台阶——访最高人民法院审判管理办公室主任周建平》,载《中国审判》2012 年第 7 期。

90. 王申:《科层行政化管理下的司法独立》,载《法学》2012 年第 11 期。

91. 高一飞、莫湘益:《论审务公开》,载《电子政务》2012 年第 12 期。

92. 钟小凯:《审判管理:从压制型向回应型转变》,载《人民司法》2012 年第 23 期。

93. 刘红兵、陈宇:《关于优化人民法院审判绩效考核机制的若干思考》,载卞建林主编:《诉讼法学研究》(第18卷),中国检察出版社2013年版。

94. 王琦:《审判权与审判管理权的冲突与良性互动——以民事审判管理为视角》,载《海南大学学报(人文社会科学版)》2013年第3期。

95. 蒋惠岭:《审判管理制度的“三要素”》,载《法制资讯》2013年第1期。

96. 江必新:《域外案件管理改革的借鉴与启示》,载《比较法研究》2013年第4期。

97. 郭松:《绩效考评与司法管理》,载《江苏行政学院学报》2013年第4期。

98. 程晓东、邢江孟:《浅议确保审判管理正当性的若干进路》,载《法律适用》2013年第4期。

99. 郭松:《组织理性、程序理性与刑事司法绩效考评制度》,载《政法论坛》2013年第4期。

100. 魏姝:《中国官员激励机制的发展与改革》,载《江苏行政学院学报》2013年第4期。

101. 江必新:《论审判管理科学化》,载《法律科学(西北政法大学学报)》2013年第6期。

102. 姜裕富:《政治生态学视角下党的制度执行力研究》,载《广西社会科学》2013年第11期。

103. 张建:《调解考核制度的设计与功能悖论》,载李瑜青、张斌主编:《法律社会学评论》(第1辑),华东理工大学出版社2014年版。

104. 陈洪杰:《从“群众参与”到“公民参与”:司法公共性的未来》,载《法制与社会发展》2014年第1期。

105. 左卫民:《中国法院院长角色的实证研究》,载《中国法学》2014年第1期。

106. 龙宗智、袁坚:《深化改革背景下对司法行政化的遏制》,载《法学研究》2014 年第 1 期。

107. 江西省高级人民法院课题组:《人民法院司法公信现状的实证研究》,载《中国法学》2014 年第 2 期。

108. 陈卫东:《司法机关依法独立行使职权研究》,载《中国法学》2014 年第 2 期。

109. 刘忠:《格、职、级与竞争上岗——法院内部秩序的深层结构》,载《清华法学》2014 年第 2 期。

110. 杨凯:《审判管理理论体系的法理构架与体制机制创新》,载《中国法学》2014 年第 3 期。

111. 孟李玲:《审判风险管理初探》,载《党政干部论坛》2014 年第 3 期。

112. 重庆市高级人民法院课题组:《审判管理制度转型研究》,载《中国法学》2014 年第 4 期。

113. 顾培东:《再论人民法院审判权运行机制的构建》,载《中国法学》2014 年第 5 期。

114. 王晨:《审判管理的性质与体制机制建构》,载《人民司法》2014 年第 5 期。

115. 张文显:《法治中国建设的前沿问题》,载《中共中央党校学报》2014 年第 5 期。

116. 杨知文:《法院组织管理与中国审判管理体制的建构》,载《河北法学》2014 年第 10 期。

117. 周建平:《审判权力运行机制改革与审判管理》,载最高人民法院审判管理办公室、中国审判理论研究会审判管理理论专业委员会编:《审判管理研究与参考》(第 2 辑),法律出版社 2014 年版。

118. 彭春:《改革语境下审判管理权的演化逻辑——基于人民法院权力结构的实证研究》,载《中国法学会审判理论研究会 2014 年年会暨全面深化司法改革促进司法公正理论研讨会论文集》。

119. 贾瑞岭:《浅论审判管理权与审判权的矛盾冲突与相互适应》,载《深化司法体制改革——第六届河北法治论坛(2015)》(上册)。

120. 蒋惠岭:《"法院独立"与"法官独立"之辩——一个中式命题的终结》,载《法律科学(西北政法大学学报)》2015 年第 1 期。

121. 崔永东:《审判管理的目标、方法与路径》,载《河北法学》2015 年第 3 期。

122. 高翔:《中国地方法院竞争的实践与逻辑》,载《法制与社会发展》2015 年第 1 期。

123. 江国华、韩玉亭:《论法官的角色困境》,载《法制与社会发展》2015 年第 2 期。

124. 蒋惠岭:《顶层设计视角下的中国司法改革战略》,载《行政管理改革》2015 年第 2 期。

125. 栗峥、张海霞:《司法改革的困境及其克服》,载《云南社会科学》2015 年第 2 期。

126. 杨建军:《司法改革的理论论争及其启迪》,载《法商研究》2015 年第 2 期。

127. 方乐:《审判权内部运行机制改革的制度资源与模式选择》,载《法学》2015 年第 3 期。

128. 刘练军:《法院科层化的多米诺效应》,载《法律科学(西北政法大学学报)》2015 年第 3 期。

129. 唐亚林:《权力分工制度与权力清单制度:当代中国特色权力运行机制的建构》,载《理论探讨》2015 年第 3 期。

130. 徐汉明:《论司法权和司法行政事务管理权的分离》,载《中国法学》2015 年第 4 期。

131. 傅郁林:《司法责任制的重心是职责界分》,载《中国法律评论》2015 年第 4 期。

132. 马长山:《新一轮司法改革的可能与限度》,载《政法论坛》2015 年第 5 期。

133. 中国审判理论研究会审判管理专业委员会秘书处:《审判权运行机制改革与司法公开背景下的审判管理——审判理论研究会审判管理理论专业委员会 2014 年专题研讨会综述》,载《法律适用》2015 年第 5 期。

134. 上海市高级人民法院课题组:《审判权运行机制改革中审判管理职能定位研究》,载最高人民法院审判管理办公室、中国审判理论研究会审判管理理论专业委员会编:《审判管理研究与参考》(第 3 辑),法律出版社 2015 年版。

135. 陈寒梅:《案件质量评查制度的现状与思考——以某省 S 市中级法院的案件质量评查情况为样本》,载最高人民法院审判管理办公室、中国审判理论研究会审判管理理论专业委员会编:《审判管理研究与参考》(第 3 辑),法律出版社 2015 年版。

136. 黑龙江省高级人民法院课题组:《司法改革背景下的审判管理职能范式转型研究》,载最高人民法院审判管理办公室、中国审判理论研究会审判管理理论专业委员会编:《审判管理研究与参考》(第 3 辑),法律出版社 2015 年版。

137. 周宗良:《法院案件质量评查的博弈与规律——以评查机制的困境与革新为论述重点》,载最高人民法院审判管理办公室、中国审判理论研究会审判管理理论专业委员会编:《审判管理研究与参考》(第 3 辑),法律出版社 2015 年版。

138. 陈瑞华:《司法改革的理论反思》,载《苏州大学学报(哲学社会科学版)》2016 年第 1 期。

139. 顾培东:《当代中国司法生态及其改善》,载《法学研究》2016 年第 2 期。

140. 周长军:《司法责任制改革中的法官问责——兼评〈关于完善

人民法院司法责任制的若干意见〉》,载《法学家》2016 年第 3 期。

141. 韩春晖:《域外“两权分离”的基本模式及启示》,载《国家行政学院学报》2016 年第 3 期。

142. 刘澍:《中国法院审判管理改革的结构性调整》,载《北京社会科学》2016 年第 3 期。

143. 陈瑞华:《法院改革的中国经验》,载《政法论坛》2016 年第 4 期。

144. 刘澍:《审管分离:我国法院审判管理制度的现代化转型》,载《学习与实践》2016 年第 5 期。

145. 丁轶:《反科层制治理:国家治理的中国经验》,载《学术界》2016 年第 11 期。

146. 刘思齐:《人民法院审判权运行制度及其改革问题研究》,吉林大学 2016 年博士学位论文。

147. 强梅梅:《法院人员分类管理改革的历程、难点及其破解》,载《政治与法律》2017 年第 1 期。

148. 周尚君:《党管政法:党与政法关系的演进》,载《法学研究》2017 年第 1 期。

149. 东营市中级人民法院课题组:《司法改革背景下完善院庭长监督管理职责的调研报告》,载《山东审判》2017 年第 2 期。

150. 易万云:《大数据语境下司法统计的实证分析与经验借鉴》,载《湖北警官学院学报》2017 年第 2 期。

151. 梁平:《“管理——审判”二元架构下法院内部机构设置与权力运行研究》,载《法学论坛》2017 年第 3 期。

152. 高翔:《法院院长职权结构优化论——基于〈法院组织法〉与〈民事诉讼法〉衔接的考量》,载《现代法学》2017 年第 2 期。

153. 刘敏:《论程序自治与审判权运行机制改革》,载《政法论丛》2017 年第 3 期。

154. 吴洪淇:《司法改革转型期的失序困境及其克服——以司法员额制和司法责任制为考察对象》,载《四川大学学报(哲学社会科学版)》2017 年第 3 期。

155. 张青:《法院案件质量管理行政化与去行政化》,载《烟台大学学报(哲学社会科学版)》2017 年第 3 期。

156. 高翔:《我国高级人民法院司法管理职能的改革——以法院院长会议运行状况为实践观察点》,载《法商研究》2017 年第 4 期。

157. 刘雁鹏:《审判管理信息化:路径、效果和展望》,载《中国应用法学》2017 年第 4 期。

158. 江必新:《国家权力科学管理视阈下的审判管理》,载《法律适用》2017 年第 5 期。

159. 洪磊等:《法官绩效考核指标体系面临的三重矛盾关系及其破解》,载《当代法官》2017 年第 5 期。

160. 赵峰、王磊、陈希国:《法院行政事务管理改革的模式选择和制度设计——基于人员分类管理和人财物省级统管改革背景下的分析》,载《中国应用法学》2017 年第 6 期。

161. 郭松:《中国刑事诉讼制度进一步改革的路径选择》,载《现代法学》2017 年第 6 期。

162. 芦露:《中国的法院信息化:数据、技术与管理》,载苏力主编:《法律和社会科学》(第 15 卷第 2 辑),法律出版社 2017 年版。

163. 秦国民、陈红杰:《国家治理能力现代化视阈下提升制度执行力的着力点》,载《中国行政管理》2017 年第 8 期。

164. 樊传明:《追究法官审判责任的限度——现行责任制体系内的解释学研究》,载《法制与社会发展》2018 年第 1 期。

165. 胡昌明:《中国智慧法院建设的成就与展望——以审判管理的信息化建设为视角》,载《中国应用法学》2018 年第 2 期。

166. 孙皓:《司法文牍主义与开庭日——关于刑事办案模式的实

验性研究》,载《环球法律评论》2018 年第 2 期。

167. 龙宗智、孙海龙、张琼:《落实院庭长办案制度》,载《四川大学学报(哲学社会科学版)》2018 年第 4 期。

168. 郭松:《司法文件的中国特色与实践考察》,载《环球法律评论》2018 年第 4 期。

169. 戴昕、张永健:《比例原则还是成本收益分析 法学方法的批判性重构》,载《中外法学》2018 年第 6 期。

170. 高一飞、赵毅城:《院庭长审判监督管理机制的当前改革》,载《湖南社会科学》2018 年第 6 期。

171. 杜豫苏、高伟、何育凯:《专业法官会议运行机制构建再思考——基于审委会、审联会、专业法官会“三会”比较的视角》,载《山东法官培训学院学报》2018 年第 6 期。

172. 王静:《法官绩效考核制度实证研究—— 基于地方性规则样本的分析》,载《中国应用法学》2018 年第 6 期。

173. 江苏省南京市中级人民法院课题组:《司法体制综合配套改革视野下法官业绩考核评价制度重构》,载《法律适用》2018 年第 7 期。

174. 曹红军:《法院审判权与司法行政事务管理权分离模式研究》,载《法律适用》2018 年第 9 期。

175. 周磊:《院庭长应全面履行审判监督管理职责》,载《中国审判》2018 年第 10 期。

176. 李晓倩:《信息公开与审判流程管理的转型升级》,载《法律适用》2018 年第 17 期。

177. 丁晓雨、候华北:《论内设机构改革背景下审判管理权的重塑》,载《法律适用》2018 年第 19 期。

178. 谢刚炬、张夫贵、李旭辉:《司法体制综合配套改革背景下基层法院院长的职责重构——以场域理论为视角》,载《法律适用》2018

年第21期。

179. 陈博、何姗、张鹤:《专业法官会议嵌入审判权力运行机制的制度逻辑——以Y市中院187次专业法官会议记录为实证样本》,载胡云腾主编:《司法体制综合配套改革与刑事审判问题研究——全国法院第30届学术讨论会获奖论文集》(上),人民法院出版社2019年版。

180. 顾培东:《法官个体本位抑或法院整体本位——我国法院建构与运行的基本模式选择》,载《法学研究》2019年第1期。

181. 时芸芸:《从"专业法官会议"到"专业法官会诊":论审判咨询机制之突破完善》,载《山东法官培训学院学报》2019年第1期。

182. 龙宗智、孙海龙:《加强和改善审判监督管理》,载《现代法学》2019年第2期。

183. 贾升宗:《内设机构改革后审判管理的价值平衡与实践改进》,载《山东法官培训学院学报》2019年第2期。

184. 上海市第一中级人民法院课题组:《审判绩效考核与管理问题研究》,载《中国应用法学》2019年第3期。

185. 张曦:《审判绩效考核的困境、缘由与脱困路径》,载《上海交通大学学报(哲学社会科学版)》2019年第6期。

186. 吴英姿:《论保障型审判管理机制——以"四类案件"的审判管理为焦点》,载《法律适用》2019年第19期。

187. 肖瑶:《中基层法院院庭长监督指导重大案件的实践运行与机制完善》,载《法律适用》2019年第13期。

188. 上海市闵行区人民法院课题组:《构建新型审判监督管理制度的路径分析——以法院内设机构改革的典型实践为样本》,载《上海法学研究》2020年第3卷。

189. 卢祖新:《院庭长监督特定类型案件的路径转型与程序优化》,载《人民司法》2021年第1期。

190. 林子淇、陈敏秀、郭健丽:《法官审判权与院庭长管理监督权之衡平与契合——以L中级法院监察室近六年统计数据为实证研究样本》,载《山东法官培训学院学报》2020年第3期。

191. 山东省青岛市中级人民法院课题组:《四权分离模式下院庭长审判监督管理机制改革探索》,载《人民司法》2020年第16期。

192. 赵雪雁、周晓:《放权之后院庭长的审判监督管理角色定位》,载《人民司法》2020年第13期。

193. 阴建峰、袁方:《司法改革背景下法官绩效考核制度的回溯、困局与路径抉择——兼论法官主体性的重塑》,载《河南社会科学》2021年第3期。

194. 冯俊海:《院庭长审判监督管理职能下审批权运用研究——以审批内容为视角》,载《山东法官培训学院学报》2021年第4期。

195. 胡仕忠:《绩效管理视角下法官绩效考核体系的构建与完善》,载《人民司法》2021年第7期。

196. 叶健、侍东波、梁代杰:《〈关于加强和完善法官考核工作的指导意见〉的理解与适用》,载《人民司法》2021年第34期。

197. 张卫平:《"案多人少"困境的程序应对之策》,载《法治研究》2022年第3期。

198. 杨铜铜:《法官绩效考核制度的非司法化困境及其调试》,载《法制与社会发展》2022年第3期。

## 三、报纸

1. 崔丽:《单独成立立案庭 百姓告别"告状难"》,载《中国青年报》2003年2月24日。

2. 齐奇:《切实改进审判质量效率评估指标的设置》,载《人民法院报》2003 年 5 月 31 日。

3. 贺永胜:《牢固树立大局意识 切实落实司法为民——江苏贯彻全国高级法院院长会议精神》,载《人民法院报》2003 年 12 月 19 日。

4. 李飞、韩元恒、丁力辛:《构建效能型管理模式——泊头法院审判管理改革调查》,载《人民法院报》2006 年 1 月 24 日。

5. 丁国锋:《江苏高院以"表格式成绩单"考核审判绩效 "审判管理"不再云里雾里》,载《法制日报》2008 年 8 月 5 日。

6. 张俊文:《审判管理办公室的定位、职责与工作方法》,载《人民法院报》2009 年 11 月 24 日。

7. 罗书臻:《王胜俊在最高人民法院党组会议上要求:以全国政法工作电视电话会议精神为指导 加大审判管理力度 努力提高办案质量效率效果》,载《人民法院报》2010 年 1 月 7 日。

8. 罗书臻、姚晨奕:《创新和加强审判管理 实现人民法院工作科学发展》,载《人民法院报》2010 年 8 月 11 日。

9. 台建林、贾明会、高波:《问责较真让"问题法官"心惊肉跳:陕西法院开展大规模案件质量评查 去年 266 件不合格案被究责》,载《法制日报》2010 年 8 月 12 日。

10. 王胜俊:《创新和加强审判管理 确保司法公正高效》,载《人民法院报》2010 年 8 月 24 日。

11. 四川省高级人民法院研究室:《创新和加强审判管理是社会管理创新的重要内容——"审判管理理论与实务"论坛综述》,载《人民法院报》2010 年 10 月 20 日。

12. 赵刚、王鑫:《成都"两权"改革 做应用文 解应用题》,载《人民法院报》2010 年 11 月 8 日。

13. 孙海龙、高翔:《构建分权制衡机制 实现公正高效廉洁——重庆法院第三届智库专家论坛暨审判运行内部分权制衡机制研讨会综述》,载《人民法院报》2010 年 12 月 1 日。

14. 肖宏:《激励型管理与司法效率》,载《人民法院报》2011 年 1 月 19 日。

15. 周斌、马钰朋:《31 个高院成立审判管理机构》,载《法制日报》2012 年 8 月 23 日。

16. 周继业:《审判管理理论研究的重点和方向》,载《人民法院报》2012 年 6 月 13 日。

17.《人民法院报》编辑部:《把公正司法的壮丽和声奏得更响》,载《人民法院报》2013 年 4 月 17 日。

18. 张小桢:《新时期加强审判管理工作的四个着力点》,载《人民法院报》2013 年 2 月 6 日。

19. 晋艳影:《审判管理的现代转型》,载《人民法院报》2013 年 7 月 3 日。

20. 章宁旦:《横琴法院不设审判庭取消审批制》,载《法制日报》2013 年 12 月 3 日。

21. 范明志:《审判管理的属性定位》,载《人民法院报》2014 年 2 月 21 日。

22. 陈小康、刘洋:《重庆中基层人民法院全面取消考核排名》,载《人民法院报》2014 年 4 月 9 日。

23. 周茂梅:《珠海横琴新区取消审判庭 法官判案采用专案法官》,载《成都商报》2014 年 4 月 10 月。

24. 骆锦勇:《审判管理也要去行政化》,载《法制日报》2014 年 7 月 23 日。

25. 李岩峰、骆惠华:《机制一改天地宽——辽宁葫芦岛中院审判权运行机制改革调查》,载《人民法院报》2014 年 8 月 11 日。

26. 孟伟阳:《研讨案件院庭长称呼变“法官”》,载《法制日报》2014 年 10 月 23 日。

27. 胡伟新:《最高人民法院决定取消对全国各高级人民法院考核

排名》,载《人民法院报》2014 年 12 月 27 日。

28. 李超、李润文:《江苏江阴法院改革:把权力还给法官》,载《中国青年报》2015 年 1 月 23 日。

29. 卜凡:《前海法院院长闻长智:前海法院已搭建综合性改革架构》,载《21 世纪经济报道》2015 年 3 月 28 日。

30. 娄银生:《江苏法院取消“排名” 停考法官后何以结案不降反升?》,载《江苏法制报》2015 年 3 月 4 日。

31. 桂田田:《孟建柱:“员额制”关系到司法体制改革成败》,载《北京青年报》2015 年 4 月 18 日。

32. 王海清:《司法管理新常态下完善审判绩效考核的思考》,载《人民法院报》2015 年 5 月 13 日。

33. 林振通:《论司法改革背景下审判管理职能的创新》,载《人民法院报》2015 年 6 月 24 日。

34. 李阳:《周强在全国高级法院院长座谈会上强调以习近平总书记系列重要讲话指导司法改革和司法实践》,载《人民法院报》2015 年 7 月 3 日。

35. 孙乾、王晓飞:《最高人民法院副院长奚晓明涉嫌严重违纪违法被查》,载《京华时报》2015 年 7 月 13 日。

36. 顾培东:《完善中国特色司法审判制度的重大步骤》,载《人民法院报》2015 年 9 月 22 日。

37. 贺小荣:《如何牵住司法责任制这个牛鼻子》,载《人民法院报》2015 年 9 月 23 日。

38. 董治良:《司法审判与司法行政的冲突与整合》,载《人民法院报》2016 年 1 月 27 日。

39. 谷昌豪:《科学设置考核指标 推动精细化审判管理》,载《人民法院报》2016 年 2 月 17 日。

40. 钟庆辉:《法官的“风险”》,载《华商报》2016 年 2 月 22 日。

41. 李婧:《三任最高法院院长都在强调 10 年间工作报告必写的是啥内容?》,载《人民日报》2016 年 3 月 13 日。

42. 李铁柱:《北京法院成立首个法官委员会》,载《北京青年报》2016 年 3 月 24 日。

43. 白泉民:《正确把握当前审判工作中的五个关系》,载《人民法院报》2016 年 5 月 11 日。

44. 李兴魁、沈烨:《审判管理办公室履职的限度及尺度》,载《人民法院报》2016 年 6 月 1 日。

45. 赵瑞罡:《关于院庭长审判监督管理机制重构的思考》,载《人民法院报》2016 年 7 月 20 日。

46. 林霞虹、马伟锋、罗伟雄:《广州法院司法改革进入全面攻坚阶段》,载《广州日报》2016 年 7 月 27 日。

47. 邹伟、陈菲、罗沙:《司法体制改革:改到深处如何攻坚》,载《新华每日电讯》2016 年 7 月 28 日。

48. 徐军:《司法改革背景下法院管理的"四个转变"》,载《人民法院报》2016 年 10 月 19 日。

49. 李亮、胡帅:《新时期人民法院案件评查工作的转型与发展》,载《人民法院报》2016 年 11 月 23 日。

50. 罗书臻:《全国法院审判管理工作视频会议召开 周强要求深化审判管理改革促进司法为民公正司法》,载《人民法院报》2016 年 12 月 9 日。

51. 祖鹏:《基层法院审判体系的转型重构》,载《人民法院报》2017 年 1 月 4 日。

52. 田永德:《审判管理监督如何转型》,载《人民法院报》2017 年 2 月 21 日。

53. 蒋惠岭:《精英化法官专业化审判扁平化管理》,载《法制日报》2017 年 2 月 22 日。

54. 蒋惠岭:《院庭长审判管理监督体系转型与规范》,载《法制日报》2017 年 3 月 8 日。

55. 李承运:《司法责任制下院庭长审判管理监督权如何转型》,载《人民法院报》2017 年 5 月 22 日。

56. 何帆:《完善绩效考核办法 实现员额“有进有出”》,载《人民法院报》2017 年 5 月 26 日。

57. 王贺:《依托“三十条”要点提示 不断推进庭级审判管理精细化》,载《人民法院报》2017 年 9 月 6 日。

58. 张立:《新形势下审判管理的实践与发展》,载《人民法院报》2017 年 9 月 20 日。

59. 赵新华:《司法改革背景下审判管理模式的探索》,载《江苏法制报》2017 年 11 月 17 日。

60. 黄顺祥:《司法改革背景下如何有效发挥院庭长职能作用》,载《江苏法制报》2018 年 1 月 9 日。

61. 筠连县人民法院:《完善“四类案件”监管制度做到“放权不放任”》,载《人民法院报》2018 年 1 月 24 日。

62. 包力、周丹:《福田法院引入第三方开展案件质量评查》,载《深圳商报》2018 年 3 月 13 日。

63. 李少平:《正确处理放权与监督 坚定不移全面落实司法责任制》,载《人民法院报》2018 年 3 月 28 日。

64. 孙养统:《健全审判监督管理机制 纵深落实司法责任制》,载《人民法院报》2018 年 5 月 23 日。

65. 广东省佛山市中级人民法院:《完善审判监督管理和廉政风险防控链条 全面落实司法责任制》,载《人民法院报》2018 年 7 月 19 日。

66. 周陈华、仇军:《院庭长如何开展审判管理》,载《人民法院报》2018 年 8 月 22 日。

67. 林振通:《四点着力强化审判管理》,载《人民法院报》2018 年 9 月 1 日。

68. 邢东伟、翟小功:《探索司法改革后院庭长审判监督管理新模式 海口中院找到充分放权与有效监督平衡点》,载《法制日报》2018 年 10 月 10 日。

69.《人民法院报》评论员:《新时代审判管理工作要上新台阶》,载《人民法院报》2018 年 10 月 11 日。

70. 周强:《切实加强审判管理 确保完成审判执行工作任务》,载《人民法院报》2018 年 10 月 11 日。

71. 林振通:《审判管理的历史沿革与发展创新》,载《人民法院报》2018 年 12 月 13 日。

72. 何强:《最高法:院庭长按权力清单监管案件 不属不当过问或干预》,载《新京报》2019 年 2 月 27 日。

73. 朱春涛等:《完善院庭长审判监督管理职能 全面落实司法责任制改革——北京怀柔法院关于院庭长如何发挥好审判监督管理职能的调研报告》,载《人民法院报》2019 年 2 月 21 日。

74. 何强:《李少平:不允许司法放权后出现“灯下黑”》,载《新京报》2019 年 3 月 12 日。

75. 王洁瑜、常非凡:《吉林高院规范院庭长审判监督管理职责》,载《人民法院报》2019 年 4 月 29 日。

76. 王烨捷:《上海二中院成立“法官自主管理委员会”》,载《中国青年报》2019 年 4 月 9 日。

77. 王亚明:《审判管理要抓好五组关系》,载《人民法院报》2019 年 5 月 25 日。

78. 张之库、严怡娜、赵小莹:《辽宁出台加强审判管理“1 + 7”系列文件 重点解决监管弱化和案件质效等问题》,载《人民法院报》2019 年 6 月 24 日。

79. 李桂红:《科学配置审判权力 切实提升司法公信》,载《人民法院报》2019 年 11 月 9 日。

80. 朱超峰、梁天兰:《吉林高院审委会审议通过四项制度规范》,载《人民法院报》2020 年 5 月 14 日。

81. 王洁瑜、常非凡:《“三维”叠加发力,职责落地落实——吉林法院院庭长审判监督管理的创新之道》,载《人民法院报》2020 年 7 月 13 日。

82. 林建森、刘庆伟:《关于加强院庭长审判监督管理的几点思考》,载《山东法制报》2020 年 11 月 6 日。

## 四、网络资料

1. 傅选华:《审判管理“必要性”的理论证成——基于风险理论的分析和展开》,载新余法院网,http://xyzy. chinacourt. gov. cn/article/detail/2014/09/id/1437210. shtml。

2. 黄海龙:《多措并举把全区法院审判质效提升到新水平》,载广西新闻网,http://www. gxnews. com. cn/staticpages/20170830/newgx59a675cc-16484568. shtml? pcview =1。

3. 吉林市中院审管办:《吉林市中级人民法院全面拓展审判管理与信息技术深度融合》,载吉林市中级人民法院网,http://jlzy. chinacourt. gov. cn/article/detail/2018/09/id/3513991. shtml。

4. 唐芹:《我院成立法官自治委员会》,载北京市房山区人民法院网,http://fsqfy. chinacourt. gov. cn/article/detail/2019/01/id/3653330. shtml。

5. 蒋惠岭:《独立审判与监督管理的平衡与规范》,载湖北法院网,https://hubeigy. chinacourt. gov. cn/article/2017/03/id/2681169. shtml。

6. 夏南:《审判监督管理的法治化整合转型》,载成都法院网,https://cdfy.chinacourt.gov.cn/article/detail/2017/01/id/2509989.shtml。

7. 崔永东:《司法改革去行政化 并不是让审判权"裸奔"》,载中国社会科学网,m.cssn.cn/fx/fx_rdry/201608/t20160830_3181088.htm。

8. 胥苏江、徐惠琴:《审判权与审判管理权的良性运行》,载东台市人民法院网,https://www.dtsfy.chinacourt.gov.cn/article/detail/2011/12/id/5082289.shtml。

9.《樊城法院印发〈"四类案件"监督管理办法〉强化审判权力制约监督》,载澎湃网,https://www.thepaper.cn/news/Detail-forward_17206995。

10. 刘利:《海南高院发布首批海南法院类案裁判指引及典型案例》,载新华网,m.xinhuanet.co,/2022 -01A/c_1128271577.htm。

11. 封燕:《论法院审判管理办公室的职责》,载榆林法院网,http://ylzy.chinacourt.gov.cn/article/detail/2013/12/id/2007918.shtml。

12. 邹伟、陈菲、罗沙:《改到深处如何攻坚——全面深化司法体制改革述评》,载中央政府门户网站,www.gov.cn/xinwen/2016-07/27/content_5095310.htm。

13.《沈德咏被查,成虎年落马的首个正部级!》,载 https://baijiahao.baidu.com/s? id = 1727897491105390838&wfr = spider。

**图书在版编目（CIP）数据**

审判管理规制及转型研究 / 郭松著. -- 北京 : 北京大学出版社, 2023.1

ISBN 978 - 7 - 301 - 33380 - 8

Ⅰ. ①审… Ⅱ. ①郭… Ⅲ. ①审判—管理—研究—中国 Ⅳ. ①D925.04

中国版本图书馆 CIP 数据核字(2022)第 176864 号

| | |
|---|---|
| **书　　名** | 审判管理规制及转型研究<br>SHENPAN GUANLI GUIZHI JI ZHUANXING YANJIU |
| **著作责任者** | 郭　松　著 |
| **责 任 编 辑** | 张　亮　王建君 |
| **标 准 书 号** | ISBN 978 - 7 - 301 - 33380 - 8 |
| **出 版 发 行** | 北京大学出版社 |
| **地　　址** | 北京市海淀区成府路 205 号　100871 |
| **网　　址** | http://www.pup.cn　http://www.yandayuanzhao.com |
| **电 子 信 箱** | yandayuanzhao@163.com |
| **新 浪 微 博** | @北京大学出版社　@北大出版社燕大元照法律图书 |
| **电　　话** | 邮购部 010 - 62752015　发行部 010 - 62750672<br>编辑部 010 - 62117788 |
| **印 刷 者** | 三河市北燕印装有限公司 |
| **经 销 者** | 新华书店<br>650 毫米×980 毫米　16 开本　18.25 印张　229 千字<br>2023 年 1 月第 1 版　2023 年 1 月第 1 次印刷 |
| **定　　价** | 68.00 元 |

---

未经许可，不得以任何方式复制或抄袭本书之部分或全部内容。

**版权所有，侵权必究**

举报电话：010 - 62752024　电子信箱：fd@pup.pku.edu.cn

图书如有印装质量问题，请与出版部联系，电话：010 - 62756370